Dr. Jost Jung

BGB Allgemeiner Teil

3. Auflage 2014

ISBN 978-3-86724-031-4

3. Auflage 2014

© 2014 niederle media

Bezug möglich direkt vom Verlag
niederle media
48341 Altenberge
Fax (02505) 93 98 99
E-Mail: info@niederle-media.de
www.niederle-media.de

▶ Inhalt

AGB²

▶ Vorwort

Dieses Studienbuch soll den Studienanfänger in die äußerst schwierige, weil sehr abstrakte Materie des Allgemeinen Teils des BGB einführen. Dabei habe ich mich stark an *Beispiele* angelehnt und versucht zu vermeiden, dass der Leser durch zu lange Abhandlungen ermüdet wird. Deswegen habe ich Literatur nur in spärlichem Umfang angegeben. Den Zugang zu Spezialproblemen bekommt der Leser über die angegebenen Werke.

Die Darstellung konzentriert sich auf den wichtigsten Teil des BGB AT, nämlich auf die *Rechtsgeschäftslehre.* Weiterer Schwerpunkt ist das Recht der *Stellvertretung.* Im Anhang habe ich eine kurze Anleitung zur Fallbearbeitung gegeben, die nicht ohne das Vorliegen eines beliebigen Falles, der dem Skript entnommen werden kann, gelesen werden soll, weil sie abstrakt ist.

Die Beispiele dienen neben der Verdeutlichung auch ein wenig dazu, durch weitere Fragen einen eigenen Zugang zu der Materie zu bekommen.

Ich wünsche dem Leser einen guten Start und viele „Aha-Erlebnisse".

Umkirch, Herbst 2013,

Dr. Jost Jung

Zivilrecht

- 📖 Standardfälle für Anfänger (7,90 €)
- 📖 Grundlagen und Fälle BGB für 1. und 2. Sem. (9,90 €)
- 📖 ♪ Standardfälle BGB AT (7,90 €)
- 📖 ♪ Standardfälle Schuldrecht (7,90 €)
- 📖 ♪ Standardfälle Ges. Schuldverh., §§ 677, 812,823
- 📖 ♪ Standardfälle Sachenrecht (9,90 €)
- 📖 ♪ Standardfälle Familien- und Erbrecht (9,90 €)
- 📖 Klausuren Übung für Fortgeschrittene (7,90 €)
- 📖 ♪ Basiswissen BGB (AT) (Frage-Antwort)
- 📖 ♪ Basiswissen SchuldR (AT) 📖 ♪ SchuldR (BT) (7 €)
- 📖 ♪ Basiswissen Sachenrecht, 📖 ♪ FamR, 📖 ♪ ErbR
- 📖 Einführung in das Bürgerliche Recht (7,90 €)
- 📖 Studienbuch BGB (AT) (12 €)
- 📖 Studienbuch Schuldrecht (AT) (12 €)
- 📖 Schuldrecht (BT) 1 - §§ 437, 536, 634, 670 ff. (7,90 €)
- 📖 Schuldrecht (BT) 2 - §§ 812, 823, 765 ff. (7,90 €)
- 📖 SachenR 1 – Bewegl. S., 📖 SachenR 2 – Unb. S. (7,9 €)
- 📖 Familienrecht und 📖 Erbrecht (Einführungen) (7,90 €)
- 📖 Streitfragen Schuldrecht (7,90 €)
- 📖 ♪ Definitionen für die Zivilrechtsklausur (9,90 €)

Strafrecht

- 📖 ♪ Standardfälle für Anfänger Band 1 (9,90 €)
- 📖 Standardfälle für Anfänger Band 2 (7,90 €)
- 📖 Standardfälle für Fortgeschrittene (12 €)
- 📖 ♪ Basiswissen Strafrecht (AT) (Frage-Antwort)
- 📖 ♪ Basiswissen Strafrecht BT 1 und 📖 ♪ BT 2 (7 €)
- 📖 Strafrecht (AT) (7,90 €)
- 📖 Strafrecht (BT) 1 – Vermögensdelikte (9,90 €)
- 📖 Strafrecht (BT) 2 – Nichtvermögensdelikte (9,90 €)
- 📖 ♪ Definitionen für die Strafrechtsklausur (7,90 €)

Irrtümer und Änderungen vorbehalten!

Öffentliches Recht

- 📖 Standardfälle Staatsrecht I – StaatsorgaR (9,90 €)
- 📖 Standardfälle Staatsrecht II – Grundrechte (9,90 €)
- 📖 ♪ Standardfälle f. Anfänger (StaatsorgaR u. GRe) (7,9 €)
- 📖 Standardfälle Verwaltungsrecht (AT) (9,90 €)
- 📖 Standardfälle Polizei- und Ordnungsrecht (9,90 €)
- 📖 Standardfälle Baurecht (9,90 €)
- 📖 Standardfälle Europarecht (9,90 €)
- 📖 Standardfälle Kommunalrecht (9,90 €)
- 📖 ♪ Basiswissen StaatsR I –StaatsorgaR (Fr-Antw.) (7 €)
- 📖 ♪ Basiswissen StaatsR II –GrundR (Frage-Antw.) (7 €)
- 📖 Basiswissen VerwaltungsR AT– (Frage-Antwort) (7 €)
- 📖 Studienbuch Staatsorganisationsrecht (9,90 €)
- 📖 Studienbuch Grundrechte (9,90 €)
- 📖 Studienbuch Verwaltungsrecht AT (12 €)
- 📖 Studienbuch Europarecht (12,90 €) u. ♪ Basiswissen EuR
- 📖 Staatshaftungsrecht (9,90 €)
- 📖 VerwaltungsR AT 1 – VwVfG u. 📖 AT 2–VwGO (7,90 €)
- 📖 VerwaltungsR BT 1 – POR (9,90 €)
- 📖 VerwaltungsR BT 2 – BauR u. 📖 BT 3 – UmweltR (9,90 €)
- 📖 ♪ Definitionen Öffentliches Recht (9,90 €)

Steuerrecht

- 📖 Abgabenordnung (AO) (9,90 €)
- 📖 Einkommensteuerrecht (EStG) (9,90 €)
- 📖 Erbschaftsteuerrecht (9,90 €)
- 📖 Steuerstrafrecht/Verfahren/Steuerhaftung (7,90 €)

Sozialrecht

- 📖 Kinder- und Jugendhilferecht (7,90 €)
- 📖 Sozialrecht (7,90 €)

Nebengebiete

- 📖 ♪ Standardfälle Handels- & GesR (9,90 €)
- 📖 ♪ Standardfälle Arbeitsrecht (9,90 €)
- 📖 Standardfälle ZPO (9,90 €)
- 📖 ♪ Basiswissen HandelsR (Frage-Antwort) (7,9 €)
- 📖 ♪ Basiswissen Gesellschaftsrecht (7,90 €)
- 📖 ♪ Basiswissen ZPO (Frage-Antwort) (7,90 €)
- 📖 ♪ Basiswissen StPO (Frage-Antwort) (7,90 €)
- 📖 Handelsrecht (9,90 €)
- 📖 Gesellschaftsrecht (9,90 €)
- 📖 Arbeitsrecht (9,90 €)
- 📖 Kollektives Arbeitsrecht (9,90 €)
- 📖 ZPO I – Erkenntnisverfahren (9,90 €)
- 📖 ZPO II – Zwangsvollstreckung (9,90 €)
- 📖 Strafprozessordnung – StPO (9,90 €)
- 📖 Einf. Internationales Privatrecht - IPR (9,90 €)
- 📖 Standardfälle IPR (9,90 €)
- 📖 Einf. Internationales Wirtschaftsrecht (9,90 €)
- 📖 Insolvenzrecht (9,90 €)
- 📖 Gewerbl. Rechtsschutz/Urheberrecht (9,90 €)
- 📖 Wettbewerbsrecht (9,90 €)
- 📖 Ratgeber 500 Spezial-Tipps für Juristen (12 €)
- 📖 Mediation (7,90 €)

Karteikarten (je 9,90 €)

- ▯ Zivilrecht: BGB AT/Grundlagen/ ♪ Schemata
- ▯ Strafrecht: AT/BT-1/BT-2/Streitfragen
- ▯ Öff. R.: StaatsorgaR/GrundR/VerwR/Schemata

Assessorexamen

- 📖 Der Aktenvortrag im Strafrecht (7,90 €)
- 📖 Der Aktenvortrag im Zivilrecht (7,90 €)
- 📖 Der Aktenvortrag im Öffentlichen Recht (7,90 €)
- 📖 Staatsanwaltl. Sitzungsdienst & Plädoyer (9,90 €)
- 📖 Die strafrechtliche Assessorklausur (7,90 €)
- 📖 Die Assessorklausur VerwR Bd. 1 (7,90 €)
- 📖 Die Assessorklausur VerwR Bd. 2 (7,90 €)
- 📖 Vertragsgestaltung in der Anwaltsstation (7 €)

Irrtümer und Änderungen vorbehalten!

BWL

- 📖 Einführung i. die Betriebswirtschaftslehre (7,90 €)
- 📖 Marketing (7 €)
- 📖 Organisationsgestaltung & -entwickl. (7,90 €)
- 📖 Fallstudien Organisationsgestaltung & -entwickl.
- 📖 Internationales Management (7 €)
- 📖 Wie gelingt meine wiss. Abschlussarbeit? (7 €)

Irrtümer und Änderungen vorbehalten!

Schemata

- 📖 Die wichtigsten Schemata-ZivR,StrafR,ÖR (12,90)
- 📖 Die wichtigsten Schemata–Nebengebiete (9,90 €)

♪ bedeutet: auch als **Hörbuch** (CD oder MP3-Download) lieferbar!

Im **niederle-shop.de** bestellte Artikel treffen idR *nach 1-2 Werktagen* ein!

Einführung

§ 1

I. Die Stellung des BGB innerhalb der geltenden Rechtsordnung

Das bürgerliche Gesetzbuch (BGB) ist **vorkonstitutionelles Recht**, weil es bereits vor dem Grundgesetz von 1949 existierte. Das vorkonstitutionelle Recht steht allerdings mit dem nachkonstitutionellen Recht auf einer Stufe. Es gehört zum sog. einfachen Recht, rangiert unterhalb des Grundgesetzes und wird wie Bundesrecht behandelt. Da das Grundgesetz Ausdruck einer **objektiven Wertordnung** ist, bestimmt es unsere gesamte Rechtsordnung. Von daher hat es Einfluss auf die Auslegung von allen Rechtsnormen, auch auf die des BGB. Insbesondere das Verständnis der Generalklauseln, wie § 138 oder § 242, wird durch die Grundrechte (Art. 1 bis 19 GG) bestimmt. Man spricht von **mittelbarer Drittwirkung der Grundrechte**[1].

Im Verhältnis zu den Landesgesetzen hat das BGB auf seinem Gebiet grundsätzlich den Vorrang, es sei denn, der Gesetzgeber hat ausdrücklich dem Landesgesetzgeber den Vorrang eingeräumt, eigene Vorschriften zu erlassen. Dies ist in wenigen Randgebieten zu finden, z. B. wird das Nachbarrecht teilweise durch Landesgesetze geregelt.

Auch das **europäische Unionsrecht** hat das BGB beeinflusst. So hat das europäische Unionsrecht zur Einführung eines Verbraucherschutzrechts in das BGB geführt, auch das Allgemeine Gleichbehandlungsgesetz geht auf europäisches Recht zurück.

---

[1] Hierzu Leipold, BGB I, Einführung und Allgemeiner Teil, § 1 Rdnr. 11 – 16; näher auch unter Kapitel „Sittenwidrige Rechtsgeschäfte", § 14.

II. Öffentliches Recht und Privatrecht

Das nationale Recht wird herkömmlich unterteilt in öffentliches Recht und Privatrecht. Die Abgrenzung hat u. a. Bedeutung für die **Rechtswegzuständigkeit,** d. h. welches Gericht zuständig ist. Denn Streitigkeiten auf dem Gebiet des **Privatrechts**, auch bürgerliches Recht genannt, werden vor den **ordentlichen Gerichten**, Amts- (AG), Land- (LG) und Oberlandesgericht (OLG) und in letzter Instanz vor dem Bundesgerichtshof (BGH) ausgetragen. **Öffentlich-rechtliche Streitigkeiten** werden von den **besonderen Gerichten** wie den Verwaltungsgerichten, Sozial- oder Finanzgerichten entschieden[2].

Im Wesentlichen werden Privatrecht und öffentliches Recht danach abgegrenzt, ob sich die Parteien auf der Ebene der Gleichordnung begegnen, dann regelt das Privatrecht den Konflikt, oder der Staat tritt dem Bürger hoheitlich gegenüber, dann bestimmt das öffentliche Recht die Beziehungen[3]. Die typische Handlungsweise auf dem Gebiet des Privatrechts ist das **Rechtsgeschäft**, der Staat handelt typischerweise durch einen **Verwaltungsakt**, d.h. durch eine hoheitliche Maßnahme auf dem Gebiet des öffentlichen Rechts zur Regelung eines Einzelfalles.

> Das Privatrecht regelt die Rechtsbeziehungen unter gleichgeordneten Bürgern, das Öffentliche Recht regelt das Über- und Unterordnungsverhältnis zwischen Bürger und Staat.

---

[2] Die Arbeitsgerichte gehören zur ordentlichen Gerichtsbarkeit, haben aber eine eigene Verfahrensordnung (Arbeitsgerichtsgesetz, ArbGG)
[3] Hierzu werden aber auch andere Abgrenzungskriterien genannt. Leipold, BGB I Einführung und Allgemeiner Teil, § 1, Rdnr. 13.

Beispiel 1: K kauft von V einen PKW. V und K stehen sich *gleichberechtigt* gegenüber. Jeder hat seine Interessen zu verfolgen und in die Vertragsgestaltung, wie Fahrzeugtyp oder Kaufpreis, einzubringen.

K will das gekaufte Fahrzeug zulassen. Hierzu benötigt er die „Genehmigung" des Staates (Nummernschild). Diese Zulassung erfolgt *hoheitlich* durch die die Staatsgewalt verkörpernde Behörde.

Das BGB ist Teil des Privatrechts. Zum Privatrecht werden neben dem BGB auch die rechtlichen Regelungen gezählt, die Sondergebiete wie das Handels- und Gesellschaftsrecht betreffen (Sonderprivatrecht). Das BGB hat innerhalb des Privatrechts die Stellung einer grundlegenden Regelung (Grundgesetz des Privatrechts). Seine Vorschriften greifen ergänzend ein, wenn auf dem Gebiet des Sonderprivatrechts Regelungslücken bestehen.

III. Die rechtspolitischen Grundlagen des BGB

Das BGB geht in seiner rechtspolitischen Grundlage[4] von einer **bürgerlich-liberalen Grundanschauung** aus. Privatautonomie und Eigentum sind die zentralen Institute zur Sicherung der rechtlichen Selbstbestimmung eines selbstverantwortlichen Bürgers. Diese treten grundsätzlich gleichgeordnet gegenüber. Es geht vom **Vertragsprinzip** aus. **Der Vertrag ist das zentrale Instrument zur Gestaltung privater Rechtsverhältnisse.** Das bedeutet: Wer sich Güter beschaffen will, darf sich frei entscheiden, welche er will und von wem. Dem entspricht, dass der, der das Gut hat, dieses auch nur freiwillig herzugeben braucht (von der Möglichkeit der Enteignung abgesehen, Art. 14 GG).

Beispiel 2: Wenn A einen PC haben will, dann muss er sich jemanden suchen, der ihm den PC auch geben will. Wenn B eine solche Peson ist, kann B seinerseits den Willen haben, dafür etwas zu bekommen (z. B. Geld). Er wird dann seinen PC gegen Geld hergeben und einen Kaufvertrag schließen (siehe § 433).

---

[4] Wenn man in groben Zügen diese Grundlagen kennt, erleichtert dies das Verständnis von Rechtsnormen und kann bei der Auslegung einer Vorschrift helfen.

Dieses Beispiel ist sehr abstrahiert von den tatsächlichen Gegebenheiten. Im tatsächlichen Wirtschaftsleben liegen die Dinge komplizierter. Aber damit soll das Grundprinzip unserer Privatrechtsordnung, von dem das BGB ausgeht, deutlich gemacht werden, insbesondere ist es für das Verständnis der Rechtsgeschäftslehre grundlegend. Der Vertrag ist das Instrument zur Bewirkung eines gerechten Interessensausgleichs. Deswegen sind die Vorschriften im Schuldrecht weitgehend rechtsgeschäftlich abdingbar (**dispositives Recht**). Weit weniger gibt es im Schuldrecht unnachgiebiges (**zwingendes Recht**). Allerdings hat der Gesetzgeber im Laufe der über 100-jährigen Geschichte des BGB in bestimmten Bereichen zum Schutz des Schwächeren immer wieder zwingende Vorschriften eingefügt.

Beispiel 3: Die Regeln über den Kaufvertrag sind weitgehend durch vertragliche Vereinbarungen abdingbar. Anders im Verbrauchsgüterkauf. Hier hat der *heutige Gesetzgeber* aufgrund der Europäischen Rechtsentwicklung teilweise *zwingende* Normen aufgestellt, z. B. § 475 I S. 1.

Das Mietrecht ist von dem Gesetzgeber des 19. Jahrhundert weitgehend dem freien Spiel der Kräfte überlassen gewesen. Wohnraum ist aber eine existentielle Bedingung für ein menschenwürdiges Dasein. Der Schutz des Mieters, der Wohnraum gemietet hat, gebietet es daher, zwingende Vorschriften im Recht über die Wohnraummiete zu erlassen, insbesondere das (freie) Kündigungsrecht des Vermieters einzuschränken (vgl. §§ 573 ff.).

An diesen Beispielen soll aufgezeigt werden, dass der Gesetzgeber seit dem In-Kraft-Treten des BGB zahlreiche Änderungen vorgenommen hat, um das Gesetz den veränderten Bedingungen anzupassen.

▸ **Literatur**
📖 Literatur: Rüthers/Stadler, Allgemeiner Teil des BGB, 17. Aufl., § 3.

IV. Der Aufbau des BGB

Das BGB besteht aus fünf Büchern. Das erste Buch ist der Allgemeine Teil (§§ 1 – 240). Der Allgemeine Teil enthält im Wesentlichen die Vorschriften, die für die übrigen Bücher gemeinsam gelten sollen (**Klammerfunktion**). So finden sich sowohl im Schuldrecht, als auch im Sachenrecht, im Familien- und Erbrecht Verträge. Es liegt daher nahe, um nicht dieselben Normen in jedem der fünf Bücher zu wiederholen, den Vertragsschluss für alle Verträge gemeinsam zu regeln (§§ 145 ff.). Allerdings finden sich auch Vorschriften über den Verein und die Stiftung, über Fristen und Termine und anderes abschließend im Allgemeinen Teil.

Im zweiten Buch ist das **Schuldrecht** geregelt, unterteilt in einen Allgemeinen und in einen Besonderen Teil. Der Allgemeine Teil des Schuldrechts gilt für die einzelnen Schuldverträge und die gesetzlichen Schuldverhältnisse, z. B. das Schuldverhältnis aus unerlaubter Handlung. Beispielsweise beantwortet § 362 für alle Schuldverhältnisse die Frage, wann erfüllt ist und welche Rechtsfolgen sich aus der Erfüllung ergeben (Erlöschen des Schuldverhältnisses).

Das **Sachenrecht** ist das dritte Buch. Hier finden sich die Vorschriften, die die Rechtsbeziehung einer Person zur Sache bestimmen. So zum Beispiel das Eigentum als umfassendes Herrschaftsrecht[5].

Das **Familienrecht** als viertes Buch betrifft die Familienrechtsverhältnisse, wie Eheschließung, Verwandtschaft, Unterhaltsrecht oder eheliches Güterrecht.

Das fünfte Buch regelt die rechtlichen Verhältnisse des Vermögens eines Verstorbenen (**Erbrecht**).

---

[5] Siehe S. 25.

V. Die Privatautonomie als Grundlage unserer Privatrechtsordnung

> Der Grundsatz der Privatautonomie ist das verfassungsrechtlich (Art. 2 GG) geschützte Recht eines jeden Bürgers, seine privaten Rechtsverhältnisse nach seinem Willen selbst zu gestalten. Das Gestaltungselement ist das *Rechtsgeschäft,* in erster Linie der *Vertrag.*

Der Privatautonomie steht die **Planwirtschaft**, in der der Staat dem Bürger die Güter zuteilt, entgegen und ist daher mit dem BGB nicht vereinbar. Dies führt zwangsläufig dazu, dass der Einzelne seine individuellen Bedürfnisse nicht mehr befriedigen kann, weil der Staat nicht oder nur unter unverhältnismäßigen Bedingungen in der Lage ist, die Wünsche eines jeden Einzelnen zu bedenken.

Ebenso ist mit der Privatautonomie unvereinbar, dass jeder seinen Willen, ohne auf den des anderen Rücksicht zu nehmen oder sogar gegen dessen Willen durchsetzen kann (**Recht des Stärkeren**).

Die wichtigste Folgerung aus dem Grundsatz der Privatautonomie ist das Vertragsprinzip. Dieses wird beherrscht vom Grundsatz der **Vertragsfreiheit.** Dieser Grundsatz umfasst:

1. Die Abschlussfreiheit

Grundsätzlich darf niemand zu einem Vertragschluss gezwungen werden.

> Abschlussfreiheit heißt: Jeder kann nach seinem Belieben entscheiden, ob und mit wem er einen Vertrag abschließt.

Beispiel 4: V hat an alle Haushalte der näheren Umgebung Prospekte zur Werbung für einen Laptop verteilt. Es handelt sich dabei um ein besonders preisgünstiges Gerät. K steht deswegen am Morgen des nächsten Tages schon um 5 Uhr vor dem Laden des V, um als erster einen Rechner zu erwerben. Als V sein Geschäft öffnet und K den Laptop kaufen will, erklärt ihm V, dass er nur 5 Exemplare gehabt habe, sämtliche aber an Interessenten veräußert habe, die telefonisch bestellt hatten. K verlangt von V den Verkauf eines der in dem Prospekt beworbenen Exemplare. Auf die Vertröstung des V auf eventuell spätere Nachlieferungen will er sich nicht einlassen.

K will den Abschluss eines Kaufvertrages, also die Annahme seines Angebots an V zum Kauf des beworbenen Laptops[6]. Ihm müsste daher eine Rechtsnorm als Anspruchsgrundlage zur Seite stehen, die sein (K's) Verlangen als berechtigt ausweist. Da der Grundsatz der Abschlussfreiheit gilt, wird K eine solche Norm nicht finden. Es steht im Belieben des V, den Vertrag mit K abzuschließen oder es sein zu lassen. Dies gilt selbst dann, wenn K später erfährt, dass sein Freund F um 12 Uhr bei V den Laptop erworben hat, V ihn also angelogen hat.

Die Abschlussfreiheit setzt aber voraus, dass es entsprechend viele Anbieter und Interessenten gibt. Deswegen ist Wettbewerb eine wesentliche Voraussetzung für die Verwirklichung der Abschlussfreiheit. Wo kein Wettbewerb herrscht, also nur *ein Anbieter* vorhanden ist, bleibt das Prinzip der Abschlussfreiheit theoretisch. Das soll das folgende Beispiel zeigen:

Beispiel 5: A bezieht Strom von der X-AG. Diese hat die Bezugspreise um 10% erhöht. A ist verärgert. Er will den Anbieter wechseln, doch es existiert keine Alternative.

Die X–AG hat das Monopol. A ist auf den Strom angewiesen. Wechseln kann er nicht. So ist er faktisch gezwungen, den Strom von der X-AG zu beziehen und zwar zu den von der X-AG festgesetzten Bedingungen (Preis usw.). Wenn A den erhöhten Strompreis nicht bezahlt, könnte die X-AG auf die Idee kommen, den Vertrag mit A zu kündigen und A nicht mehr mit Strom zu beliefern.

---

[6] Zum Vertragsschluss im Einzelnen in § 7.

Fraglich ist aber, ob nicht die X-AG wegen ihrer Monopolstellung gezwungen ist, den Vertrag mit A ohne Preiserhöhung aufrechtzuerhalten. Eine ausdrückliche Vorschrift, die die X-AG dazu zwingen könnte, gibt es für Monopolbetriebe zwar nicht, aber § 826 (lesen!) könnte helfen. Es stellt sich als vorsätzlich sittenwidrige Schädigung des A dar, wenn die Preiserhöhung nicht sachlich gerechtfertigt wäre. Daraus folgt: Kann die X-AG ihre Preiserhöhung sachlich begründen, etwa durch gestiegene Einkaufskosten, dann müsste A die Preiserhöhung akzeptieren. Liegt kein sachlicher Grund vor, kann A die Bezahlung der höheren Stromkosten verweigern, ohne dass die X-AG ihm den Strom „abdrehen" darf.

Die Abschlussfreiheit wird durch den **Abschlusszwang** (lat. Kontrahierungszwang) eingeschränkt. Bei Monopolbetrieben oder monopolähnlichen Betrieben, insbesondere solchen, auf deren Leistung die Bevölkerung angewiesen ist, wie Energielieferer (Strom, Gas) oder Verkehrsmittel hat der Gesetzgeber gesetzlich einen Abschlusszwang aufgestellt (sog. **unmittelbarer Abschlusszwang).**

Beispiele: § 22 Personenbeförderungsgesetz (PbefG), § 3 Eisenbahnverordnung (EVO), § 21 II Luftverkehrsgesetz (LuftVG) für Personenbeförderungsunternehmen. § 5 II Pflichtversicherungsgesetz (PflVG) zwingt die Fahrzeugversicherer zum Abschluss einer Haftpflichtversicherung für Fahrzeuge. § 23 des Allgemeinen Gleichbehandlungsgesetzes begründet nach herrschender Meinung (h. M.) auch einen Abschlusszwang im Zivilrecht[7].

Allerdings werden nicht alle Monopolbetriebe durch die vorstehend genannten Vorschriften erfasst. Wenn aber Monopolunternehmen ohne sachlichen Grund den Abschluss eines Vertrages verweigern, liegt eine vorsätzlich sittenwidrige Schädigung vor. Dies hat zur Folge, dass das Unternehmen Schadensersatz leisten muss, § 826. Die Schadensersatzpflicht führt zur Pflicht, den Vertrag abzuschließen. Daraus folgt ein **mittelbarer Abschlusszwang.**

---

[7] Palandt/Heinrichs, Einf. v. § 145 BGB, Rdnr. 8 a.E.

> **Merke:** Ein *Abschlusszwang* kann sich entweder aus einem besonderen Gesetz oder aus § 826 ergeben. Letzteres ist der Fall, wenn Monopolbetriebe oder andere marktbeherrschende Unternehmen ohne sachlichen Grund den Vertragsschluss mit einem Interessenten verweigern.

2. Inhalts- oder Gestaltungsfreiheit

Den Vertragsparteien steht es grundsätzlich frei, wie sie ihre vertraglichen Regelungen im Einzelnen ausgestalten. So kann im *Beispiel 2* (Seite 9) der B den Preis bestimmen und A sein Interesse an der näheren Beschaffenheit des PC zum Inhalt des Vertrages machen, wenn der jeweils andere Vertragspartner damit einverstanden ist. Daher ist die größte Zahl der Rechtsnormen, die im Schuldrecht zu finden sind, nachgiebiges Recht. Die im besonderen Schuldrecht die einzelnen Vertragstypen bestimmenden Normen, wie § 433 für den Kaufvertrag, § 535 für den Mietvertrag, § 611 für den Dienstvertrag usw. haben die Aufgabe, **Leitbilder für die Verträge** zu liefern. Daher können die Vertragsparteien die Vertragstypen auch mischen.

Die Inhaltsfreiheit gilt nicht durchgehend. §§ 134 und 138 begrenzen den Inhalt der möglichen Vertragsregeln. Aber auch die zwingenden Vorschriften im Verbraucherschutzrecht oder im Mietrecht zeigen der beliebigen Vertragsgestaltung Grenzen auf. Darüber hinaus sorgen Inhaltskontrollen von Allgemeinen Geschäftsbedingungen, aber auch § 242 für einen Schutz vor unangemessener Benachteiligung eines Vertragspartners.

3. Formfreiheit

Schließlich kann zur Vertragsfreiheit auch die Formfreiheit gerechnet werden. Sie besagt, dass ein Rechtsgeschäft grundsätzlich ohne Einhaltung einer bestimmten Form abgeschlossen werden kann. Andererseits bleibt es den Vertragsparteien unbenommen, eine bestimmte Form für das Rechtsgeschäft zu vereinbaren.

16

Eine Einschränkung durch eine gesetzlich vorgeschriebene Form findet sich in den Bereichen, wo der Gesetzgeber Schutz- und Beratungsbedarf gesehen hat[8].

▸ Literatur

📖 Literatur: Rüthers/Stadler, Allgemeiner Teil des BGB, 17. Aufl., § 3

📖 Leipold, BGB I Einführung und Allgemeiner Teil, 6. Aufl., §§ 1- 4

---

[8] Dazu § 12.

Kapitel 1

§ 2

Rechtssubjekt, Rechtsfähigkeit und subjektives Recht

I. Rechtssubjekt und Rechtsfähigkeit

Personen werden Rechtssubjekte genannt, weil die Rechtsordnung anerkennt, dass sie **nach ihrem Willen** ihre eigenen Interessen verfolgen können.

Rechtssubjekt ist in erster Linie der Mensch. Rechtssubjekt kann aber auch eine Organisationseinheit, regelmäßig ein Zusammenschluss von Menschen, sein.

Rechtssubjekten kommt Rechtsfähigkeit zu. Wenn also im Folgenden von Personen die Rede ist, dann ist immer das Rechtssubjekt als Rechtsträger gemeint.

> **Rechtsfähigkeit** ist die Fähigkeit, Träger von Rechten und Pflichten sein zu können.

Jede natürliche Person = Mensch besitzt die Rechtsfähigkeit. Anderenfalls würde die Rechtsordnung bestimmte Menschen außerhalb des Rechts stellen (outlaw).

Von der Rechtsfähigkeit ist strikt die **Handlungsfähigkeit** zu trennen. Die rechtsgeschäftliche Handlungsfähigkeit heißt Geschäftsfähigkeit.

1. Beginn der Rechtsfähigkeit

a. Beim Menschen

Die Rechtsfähigkeit des Menschen beginnt mit der Vollendung der Geburt, § 1. Die Geburt ist vollendet mit dem **vollständigen Austritt** des Kindes **aus dem Mutterleib**. Abzustellen ist also nicht etwa auf den Beginn der Geburt durch die Presswehen oder auf die Durchtrennung der Nabelschnur.

Da eine Totgeburt nicht rechtsfähig ist, muss zum Beginn der Rechtsfähigkeit neben dem vollständigen Austritt aus dem Mutterleib ein Lebenszeichen vom Kind gegeben werden. Dies sind alternativ: Schreien, Herztöne, pulsierende Nabelschnur und andere vom Mediziner festgestellte Lebenszeichen.

Vorverlegung der Rechtsfähigkeit

Teilweise wird die Rechtsfähigkeit vorverlegt. Nach § 1923 II kann bereits der zwar **schon gezeugte**, aber **noch nicht geborene Mensch** (lateinisch: **nasciturus** = einer, der noch geboren wird) erben. Das setzt aber voraus, dass der nasciturus **lebend geboren** wird. Deswegen gibt es die Formulierung in § 1923 II: „gilt als ...". Der noch nicht geborene Mensch ist **bedingt durch die Lebendgeburt** Rechtsträger der durch Erbfall ihm zugefallenen Rechte und Pflichten.

Beispiel 1: F(rau) und M(ann) erwarten ein gemeinsames Kind. M hat ein Testament errichtet, in dem er das (noch nicht geborene) Kind zu seinem Alleinerben eingesetzt hat. M stirbt vor der Geburt. 2 Monate nach dem Tod von M wird K lebend geboren. K ist aufgrund des Testaments Alleinerbe geworden. Wäre K nicht lebend zur Welt gekommen, wäre er auch nicht Erbe geworden, die Erbeinsetzung ginge ins Leere, es könnte dann die gesetzliche Erbfolge gelten.

Der noch nicht gezeugte Mensch kann ebenfalls schon in be-stimmten erbrechtlichen Situationen wie ein Rechtsträger behandelt werden, z. B. als Nacherbe (§ 2101 I) oder als Vermächtnisnehmer (§ 2178). Voraussetzung aber ist, dass er später auch lebend geboren wird. Ferner ist er in bestimmten Fällen vor **schädigenden Handlungen** geschützt.

Beispiel 2: F erhält während einer Operation eine Bluttransfusion. Das Blut ist, was niemand merkt, aber vom Arzt A hätte erkannt werden müssen, HIV-verseucht. Nach zwei Jahren erwartet F ein Kind. Es wird wegen des infizierten Blutes der Mutter schwerst geschädigt geboren. Das Kind K will vom Arzt A Schadensersatz und Schmerzensgeld.

Anspruchsgrundlage ist § 823 I. K ist an seinem Körper verletzt. Nicht richtig ist das Argument, K sei ja schon mit den Beeinträchtigungen auf die Welt gekommen, deswegen liege eine Körperverletzung nicht vor. Die Körperverletzung wurde auch durch die Handlung des A verursacht. Zwar existierte K im Zeitpunkt der Bluttransfusion noch nicht, aber es handelt sich hier um eine sogenannte gestreckte Handlung. Die schadensstiften-de Transfusion bewirkte ihren „Erfolg" erst ab dem Zeitpunkt, als K gezeugt wurde. A hat auch rechtswidrig gehandelt. Verschulden in der Form der Fahrlässigkeit liegt vor, weil A hätte erkennen können und müssen, dass das Blut HIV-verseucht war und dass sich dieses Blut auf den Körper des Kindes K schädigend auswirken wird. Klar ist, dass K lebend geboren werden muss, damit der Schutz eingreift.

b. Bei der juristischen Person

Juristische Personen sind ebenfalls rechtsfähig. Ihnen wird als Organisationseinheit die Fähigkeit zuerkannt, Rechte und Pflichten haben zu können.

Beispiele: Der Verein, §§ 21 ff., die Aktiengesellschaft (AG, geregelt im Aktiengesetz, AktG), die Gesellschaft mit beschränkter Haftung (GmbH, geregelt im GmbH-Gesetz). Rechtsfähigkeit haben auch die Handels-gesellschaften, wie die offene Handelsgesellschaft (OHG, §§ 105 ff. HGB) und die Kommanditgesellschaft (KG, §§ 161, 105 ff. HGB).

Der BGH hat die Gesellschaft des bürgerlichen Rechts (GbR, §§ 705 ff.), soweit sie nach außen auftritt (Außengesellschaft[9]), und die Wohnungseigentümergemeinschaft (geregelt im Wohnungseigentumsgesetz (WEG)) in Teilbereichen als (teil)rechtsfähig anerkannt[10].

Es gibt auch Personenmehrheiten, die keine Rechtsfähigkeit besitzen, wie die Erbengemeinschaft oder die fortgesetzte Gütergemeinschaft. Eine Erbengemeinschaft besteht immer dann, wenn der Erblasser nach seinem Tod von mehr als einer Person beerbt wird.

Beispiel 3: E ist verstorben. Er hat keine letztwillige Verfügung errichtet. Er hinterlässt seine Frau F und seine Kinder S und T. Nach §§ 1922, 1924 erben F, S und T. Die drei bilden eine Erbengemeinschaft. Diese Erbengemeinschaft kann keine Rechte und Pflichten haben, dies können nur die Erben als natürliche Personen.

Merke: Die Erbengemeinschaft ist nicht rechtsfähig.

---

2. Das Ende der Rechtsfähigkeit

a. Beim Menschen

Der Gesetzgeber hat im Gegensatz zum Beginn der Rechtsfähigkeit keine ausdrückliche Regelung für deren Ende getroffen. Für ihn ist es selbstverständlich, dass der **Tod das Ende der Rechtsfähigkeit** bedeutet. Dies folgt auch zwingend aus § 1922 I, wonach das Vermögen des Erblassers mit seinem Tod auf andere Personen übergeht.

Wann der Tod eintritt, könnte fraglich sein. Überwiegend wird auf den Gesamthirntod abgestellt, d.h. wenn **alle Hirnstromlinien 0** anzeigen und damit der vollständige und irreversible Ausfall aller Hirnfunktionen feststeht[11].

---

[9] BGH NJW 2001, 1056.
[10] BGH NJW 2005, 2061.
[11] OLG Frankfurt, NJW 1997, 3100. Nicht unumstritten, s. Leipold: BGB I, Einführung und Allgemeiner Teil, 4. Aufl., § 30, Rdnr. 11.

b. Bei der juristischen Person

Hier ist zu unterscheiden zwischen Auflösung und Verlust der Rechtsfähigkeit. Der Verein, der durch Eintragung rechtsfähig wird, verliert seine Rechtsfähigkeit nach § 43 durch behördliche Entziehung, durch Löschung im Vereinsregister oder nach § 73 durch Entziehung der Rechtsfähigkeit auf Antrag durch Beschluss des Amtsgerichts. Die Stiftung kann nach § 87 I aufgehoben werden.

Bei den juristischen Personen des Handelsrechts ist zu unterscheiden zwischen Auflösung und Erlöschen. Erst wenn die juristische Person erloschen ist, verliert sie die Rechtsfähigkeit. Mit der Auflösung tritt regelmäßig Liquidation ein, die nicht zum Verlust der Rechtsfähigkeit führt. Zum Erlöschen ist entweder die Eintragung in das Handelsregister erforderlich (§ 141a FGG) oder die vollständige Vermögenslosigkeit.

3. Die Feststellung und der Nachweis des Beginns und des Verlustes der Rechtsfähigkeit

a. Geburt und Tod des Menschen

Geburt und Tod werden nach § 60 I 1 Personenstandsgesetz (PStG) nachgewiesen durch Eintragung in das Personenstandsbuch. Nach § 62 PStG können Urkunden zum Nachweis im Rechtsverkehr erteilt werden.

b. Verschollenheit

Wer verschollen ist, kann für tot erklärt werden. Dies erfolgt in einem Verfahren vor dem Amtsgericht nach den Vorschriften des *Verschollenheitsgesetzes*. In der Todeserklärung wird ein Datum angegeben. Dies begründet die *widerlegbare* Vermutung, dass der Betroffene zu diesem Zeitpunkt verstorben ist.

Beispiel 4: Der Hobby-Abenteurer F will die entlegensten Winkel der Wüste erkunden. Er fliegt mit einem Privatflugzeug über die Wüste. Nach mehreren Tagen bricht der Funkkontakt zu F ab. Die Suche nach dem Flugzeug bleibt erfolglos. F wird nicht gefunden.

Wenn jetzt beispielsweise der Sohn S feststellen lässt, dass F zum 31.12.2012 für tot erklärt wird, gilt bis zum Beweis des Gegenteils, dass F am 31.12.2012 verstorben ist. Damit endet mit diesem Tag die Rechtsfähigkeit des F und sein Vermögen geht auf seine Erben über. Sollte F später lebend wieder auftauchen, bedeutet das, dass F zu keiner Zeit tot war. Der Erbfall ist nicht eingetreten und eventuell davon abweichende Rechtszustände sind wieder rückgängig zu machen.

c. Das Erlöschen der juristischen Person

Dieser Fall kann dem entsprechenden Register entnommen werden.

▶ Literatur

📖 Köhler, BGB Allgemeiner Teil, 36. Aufl., §§ 20 und 21

📖 Rüthers/Stadler, Allgemeiner Teil des BGB, 17. Aufl., § 14 und 15

📖 Leipold, BGB I Einführung und Allgemeiner Teil,
    6. Aufl., §§ 30 und 31

II. Das subjektive Recht

1. Begriff

In der Einführung haben wir das Recht als objektives Recht kennen gelernt. Objektives Recht ist die Gesamtheit der Rechtsnormen[12]. Für den Einzelnen ergibt sich aus den Rechtsnormen, insbesondere den Privatrechtsnormen, eine Rechtsposition, die ihn befähigt, mit Hilfe der Rechtsordnung seine Interessen zu befriedigen. Diese Rechtsmacht wird **subjektives Recht** genannt. Das subjektive Recht dient der Sicherung der Freiheitssphäre. Pflichten stehen den subjektiven Rechten dann in der Regel gegenüber, wenn das subjektive Recht als Forderung gegen einen anderen besteht.

Das subjektive Recht ist die einer Person verliehene Rechtsmacht zur Befriedigung seiner Interessen.

---

2. Arten der subjektiven Rechte

Subjektive Rechte werden grundsätzlich danach eingeteilt, ob sie gegenüber **jedermann wirken** oder nur gegen **einzelne Personen**. Erstere werden **absolute Rechte** genannt. Der Träger eines absoluten Rechts hat einen rechtlich garantierten Freiraum. Dieser Freiraum wird durch Abwehrrechte gegen jeden, der dieses Recht beeinträchtigt, geschützt, es sei denn, der Träger des absoluten Rechts hat die Beeinträchtigung zu dulden, insbesondere soweit beschränkt dingliche Rechte reichen.

Beispiel 5: V hat seiner Tochter T sein Wohnhaus zu Eigentum übertragen. Er selbst hat sich ein Wohnrecht an der Wohnung im ersten Stock eintragen lassen.
Das Wohnrecht ist nach § 1093 I S. 1 ein beschränkt dingliches Recht (es gibt noch andere Arten des Wohnrechts, wie z.B. Miete als schuldrecht-

---

[12] Leipold, BGB I Einführung und Allgemeiner Teil, 4. Aufl., § 7 Rdnr. 32.

liches Wohnrecht). Soweit dieses Recht reicht (hier das Wohnen im ersten Stock) ist der Eigentümer (hier die T) nicht befugt, dem V die Nutzung zu untersagen. T muss die Nutzung durch V (das Wohnen) dulden.

Man kann das absolute Recht mit einem von einer Mauer umgebenen Areal vergleichen. Die Mauer als Schutzschild wehrt unerwünschte Eindringlinge ab. Wer eingedrungen ist, wird wieder „hinausgeworfen". Das sind die dem Träger zustehenden Abwehr- und Beseitigungsrechte[13].

Rechte, die nur gegen einzelne Personen wirken, werden **relative Rechte** genannt.

Die dritte Gruppe subjektiver Rechte bilden die **Gestaltungs- rechte.**

a. Absolute Rechte

Zu den absoluten Rechten gehören die **Persönlichkeitsrechte** und die **Herrschaftsrechte.**

Bei den Persönlichkeitsrechten werden unterschieden: Das **allgemeine Persönlichkeitsrecht** und das **besondere Persönlichkeitsrecht.**

Beispiel 6: In einer Zeitschrift schreibt der Redakteur, das Aussehen einer Fernsehansagerin gleiche eher dem einer ausgemolkenen Ziege. Diese Formulierung verletzt die Ehre der Frau. Sie kann daher aus § 823 I („sonstiges Recht") Schadensersatz und Schmerzensgeld verlangen.

Eine Zeitung berichtet ausführlich über das Liebesleben der Fürstin von Monaco. Das allgemeine Persönlichkeitsrecht ist verletzt, wenn aus dem Intimbereich eines Menschen berichtet wird. Dieser Bereich ist geschützt, auch wenn es sich um eine Prominente handelt. Aus § 823 I ergeben sich Ansprüche auf Schadensersatz und Schmerzensgeld.

Von einem besonderen Persönlichkeitsrecht spricht man, wenn gesetzlich ausdrücklich bestimmte Bereiche der Person gesetzlich geschützt

---

[13] Siehe dazu sofort das Beispiel 7 zum Eigentumsschutz.

werden. Hierzu gehört das Namensrecht (§ 12 BGB) oder das Recht am eigenen Bild (§ 22 Kunst- und Urhebergesetz).

Herrschaftsrechte räumen dem Rechtsträger eine jedermann ausschließende und unmittelbare Herrschaftsmacht über bestimmte Gegenstände ein. Handelt es sich bei den Gegenständen um Sachen (§ 90), nennt man das Recht auch dingliches Recht.

Das umfassendste Herrschaftsrecht ist das **Eigentum**. Nach § 903 (lesen!) ist das Eigentum dadurch gekennzeichnet, dass der Eigentümer mit der Sache nach Belieben verfahren kann (soweit das Gesetz oder Rechte Dritter nicht entgegenstehen) und der Eigentümer andere von jeder Einwirkung auf die Sache ausschließen kann.

Beispiel 7: E ist Eigentümer eines Hausgrundstücks mit Garten. Der Nachbar N schüttet von Zeit zu Zeit seinen Müll in den Garten des E. Außerdem dreht N das Radio immer dann auf höchste Lautstärke, wenn E in seinem Garten den Nachmittagskaffee genießen will. E fragt, was er dagegen unternehmen kann.

E will zum einen erreichen, dass N den Müll in seinem Garten beseitigt und in der Zukunft nicht mehr im Garten ausleert und dass N das Radio so leise stellt, dass E nicht gestört wird. Der Anspruch auf Beseitigung des Mülls ergibt sich aus § 823 I. Das unbefugte Abladen des Mülls verletzt widerrechtlich das Eigentum des E an seinem Grundstück. Denn wo und welche Sachen auf das Grundstück des E abgelegt werden, bestimmt allein E. Dies folgt aus § 903. Das Unterlassen der Beeinträchtigung für die Zukunft folgt aus § 1004 (lesen!). Hinsichtlich des Radiolärms gilt entsprechendes.

Vom *Eigentum* streng zu unterscheiden ist der *Besitz* (was umgangssprachlich oft nicht beachtet wird).

> **Merke:** Besitz ist die *tatsächliche Herrschaft* über eine Sache, § 854, er umschreibt also keine rechtliche Beziehung, wie das Eigentum, sondern nur ein tatsächliches Verhältnis.

Wer eine Sache in Besitz hat, ist zunächst rechtlich nicht befugt, über die Sache zu bestimmen (tatsächlich kann er es aber). Erst wenn das Gesetz dem Besitzer eine solche Befugnis einräumt, hat der Besitzer ein **Recht zum Besitz.** Dies wird z. B. durch einen Mietvertrag eingeräumt. Der Mieter hat ein Recht zum Besitz. Das Besitzrecht ist durch das Schuldverhältnis, auf dem das Besitzrecht beruht (z. B. Mietvertrag), geschützt. Fehlt dem Besitzer das Recht zum Besitz, kann der Eigentümer nach § 985 Herausgabe der Sache verlangen.

Beispiel 8: E hat B seine Stereoanlage für eine Party geliehen. Nachdem die Party vorbei ist, bittet E den B, ihm die Anlage zurückzugeben. B weigert sich. E kann nach § 985 von B die Herausgabe verlangen. Bevor B dem E die Anlage zurückgibt, ist zwar B tatsächlich in der Lage, über die Anlage zu bestimmen, rechtlich gesehen darf er es aber nicht. Denn die Leihe, auf der zunächst das Besitzrecht beruhte, ist beendet, § 604.

Auch wenn das Gesetz den Besitz nur als tatsächliche Sachherrschaft versteht, ist der Besitzer in bestimmten Fällen gegen Störungen des Besitzes geschützt, weil andernfalls eine erhebliche Gefahr für den Rechtsfrieden besteht[14].

Der Eigentümer kann sein Herrschaftsrecht beschränken und anderen eine begrenzte Herrschaftsmacht über die Sache einräumen (**beschränkt dingliches Recht**). Man unterscheidet beschränkt dingliche Rechte als **Sicherungsrechte** (auch Verwertungsrechte genannt - Pfandrecht, Hypothek, Grundschuld) von den beschränkt dinglichen **Nutzungsrechten** wie Nießbrauch, Dienstbarkeiten, Wohnungsrecht. Pfand- und Nutzungsrechte können auch an Rechten bestehen.

---

[14] §§ 859 ff.; mehr dazu im Sachenrecht.

Ein wichtiges absolutes Recht findet sich nicht im Gesetz. Es ist das **Anwartschaftsrecht**. Es ist von Rechtsprechung und Rechtslehre entwickelt worden und hat nunmehr einen festen Platz in unserer Rechtsordnung (Gewohnheitsrecht).

Das Anwartschaftsrecht ist eine rechtlich gesicherte und grundsätzlich nicht mehr entziehbare Aussicht auf einen Rechtserwerb. Es bildet zwar nur die **Vorstufe des Vollrechts**, ist aber ein Vermögensrecht, welches übertragbar ist und als Haftungsgegenstand dient. Behandelt wird es nach den Regeln des Vollrechts.

Beispiel 9: K kauft von V einen PKW. Da K den Kaufpreis von 3.000 € nicht sofort bezahlen kann, vereinbaren die Parteien Ratenzahlung von monatlich 500 €. Ferner vereinbaren sie, dass K erst dann Eigentümer des PKW wird, wenn K alle Raten bezahlt hat (Eigentumsvorbehalt).

Bei der Vereinbarung eines Eigentumsvorbehalts steht die dingliche Einigung, *nicht der Kaufvertrag*, nach § 929 S. 1 unter der aufschiebenden Bedingung, dass K alle Raten bezahlt, den Kaufpreis also vollständig entrichtet, § 449 I. Dies dauert im vorliegenden Fall 6 Monate. Es stellt sich daher die Frage, ob K schon vorher irgendwelche Rechte am PKW hat. Das Eigentum erwirbt K, wenn er die Raten zahlt. Er hat eine Erwerbsaussicht. Diese kann auch weder V noch ein Dritter beeinflussen. Niemand außer K selbst kann K's Eigentumserwerb am PKW verhindern (K wird nur dann nicht Eigentümer, wenn er nicht zahlt). Sollte V den PKW vor dem Erwerb durch K weiter veräußern, greift § 161 I ein. Zerstört V den PKW, gilt § 160 BGB. Diese gesicherte Rechtsposition des K wird Anwartschaftsrecht (nicht bloß Anwartschaft) genannt. K kann sein Anwartschaftsrecht wie Eigentum übertragen, er kann es verpfänden und der Gerichtsvollzieher könnte es gegebenenfalls pfänden.

Herrschaftsrechte können auch an **geistigen Schöpfungen** bestehen, wie an der Komposition eines Musikstücks oder an Erfindungen (Patente). Sie sind in Spezialgesetzen geregelt, wie im Urheberrechtsgesetz, Patent-, Geschmacksmuster-, Gebrauchsmuster- oder Markengesetz. Diese Rechte an geistigen Schöpfungen werden **Immaterialgüterrechte** genannt.

> **Merke:** Die in § 823 I genannten sonstigen Rechte sind nur die absoluten Rechte.

b. Relative Rechte

Die relativen Rechte richten sich gegen eine einzelne Person. Sie geben dem Inhaber nicht das Recht, **jedermann** von einer Beeinträchtigung auszuschließen. Sie gehören auch nicht zu den sonstigen Rechten in § 823 I. Zu den relativen Rechten gehören die **Ansprüche** und **Leistungsverweigerungsrechte**. Sie werden in einem eigenen Kapitel behandelt, vgl. § 3.

c. Gestaltungsrechte

Gestaltungsrechte erlauben seinem Inhaber, auf die Rechtslage **einseitig einzuwirken** und sie zu verändern. Dabei können absolute Rechte ebenso umgestaltet werden wie die relativen.

Beispiel 10:

a) Kündigung eines Mietvertrages: Die Folgen einer rechtmäßigen Kündigung sind, dass die mit dem Mietvertrag begründeten Hauptansprüche (Primäransprüche) erlöschen. Es entfällt der Anspruch des Vermieters auf Mietzinszahlung und des Mieters auf Gebrauchsüberlassung (mit Ablauf der Frist). Es besteht nur noch ein Anspruch auf Rückgabe der Sache (§ 546). Die Kündigung ist ein Gestaltungsrecht.

b) Rücktritt: Bei einem wirksamen Rücktritt entfallen die Primärleistungspflichten und es bestehen nur noch Ansprüche auf Rückabwicklung (§ 346). Der Rücktritt ist ein Gestaltungsrecht.

c) Anfechtung: Nach wirksamer Anfechtung eines Schuldvertrages entfallen die Primärleistungspflichten, es entstehen sekundäre Pflichten wie Schadensersatz (§ 122) oder/und Rückabwicklungsansprüche (§ 812). Wird ein Verfügungsgeschäft angefochten, so kann damit in ein absolutes Recht eingegriffen werden. Das ist beispielsweise der Fall, wenn die dingliche Einigung (§§ 925 oder 929) angefochten wird. Die Anfechtung ist ein Gestaltungsrecht.

Die Berechtigung, einseitig auf ein Rechtsverhältnis einzuwirken, bedarf einer gesetzlich eingeräumten Erlaubnis (Legitimation), weil ohne Zustimmung des Gegners dessen Rechtsposition verändert wird. Sie kann sich aus einer ausdrücklich gesetzlich begründeten Berechtigung ergeben, wie die besonderen Kündigungsgründe beim Wohnraummietvertrag (§§ 573, 569, 543).

Der Rücktritt widerspricht dem Grundsatz, dass Verträge einzuhalten sind. Es bedarf daher eines gesetzlichen oder vertraglich vereinbarten *Grundes* zum Rücktritt. Gleiches gilt für die Anfechtung.

Gestaltungsrechte werden durch einseitige, empfangsbedürftige Willenserklärungen wahrgenommen. Manche Gestaltungsrechte müssen allerdings durch Klage (Gestaltungsklage) ausgeübt werden, weil sie in besonders wichtige Rechtsverhältnisse eingreifen. Dazu gehören die Ehescheidung oder die Auflösung einer Gesellschaft.

▸ Literatur

📖 Leipold, BGB I Einführung und Allgemeiner Teil, 6. Aufl., § 7, Rdnr. 32-39

📖 Köhler, BGB Allgemeiner Teil, 36. Aufl., §§ 17 - 19

§ 3

Anspruch, Einwendung, Einrede, Verjährung

I. Anspruch

Anspruch ist das Recht, von einem anderen ein Tun, Dulden oder Unterlassen = Leistung zu verlangen.

Ein Anspruch besteht danach nur zwischen zwei Rechtsträgern. Besteht ein Anspruch, so steht dem Recht auf der einen Seite die Pflicht auf der anderen Seite gegenüber. Die Begriffe Tun, Dulden oder Unterlassen werden auch zum Begriff der **Leistung** zusammengefasst. Der Anspruchsinhaber wird vom Gesetz **Gläubiger**, der Anspruchsgegner **Schuldner** genannt:

Im Schaubild vereinfacht:

G ———————▶ S

Gläubiger   Schuldner

Jeder Anspruch hat eine Grundlage, die **Anspruchsgrundlage**. Eine Anspruchsgrundlage erkennt man daran, dass sie als **Folge** eine **Leistungspflicht** anordnet. **Nur wenn die Voraussetzungen einer Anspruchsgrundlage vorliegen und Gegenrechte nicht bestehen, kann jemand von einem anderen von Rechts wegen eine Leistung verlangen.**

Anspruchsgrundlagen sind überall im BGB verstreut vorzufinden. Sie werden nach den Rechtsgebieten unterschieden, denen sie angehören: schuldrechtliche Ansprüche, wie §§ 433, 535, 611, 631, 812, 823 usw., finden sich im *Schuldrecht*. Sie werden auch Forderungen genannt. Im *Sachenrecht* begründete Ansprüche werden dingliche genannt. Die wichtigsten hier sind § 985 und § 1004.

Im *Familienrecht* sollte man kennen: § 1378, Anspruch auf Zugewinnausgleich, § 1360 Anspruch auf Ehegattenunterhalt und § 1601 Anspruch auf Kindesunterhalt.

Im *Erbrecht* gibt es erbrechtliche Ansprüche, z.B. Anspruch auf den Pflichtteil § 2303 I S. 1, Anspruch des wahren Erben gegen den Erbschaftsbesitzer, § 2018 oder Anspruch des Vermächtnisnehmers aus einem Vermächtnis nach §§ 2147, 2174.

Im *Allgemeinen Teil* sind Anspruchsgrundlagen seltener. Beispiele sind §§ 122, 160 oder 179.

II. Einwendung und Einrede

Diese beiden Begriffe werden zunächst materiellrechtlich erklärt. Unter 3. wird der Unterschied zu den Begriffen, wie sie im Zivilprozess verstanden werden, erklärt.

Einwendungen und Einreden richten sich **gegen** einen Anspruch. Sie werden also vom Anspruchsgegner vorgebracht, um die Durchsetzung des Anspruchs zu verhindern. Es kann vorgebracht werden: der Anspruch sei gar nicht entstanden, er sei erloschen (Einwendung) oder es bestehe ein Leistungsverweigerungsrecht (Einrede).

1. Die Einwendung

Unter Einwendung wird ein Vorbringen verstanden, das sich entweder gegen das **Entstehen des Anspruchs** wendet, oder dessen **Erlöschen** begründet. Der Käufer, der auf Zahlung des Kaufpreises in Anspruch genommen wird, behauptet z.B., ein Vertrag sei nicht zustande gekommen, weil der Antrag nicht angenommen worden sei. Ist der Vertrag nicht zustande gekommen, entsteht schon gar nicht erst ein Kaufpreisanspruch. Diese Einwendung wird **rechtshindernde Einwendung** genannt.

Der Käufer kann aber auch vorbringen, er habe den Kaufpreis bereits bezahlt. Damit sagt der Käufer, dass der Anspruch entstanden, aber wegen Erfüllung wieder erloschen sei, § 362. Bei dieser Einwendung handelt es sich um eine **rechtsvernichtende Einwendung**.

Trägt der Käufer vor, er sei bereits im Zeitpunkt des Abschlusses des Kaufvertrages geschäftsunfähig gewesen, so ist das eine **rechtshindernde Einwendung.** Sagt der Käufer, der Verkäufer habe ihm die Kaufpreisforderung erlassen (§ 397), so handelt es sich um eine **rechtsvernichtende Einwendung.**

2. Die Einrede

Von einer Einrede spricht man, wenn der Anspruchsgegner dem Grunde nach den Bestand des Anspruches nicht in Abrede stellt, aber sich für berechtigt hält, die Leistung verweigern zu dürfen, also ein **Leistungsverweigerungsrecht** besteht. Dieses Recht ist ein subjektives Recht und muss vom Anspruchsgegner **ausgeübt, also geltend** gemacht werden.

Ein solches Leistungsverweigerungsrecht kann die Durchsetzung des Anspruchs **auf Dauer** verhindern, oder nur für eine **bestimmte Zeit** aufschieben. Eine dauernde Einrede ist die Einrede der Verjährung, eine aufschiebende Einrede ist die der Stundung[15].

Beispiel 1: V hat dem K ein Radio verkauft. V sagt dem K, dass er den Kaufpreis erst nach 6 Monaten bezahlen muss. Bereits nach einem Monat schickt V dem K die Rechnung. K beruft sich auf die Abrede mit V, den Kaufpreisanspruch erst nach 6 Monaten zu verlangen.
K bringt hier eine aufschiebende Einrede vor. Den Anspruch bestreitet er nicht, auch nicht die grundsätzliche Zahlungspflicht. Aber er will nicht schon jetzt mit der Zusendung der Rechnung zahlen.

---

[15] Die Stundung schiebt die Fälligkeit einer Forderung hinaus und setzt einen Vertrag = Stundungsvertrag, voraus: Palandt/Heinrichs, § 271, Rnr. 12.

Anders, wenn V nach 4 Jahren feststellt, dass K immer noch nicht bezahlt hat. Jetzt beruft sich K auf Verjährung. V kann seinen Anspruch nicht mehr durchsetzen. Die Verjährung gibt dem K das Recht, auf Dauer die Zahlung des Kaufpreises zu verweigern.

3. Die Unterscheidung von Einwendung und Einrede im Prozess

Im Zivilprozess werden die Begriffe Einrede und Einwendung in einem anderen Sinn gebraucht. Von Einwendung spricht man dort nur, wenn der Gegner die anspruchsbegründenden Tatsachen leugnet. Alles andere Verteidigungsvorbringen, also auch die Behauptung von Tatsachen, die eine rechtsvernichtende Einwendung im materiellen Sinne begründen, z. B. die Leistungspflicht sei erfüllt worden, wird Einrede genannt. Die unterschiedliche Verwendung der Begriffe beruht auf der Verteilung der Beweislast.

Beispiel 2: V verlangt von K den Kaufpreis für ein angeblich verkauftes Radio. K bestreitet, mit V einen Kaufvertrag geschlossen zu haben. Das ist eine Einwendung sowohl im materiell-rechtlichen Sinn als auch im zivilprozessualen Sinn.

Beispiel 3: K behauptet, den Kaufpreis bezahlt zu haben. Damit trägt K materiell-rechtlich eine Einwendung vor, prozessual handelt es sich um eine Einrede. Denn im Prozess müsste K beweisen, dass er bezahlt hat.

Beispiel 4: K beruft sich auf Verjährung: Damit bringt K sowohl im materiell-rechtlichen wie im prozessualen Sinn eine Einrede vor. K muss die Verjährung beweisen.

▸ Literatur
📖 Köhler, BGB Allgemeiner Teil, 36. Aufl., § 18.

III. Die Verjährung

Nur ein Anspruch, nicht das Recht, aus dem der Anspruch erwächst, kann verjähren, § 194 I. Aber nicht jeder Anspruch unterliegt der Verjährung, § 194 II. Verjährung bedeutet, dass der Anspruch auf Dauer nicht mehr durchsetzbar ist, wenn sich der Schuldner auf die Verjährung beruft.

Die Einrede der Verjährung ist ein subjektives Recht auf dauernde Leistungsverweigerung, § 214 I.

Aber: Eine Leistung, die trotz Verjährung erbracht worden ist, kann nicht mehr zurückgefordert werden, § 214 II.

Begründet ist die Einrede der Verjährung, wenn die gesetzlich vorbestimmte Verjährungsfrist abgelaufen ist und weder der Ablauf der Frist gehemmt wurde noch ein Neubeginn vorliegt.

Merke: Von der Verjährungsfrist ist strikt zu unterscheiden die **Ausschlussfrist**. Die Ausschlussfrist besteht oft für Gestaltungsrechte und **beschränkt das Recht als solches** zeitlich. Ist die Ausschlussfrist abgelaufen, **erlischt das Recht**. Der Zweck der Ausschlussfrist liegt darin, dass der durch das Gestaltungsrecht Betroffene nach einer bestimmten Zeit Gewissheit über seine Rechtslage haben soll. Beispielsweise soll der Anfechtungsgegner bald wissen, ob das Rechtsgeschäft Bestand hat oder vernichtet wird.

---

1. Verjährungsfristen

Das Gesetz bestimmt in § 195 eine **regelmäßige Verjährungsfrist** von drei Jahren. In manchen Bereichen stellt das Gesetz **besondere Verjährungsfristen** auf. Sie finden sich in den §§ 196, 197, aber auch im Zusammenhang mit der Regelung der betreffenden Anspruchsgrundlage, wie § 438 oder § 634 a (wichtig!). Die besonderen Verjährungsfristen können entweder länger sein, §§ 196, 197, 634 a Nr. 2 oder kürzer, §§ 438, 634 a Nr. 1.

Die Berechnung der Verjährungsfrist erfolgt nach den §§ 187 ff.

2. Beginn der Verjährungsfrist

Bevor festgestellt werden kann, dass der Anspruch verjährt ist, und nach Festlegung der anzuwendenden Verjährungsfrist, ist der Beginn der Verjährungsfrist festzulegen. Hierbei ist zu trennen zwischen dem Beginn der *regelmäßigen* Verjährungsfrist und der *besonderen*.

a. Bei der regelmäßigen Verjährungsfrist

Die regelmäßige Verjährung beginnt unter zwei Voraussetzungen:

1) **Der Ablauf des Jahres**, in dem der Anspruch entstanden ist, ist **objektive Voraussetzung.** Also gibt es zwei Gedankenoperationen in dieser Voraussetzung: Man muss wissen, wann der Anspruch entstanden ist und geht dann auf das Jahresende. Das Hinausschieben auf das Jahresende dient dem Gläubiger zu einer besseren Überwachung[16]. Ein Anspruch ist entstanden, wenn er voll wirksam geworden ist[17], also geltend gemacht werden kann[18], also mit Fälligkeit[19].

2) Der Gläubiger muss die den Anspruch begründenden Umstände **kennen** oder **infolge grober Unachtsamkeit** (= grobe Fahrlässigkeit) nicht kennen; dies ist eine **subjektive Voraussetzung.** Er muss nicht wissen, dass der Anspruch entstanden ist, also den rechtlichen Schluss gezogen haben. Die Kenntnis bezieht sich nur auf die den Anspruch begründenden Umstände. Dies sind die **Tatsa-**

---

[16] Deswegen muss bei den Anwälten eine Art Dezemberfieber (besondere Arbeitshektik) ausbrechen, um festzustellen, ob Ansprüche verjähren, weil die gerichtliche Geltendmachung die Verjährung hinausschiebt, siehe S. 38, Beispiel 9.
[17] Leipold, BGB I Einführung und Allgemeiner Teil, § 35 Rdnr. 13.
[18] So die Formulierung der Rechtsprechung: BGHZ 113, 188.
[19] Köhler, BGB Allgemeiner Teil, § 18, Rdnr. 22.

chen, die die Voraussetzungen der Anspruchsnorm erfüllen. Das ist vom Einzelfall abhängig. Beim Schadensersatzanspruch sind das die schädigende Handlung und die Person des Schädigers.

Da unter Umständen lange Zeit vergeht, bis der Gläubiger alle Umstände kennt, hat das Gesetz **kenntnisunabhängige Höchstfristen** bestimmt. Insbesondere bei Schadensersatzansprüchen kann die Feststellung des Schädigers eine lange Zeit beanspruchen. Bei einer Arzthaftung kann es z.b. Jahre dauern, bis der verantwortliche Arzt gefunden ist. Auch bei einem Verkehrsunfall mit Unfallflucht dauern die polizeilichen Ermittlungen manchmal sehr lange. Die Höchstfristen sind daher unterschiedlich lang, § 199 II und III. Bei der Höchstfrist wird der Fristbeginn nicht auf das Jahresende hinausgeschoben.

b. Bei der besonderen Verjährungsfrist

Bezüglich des Beginns der besonderen Verjährungsfristen muss zunächst immer geprüft werden, ob der Gesetzgeber eine besondere Regelung auch für den Beginn getroffen hat. So knüpft § 438 den Beginn allein an das Entstehen des Anspruchs und nicht an die Kenntnis. § 634 a II lässt die Verjährung mit der Abnahme (§ 640) beginnen. In jedem Fall wird bei der besonderen Verjährungsfrist der Beginn **nicht** bis zum Jahresende **hinausgeschoben**, § 200.

Beispiel 5: K hat am 21.12.2012 ein Auto von V gekauft. V fragt an, wann die Verjährung für den Kaufpreisanspruch eintritt.

Die Verjährungsfrist für den Kaufpreisanspruch beträgt 3 Jahre, § 195. Sie beginnt mit der Entstehung des Kaufpreisanspruchs. Das ist der Abschluss des Kaufvertrages, wenn nichts anderes bestimmt ist. Hier ist eine andere Beurteilung nicht ersichtlich. Also entsteht der Kaufpreisanspruch am 21.12.2012. Für den Beginn der regelmäßigen Verjährung muss man aber auf das Jahresende gehen.

Die Kenntnis von den den Anspruch begründenden Tatsachen beginnt mit Abschluss des Kaufvertrags. Das Jahr ist zu Ende mit dem 31.12.2012, 24 Uhr. Die Verjährungsfrist beginnt am 01.01.2013, 0 Uhr. Die Verjährung des Kaufpreisanspruchs ist daher unter regelmäßigen Umständen am 01.01.2016, 0 Uhr + 1 Sek. eingetreten. Wenn die Höchstfrist von 10 Jahren nach § 199 IV eingreift, tritt Verjährung am 22.12.2023, 0 Uhr + 1 Sekunde ein. Der Beginn der Höchstfrist wird nicht auf das Jahresende hinausgeschoben.

Beispiel 6: V und K sind sich einig, dass K den Kaufpreis erst am 02.01.2013 bezahlt. Der Anspruch auf Kaufpreiszahlung entsteht im Sinne des Verjährungsrechts mit Fälligkeit. Diese ist bei diesem Beispiel hinausgeschoben auf den 02.01.2013. Damit verschiebt sich der Verjährungsbeginn um ein Jahr auf den 01.01.2014, 0 Uhr und die Verjährung ist unter regelmäßigen Umständen am 01.01.2017, 0 Uhr + 1 Sek. eingetreten.

Beispiel 7: K und V haben vereinbart, dass der Kaufvertrag unter der aufschiebenden Bedingung steht, dass das Auto von einem Sachverständigen begutachtet und für mangelfrei beurteilt wird. Das Gutachten über die Mangelfreiheit liegt am 05.01.2013 vor. Wann beginnt die Verjährungsfrist?
Der Anspruch entsteht erst mit Ablauf des 05.01.2013. Also ist Beginn der Verjährungsfrist am 01.01.2014, 0 Uhr.

4. Umstände, die in den Verjährungsverlauf eingreifen können

a. Rechtsgeschäftliche Beeinflussung

Beispiel 8: G ist aufgrund eines von S allein verschuldeten Unfalls schwer geschädigt. Er verlangt von der Versicherung des G, der V-AG, Schadensersatz und Schmerzensgeld.
In diesem Fall werden langwierige Ermittlungen der einzelnen Schadensposten, wie Verdienstausfall, Arztrechnungen, Folgeschäden, Wert der beschädigten Sachen erforderlich. Deswegen erklärt die V-AG, auf die Einrede der Verjährung zu verzichten. Soweit der Verzicht reicht (meist wird der Verzicht zeitlich begrenzt) kann sich die V-AG nicht auf die

Verjährung berufen. Der Verzicht ist eine einseitige Erklärung und daher von einer Vereinbarung, die ebenso möglich ist, zu unterscheiden[20].

In den normalen Ablauf der Verjährungsfrist können auch andere Umstände eingreifen, die die Verjährung hinausschieben. Dabei sind zwei Tatbestände zu unterscheiden: **Die Hemmung** und der **Neubeginn**. Hemmung **hält** die Verjährung solange **an**, bis die Hemmung vorbei ist, dann läuft die Verjährungsfrist weiter. Löst ein Umstand einen Neubeginn aus, dann ist der bisherige Ablauf der Frist unbeachtlich. Die Frist **beginnt** wieder **erneut zu laufen**.

b. Hemmung

Die §§ 203 ff. enthalten zahlreiche Tatbestände, die die Hemmung der Verjährung bewirken. Neben dem § 203, der insbesondere bei komplizierten Haftungsfällen mit Beteiligung einer Versicherung häufig zur Anwendung kommt, ist der § 204 Nr. 1 der wichtigste Grund für eine Hemmung. Bei der Berechnung der Zeit der Hemmung ist § 204 II zu beachten.

Beispiel 9: V hat gegen K eine Kaufpreisforderung von 6.000 €. Diese Forderung verjährt am 31.12.2012, 24 Uhr. V wird vor Ablauf der Verjährungsfrist durch eine Klage oder einen Mahnbescheid den Lauf der Frist hemmen. Eine wichtige Vorschrift ist in diesem Zusammenhang § 167 ZPO. Damit ist sichergestellt, dass V auch bis zum letzten Tag warten kann.

c. Neubeginn

In § 212 sind die Tatbestände festgehalten, die den Neubeginn der Verjährung auslösen. Das ist der Fall, wenn der Schuldner den Anspruch anerkennt. Es handelt sich nicht um eine Willenserklärung. Anerkenntnis im Sinne des § 212 ist ein rein tatsächliches Verhalten des Schuldners gegenüber dem Gläubiger, aus dem sich für den Gläubiger das Bewusstsein des Schuldners über das Bestehens eines Anspruches unzweideutig ergibt[21].

---

[20] Palandt/Heinrichs, § 202 BGB, Rdnr. 2; Jauernig/Jauernig, § 202 BGB, Rdnr. 3.
[21] Palandt/Heinrichs, § 212, Rdnr. 2.

Beispiel 10: G hat gegen S eine Forderung über 30.000 €. S zahlt nach einem Jahr kommentarlos 10.000 €. Diese Abschlagszahlung wird als Anerkenntnis im Sinne des § 212 anzusehen sein, gleich welcher Wille des S dahinter stand.

5. Die Wirkung der Verjährung

Die Verjährung lässt ein subjektives Recht des Schuldners auf dauernde Leistungsverweigerung entstehen, das dieser geltend machen muss, auch im Prozess. Der Anspruch erlischt nicht. Das zeigt sich zum einen darin, dass der Gläubiger eine trotz Verjährung erbrachte Leistung nicht zurückgeben muss, zum anderen kann der Gläubiger einer verjährten Forderung diese zur Aufrechnung verwenden und somit die Gegenforderung zum Erlöschen bringen, §§ 215, 389.

Bearbeitungshinweis: Die Verjährung kann in jedem zu bearbeitenden Fall auftreten. Ihre Kenntnis ist ungemein wichtig! Merken Sie sich folgende Schritte:

1. Um welchen Anspruch geht es? Bestimmen!
2. Welche Verjährungsfrist bestimmt das Gesetz für den nach 1. bestimmten Anspruch? Festhalten!
3. Wann beginnt die nach 2. festgehaltene Frist? Notieren!
4. Wann endet die nach 3. notierte, auf Grund der §§ 187 ff. berechnete Frist? Genau hinschauen, z.B. § 193 nicht übersehen! Notieren!
5. Welche Umstände haben den Verlauf beeinflusst? Festhalten und eventuell 1 bis 4 noch einmal durchgehen.
6. Jetzt steht fest, ob der Anspruch verjährt ist oder nicht!

▶ Literatur

📖 Leipold, BGB I Einführung und Allgemeiner Teil, 6. Aufl., § 35 (zur Verjährung).

📖 Rüthers/Stadler, Allgemeiner Teil des BGB, 17. Aufl., § 9 (zur Verjährung).

Kapitel 2

Rechtsgeschäftslehre

§ 4

Begriff und Arten des Rechtsgeschäfts

I. Begriff

Die Privatrechtsordnung beruht auf dem Grundsatz der Privatautonomie. Das Mittel, welches das BGB zur Verfügung stellt, um die Privatautonomie zu verwirklichen, ist das Rechtsgeschäft.

So ist der 3. Abschnitt des Allgemeinen Teils überschrieben mit: „Rechtsgeschäfte". Dieser Zentralbegriff des Privatrechts ist vom Gesetzgeber nicht definiert.

Unter einem Rechtsgeschäft versteht man einen Tatbestand[22], der mindestens eine Willenserklärung enthält und dessen Wirkung sich – gegebenenfalls unter Beachtung des Vorliegens noch weiterer Elemente – nach dem Inhalt der Willenserklärung bestimmt[23].

Kern des Rechtsgeschäfts ist die Willenserklärung. Jedes Rechtsgeschäft muss mindestens eine Willenserklärung enthalten.

Willenserklärung ist die Äußerung eines Willens mit der Absicht, die gewollte Rechtsfolge eintreten zu lassen[24].

---

[22] Unter „Tatbestand" wird hier die gesetzliche Umschreibung von Merkmalen verstanden, die als Voraussetzung für eine Rechtsfolge dienen.

[23] Leipold, BGB I Einführung und Allgemeiner Teil, 4. Aufl., § 10, Rdnr. 6.

[24] Löwisch/Neumann, Allgemeiner Teil des BGB, 7. Aufl., 2004, Rdnr. 99.

Im BGB wird scheinbar willkürlich abwechselnd einmal der Begriff „Willenserklärung" (z.b. in § 119) und ein anderes Mal „Rechtsgeschäft" (z. B. in § 138) verwandt. Das beruht darauf, dass der Gesetzgeber einmal den Gesamttatbestand als Rechtsfolgevoraussetzung im Blick hat (§ 138) und im anderen Fall nur das Kernelement (§ 119) zum Regelungsgegenstand macht.

II. Arten der Rechtsgeschäfte

1. Einseitige und mehrseitige Rechtsgeschäfte

Zu unterscheiden sind je nach **Anzahl der das Rechtsgeschäft ausmachenden Willenserklärungen**:

a. Einseitige Rechtsgeschäfte

Es genügt eine Willenserklärung (in diesem Zusammenhang werden Willenserklärung und Rechtsgeschäft oft, wie hier auch, gleich verwendet).

Beispiel 1: Einseitige Willenserklärungen sind:

- Die **Auslobung** (§ 657),
- Das **Testament** (§ 1937) als einseitige, nicht empfangsbedürftige Willenserklärung
- Die **Vollmacht** (§ 167) als einseitige, empfangsbedürftige Willenserklärung
- **Kündigung, Anfechtung, Rücktritt, Widerruf** und Aufrechnung als durch einseitige empfangsbedürftige Willenserklärung auszuübende Gestaltungsrechte
- Die **Eigentumsaufgabe** als einseitiges Verfügungsgeschäft, § 959 (z. B. eine Sache zum Sperrmüll geben)

b. Zweiseitige Rechtsgeschäfte

Zur Herbeiführung der gewollten Rechtsfolge sind bei zweiseitigen Rechtsgeschäften zwei Willenserklärungen erforderlich.

Beispiel 2: Der Vertrag zwischen zwei Personen

c. Mehrseitige Rechtsgeschäfte

Zur Wirksamkeit müssen bei mehrseitigen Rechtsgeschäften mehrere Willenserklärungen vorliegen, z. B. bei einem Vertrag mit mehr als zwei Beteiligten.

Beispiel 3: V hat an M eine „Studentenbude" vermietet. M möchte ausziehen, obwohl die im Mietvertrag vereinbarte Mietzeit von 5 Jahren noch nicht abgelaufen ist. M stellt N als Nachmieter.

In diesem Fall können V, M und N einen Vertrag schließen, nach dem M aus dem Mietverhältnis entlassen wird, N seinerseits alle Pflichten aus dem Mietvertrag übernimmt und V dazu sein Einverständnis erklärt.

Oder: Die Eheleute V vermieten an die Eheleute M eine Wohnung. Hier liegen vier Willenserklärungen vor.

Mehrseitige Rechtsgeschäfte sind auch **Beschlüsse.** Sie dienen der Willensbildung von Personenzusammenschlüssen, wie bei Vereinen oder Gesellschaften.

Die Einteilung der Rechtsgeschäfte nach der Anzahl der Willenserklärungen ist erforderlich, weil der Gesetzgeber mitunter unterschiedliche Rechtsfolgen daran knüpft, ob es sich um ein einseitiges oder mehrseitiges Rechtsgeschäft oder um Beschlüsse handelt.

Beispiele: Vgl. z. B. § 108 einerseits und § 111 andererseits; § 177 einerseits und § 180 andererseits. Für Vereinsbeschlüsse gelten die §§ 28, 32, 34, für Beschlüsse der Wohnungseigentümer die §§ 23-25 des Wohnungseigentumsgesetzes (WEG).

2. Verpflichtungs- und Verfügungsgeschäft

Wegen der unterschiedlichen Voraussetzungen und Folgen sind Verpflichtungs- und Verfügungsgeschäft auseinander zu halten.

Das Verpflichtungsgeschäft begründet ein Schuldverhältnis, dessen Inhalt nach § 241 einerseits die Berechtigung schafft, eine Leistung zu verlangen, andererseits begründet es eine Pflicht zur Erbringung einer Leistung (daher Verpflichtungsgeschäft). Die wesentlichen Verpflichtungsgeschäfte sind im 2. Buch des BGB unter „besondere Schuldverhältnisse" aufgezählt, z. B. der Kaufvertrag in § 433. Dort ist angeordnet, dass der Verkäufer bei Abschluss eines Kaufvertrages **verpflichtet** ist, dem Käufer Eigentum zu verschaffen und die Sache zu übergeben (§ 433 I). Der Käufer ist **verpflichtet**, den Kaufpreis zu zahlen und die Sache abzunehmen (§ 433 II).

Im Schaubild sieht das so aus:

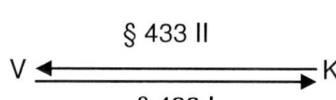

Die Pfeile geben die Richtung der Forderungsrechte an. Der obere Pfeil symbolisiert den Anspruch des V(erkäufers) gegen den K(äufer) auf Zahlung des Kaufpreises und auf Abnahme des Kaufgegenstandes, der untere Pfeil das Recht des K, von V die Eigentumsverschaffung und die Übertragung des unmittelbaren Besitzes zu verlangen.

Das heißt: Dem Käufer gehört damit die Sache nicht. Ebenso wenig hat der Verkäufer allein mit Abschluss des Kaufvertrages das Geld. Käufer wie Verkäufer können lediglich **verlangen**, dass ihnen das Eigentum an der Sache bzw. des Geldes (bei Barzahlung) übertragen wird. Die Eigentumsübertragung selbst erfolgt durch das *Verfügungsgeschäft*.

Das **Verfügungsgeschäft** führt im Gegensatz zum Verpflichtungsgeschäft unmittelbar zu einer Änderung der Güterzuordnung.

> Das **Verfügungsgeschäft** ist ein Rechtsgeschäft, das unmittelbar ein Recht überträgt, ändert, belastet oder aufhebt, aber nicht begründet.

Beispiel 4: V überträgt K das Eigentum an einem PKW. Dies kann durch Einigung und Übergabe (§ 929) oder durch Einigung und einem Übergabeersatz (§§ 930, 931) erfolgen.

Beispiel 5: E überträgt das Eigentum an seinem Hausgrundstück. Dies geschieht nach §§ 873, 925 (Auflassung und Eintragung).

Weitere Beispiele: Der Erlass oder die Abtretung einer Forderung (§§ 397, 398) oder die Bestellung eines beschränkt dinglichen Rechts. Ein einseitiges Verfügungsgeschäft ist die Eigentumsaufgabe, § 959.

Das Verfügungsgeschäft setzt **Verfügungsbefugnis** voraus.

> **Verfügungsbefugnis** ist das rechtlich anerkannte Können einer Person, ein Recht unmittelbar zu übertragen, zu belasten, zu ändern oder aufzuheben.

Diese Befugnis hat grundsätzlich der Inhaber des Rechts. In § 929 wird **der Eigentümer** genannt, nach § 397 kann nur **der Gläubiger** eine Forderung erlassen, nach § 398 kann nur **der Gläubiger** abtreten. Ausnahmsweise können die Inhaberschaft eines Rechts, über das verfügt wird, und die Verfügungsbefugnis auseinanderfallen. Das kann einmal durch ein Rechtsgeschäft geschehen, nämlich nach § 185 durch **Ermächtigung**, oder durch Gesetz.

Beispiel 6: E ist Eigentümer eines Bildes. Er will es an K verkaufen, aber K soll von E nichts wissen. Deswegen bittet E den H, das Bild zu verkaufen. Hier könnte zwar E den H bevollmächtigen, die Eigentumsübertragung (das Verfügungsgeschäft) für den E vorzunehmen, aber dann würde E bekannt werden (Offenkundigkeitsprinzip[25]). Deswegen wird E den H *ermächtigen,* das Eigentum an dem Bild an K zu übertragen, § 185 I.

---

[25] Siehe dazu in § 17 II 3.

Zur Klarstellung: § 185 I nimmt dem Rechtsinhaber nicht die Verfügungsbefugnis, vielmehr wird durch die Einwilligung die Verfügungsbefugnis einem anderen zusätzlich eingeräumt. Übrigens könnte H in *Beispiel 6* unproblematisch im eigenen Namen einen Kaufvertrag nach § 433 abschließen. Er muss nicht als Stellvertreter auftreten.

Durch Rechtsgeschäft kann eine verdrängende Übertragung der Verfügungsmacht nicht erfolgen, § 137 S. 1.

Beispiel für eine gesetzlich eingeräumte Verfügungsbefugnis, die den Rechtsinhaber aus der Verfügungsbefugnis verdrängt, ist die des Insolvenzverwalters, § 80 InsO.

Eine Behörde oder ein Gericht kann einer Person verbieten, über einen ihr gehörenden Gegenstand zu verfügen (§ 136).

Beispiel 7: Der Gerichtsvollzieher pfändet beim Schuldner S eine Truhe (im Volksmund: „klebt einen Kuckuck auf"). Die durch das Pfandsiegel (Kuckuck) dokumentierte Pfändung verbietet dem Schuldner = Eigentümer, über die Truhe zu verfügen (z. B. zu veräußern). Das kann nur noch der Gerichtsvollzieher, um die Sache zu verwerten und in Geld umzusetzen.

Für das Verfügungsgeschäft sind drei Grundsätze wichtig:

1. Der Typenzwang
2. Der Spezialitätsgrundsatz
3. Der Prioritätsgrundsatz

Während die Parteien das Rechtsgeschäft inhaltlich frei gestalten können (Inhaltsfreiheit), ist der Inhalt des Verfügungsgeschäfts vom Gesetzgeber festgelegt (**Typenzwang**).

Beispiel 8: Wenn V dem K einen PC verkauft, können die Vertragspartner im Rahmen des nachgiebigen Rechts den Inhalt frei vereinbaren,
z. B. Gewährleistungsrechte einschränken oder erweitern, Regelungen zu
Transportkosten treffen, Zubehörstücke, die mit verkauft werden sollen,
bestimmen usw. Die Verfügung, also die Eigentumsübertragung des PC
nebst Zubehör, muss von den Parteien nach den gesetzlichen Vorschriften der §§ 929 - 931 erfolgen. V und K könnten beispielsweise das
Eigentum nicht nach § 873 übertragen. Eine solche Verfügung wäre
unwirksam.

Das Verpflichtungsgeschäft kann mehrere Gegenstände in einem
umfassen. So wie ein dingliches Recht nur an einer selbständigen
Sache bestehen kann, so kann eine Verfügung nur über einzelne
Sachen erfolgen. Diese müssen bestimmt sein (**Spezialitätsgrundsatz**).

Beispiel 9: Der V hat eine stattliche Zahl juristischer Bücher gesammelt.
Er nennt sie seine juristische Bibliothek. Im allgemeinen Sprachgebrauch
sagen wir: „Dem V gehört die Bibliothek". Juristisch korrekt muss man das
so formulieren: „Dem V gehören die (einzelnen) Bücher, die er zu-
sammenfassend als „seine Bibliothek" **bezeichnet.** Veräußert V seine
Buchsammlung, wird er einen schuldrechtlichen Vertrag (Kaufvertrag)
abschließen. Darin kann er vereinfacht sagen: „Ich verkaufe meine Bibliothek zum Preis von 5.000 €". Wenn er jetzt seine Sammlung an K zu
dessen Eigentum überträgt, muss er getrennt *über jedes einzelne Buch*
nach § 929 verfügen. Das ist unpraktisch, weshalb zur Vereinfachung die
Parteien eine zusammenfassende **Bezeichnung** wählen. Rechtlich bleibt
es aber eine Einzelverfügung.

Der Unterschied zwischen vereinfachender **Bezeichnung** und
rechtlicher Erfassung des Vorgangs zeigt sich auch, wenn ein
Unternehmen verkauft werden soll.

Beispiel 10: V ist Eigentümer eines Grundstücks. Darauf betreibt er eine Gaststätte. Er will die Gaststätte mit dem Grundstück an K verkaufen. Im Kaufvertrag wird er die Gaststätte benennen unter Einschluss des Grundstücks, deswegen muss der Kaufvertrag notariell beurkundet werden, § 311 b I. Die Eigentumsübertragung erfolgt hinsichtlich des Grundstücks nach §§ 873, 925. Was zur Gaststätte gehört und in das Eigentum des K wechseln soll, muss im Einzelnen aufgelistet werden, z. B. in einer Inventarliste. Dann werden die einzelnen Stücke übereignet.

Die erste Verfügung hat Vorrang vor der zweiten (**Prioritäts-grundsatz**).

Beispiel 11: G ist Inhaber einer Kaufpreisforderung gegen S. Er tritt diese am 01.03. an D ab, § 398. Am 05.03. tritt er *dieselbe Forderung* an Z ab. Die Abtretung erfolgt durch Vertrag. Der erste Vertrag hat die Inhaberschaft der Forderung von G auf D übertragen. Damit konnte G nicht ein zweites Mal die Forderung abtreten, Z konnte die Forderung nicht erwerben: „Wer zuerst kommt, mahlt zuerst". Z kann die Forderung auch nicht gutgläubig erwerben. Anders ist dies bei Sachen (§§ 932 – 936 gelten für bewegliche Sachen und §§ 891, 892 für Grundstücke).

Durchblick: Verfügung eines Nichtberechtigten

Fall: E ist Eigentümer eines Gemäldes. G will dieses Bild in seiner Galerie ausstellen, weshalb E ihm das Bild leihweise für 6 Wochen überlässt. Als X das Gemälde bei G sieht, will er es für 60.000 € kaufen. G ist damit einverstanden. X bezahlt den Kaufpreis und nimmt das Bild mit Einverständnis des G mit. Als E davon erfährt, will er wissen, wem das Bild gehört.

Lösung: G hat das Bild dem X verkauft. Damit allein hat sich die Eigentumslage am Bild noch nicht verändert (Trennungsgrundsatz!). E ist immer noch Eigentümer. Aber G hat dem X nicht nur das Bild verkauft, sondern möglicherweise auch das Eigentum nach § 929 verschafft: Die ersten beiden Voraussetzungen des § 929 (Einigung und Übergabe) liegen vor, es fehlt jedoch die Verfügungsmacht des G. Die Verfügung über einen Gegenstand, für die der Verfügende keine Befugnisse hat, ist grundsätzlich unwirksam. Das spricht für E als Eigentümer. Doch muss hier § 932 beachtet werden.

Der Gesetzgeber des BGB wollte einen möglichst freien und leicht abzu-wickelnden Güterverkehr gewährleisten. Dem stünde aber entgegen, wenn der Erwerber nicht sicher sein kann, dass der Besitzer Eigentümer und damit verfügungsbefugt ist. Der Besitz ist ein Art Ausweis dafür, dass der Besitzer (hier: G) vom Erwerber (hier: X) als Eigentümer angesehen werden kann (obwohl Eigentum und Besitz bekanntlich zwei verschiedene Dinge sind).

Wegen § 932 verliert E das Eigentum an X, auch wenn G nicht verfügen durfte. Erwirbt jemand von einem Nichteigentümer Eigentum an einer Sache, so spricht man vom *gutgläubigen Erwerb.* X hat das Bild also *gutgläubig erworben.* Die Regelung des gutgläubigen Erwerbs an be-weglichen Sachen findet man in den §§ 932-936.

E bekommt aber einen Trost: Er kann nun von G den von X an G ge-zahlten Kaufpreis nach § 816 I 1 herausverlangen[26].

3. Das rechtliche Verhältnis von Verpflichtungs- und Verfügungsgeschäft

a. Der Trennungsgrundsatz

> **Merke:** Verpflichtungs- und Verfügungsgeschäfte sind zwei ver-schiedene Rechtsgeschäfte und daher getrennt zu beurteilen (Trennungsgrundsatz).

Beispiel 12: K will einen PKW kaufen. Er schließt schriftlich mit dem Ver-käufer einen Vertrag (z.B. durch Ausfüllen eines Bestellscheins), nach welchem V einen PKW der Marke Golf, Farbe blau mit diversen Aus-stattungen liefern soll. K hat dafür 15.000 € zu zahlen. Der PKW muss erst noch vom Werk an V geliefert werden.
K und V haben hier einen Kaufvertrag geschlossen, ein *Verpflichtungsge-schäft.* Damit ist K *noch nicht Eigentümer.* Das Eigentum erwirbt K später nach § 929. Die Eigentumsübertragung ist das *Verfügungsgeschäft.* Sie

---

[26] E kann von G den von X an G gezahlten Kaufpreis auch dann verlangen, wenn dieser höher ist, als der tatsächliche Wert des Gemäldes - ist er geringer, dann wird E einen Schadensersatzanspruch aus § 823 I geltend machen, der in Höhe des objektiven Wertes des Bildes besteht.

erfolgt erst, wenn nach Werksauslieferung an V der K den Wagen bei V abholt. Denn das Abholen ist rechtlich die Einigung zwischen V und K darüber, dass K Eigentümer sein soll und V damit einverstanden ist. Außerdem wird dem K von V der Besitz an dem Golf übertragen. Ein Eigentumserwerb des K bereits mit der schriftlichen Bestellung wäre nicht im Interesse des K. Abgesehen davon, dass der PKW eventuell erst noch hergestellt werden müsste, würde dem K das Auto zwar gehören, d. h. seinem Vermögen zugerechnet mit der Folge, dass es gepfändet werden könnte. K hätte davon aber nichts, da er es beispielsweise nicht nutzen kann.

Während in dem vorstehenden *Beispiel 12* eher deutlich wird, dass *zwei getrennte Vorgänge* rechtlich vorhanden sind, ist im folgenden Beispiel für den juristischen Laien die rechtliche Beurteilung kaum nachvollziehbar (aber zum Verständnis unerlässlich!):

Beispiel 13: Jeden Morgen führt der Weg des K an dem Zeitungskiosk der V vorbei, und jeden Morgen spielt sich immer wieder der gleiche Vorgang ab: K nimmt wortlos eine Zeitung aus dem Zeitungsständer, legt eine 1-€-Münze auf den Tresen des Kiosk, klemmt sich die Zeitung unter den Arm und geht weiter, während die V die Münze in die Kasse legt.

Der tatsächliche Vorgang ist rechtlich wie folgt zu zerlegen:

a) Die Zeitung

Indem V die Zeitung in den Ständer legt, gibt sie an jeden, der an der Zeitung interessiert ist, ein *Angebot* ab zum Abschluss eines Kaufvertrages über diese Zeitung. Es liegt darin aber weiter noch das Angebot zur Übertragung des Eigentums an der Zeitung an den Kaufwilligen. Wenn K die Zeitung aus dem Ständer nimmt, nimmt er mit dieser einen Handlung (konkludent) den Antrag der V zum Abschluss eines Kaufvertrages an, aber auch zur dinglichen Einigung nach § 929 an. Auch die Übergabe ist durch den Wechsel im Besitz erfolgt.

b) Die Münze

Legt K die Münze auf den Tresen des Kiosk und zahlt er damit die Zeitung, schließt er ebenfalls mit V ein Rechtsgeschäft ab: Das Hinlegen der Münze ist konkludent das Angebot zur Übertragung des Eigentums an der Münze, das V annimmt, indem sie das Geld in die Kasse legt.

c) Fazit

Wir haben es mit **drei Rechtsgeschäften** zu tun: einem schuldrechtlichen, nämlich dem Kaufvertrag und zwei sachenrechtlichen Verfügungsgeschäften, nämlich der Eigentumsübertragung an der Zeitung und an der 1 - € -Münze.

Drei Rechtsgeschäfte hat K wortlos mit V abgeschlossen. Barzahlung bedeutet nichts anderes als die Eigentumsübertragung an den Münzen oder Scheinen nach § 929. Es wird also ein tatsächlich als einheitlich verstandener Vorgang juristisch „zerlegt". Das macht die Schwierigkeit des Trennungsgrundsatzes aus, der übrigens nicht in allen Rechtsordnungen gilt.

Die Folgerung aus dem Trennungsgrundsatz: Die Voraussetzungen von Verpflichtungs- und Verfügungsgeschäft sind *getrennt* zu prüfen. Dabei sind auch Gemeinsamkeiten möglich. Als Rechtsgeschäfte müssen beide die allgemeinen Voraussetzungen für die Wirksamkeit von Willenserklärungen, wie Geschäftsfähigkeit, Abgabe und Zugang usw. aufweisen. Sind das Verpflichtungsgeschäft und das Verfügungsgeschäft Verträge, so gelten für beide die Vorschriften über den Vertragsschluss, §§ 145 ff.

Unterschiede zeigen sich beispielsweise bei formgebundenen Geschäften.

Beispiel 14: V will sein Grundstück an K für 250.000 € verkaufen. Der Kaufvertrag muss notariell beurkundet werden (§ 311 b I S. 1). Das Verfügungsgeschäft ist die Einigung, genannt Auflassung (§ 925) und die Eintragung des neuen Eigentümers (K). Die Einigung bedarf **nicht** der notariellen Beurkundung (in der Praxis wird regelmäßig mit dem Kaufvertrag auch die dingliche Einigung beurkundet). Aber die dingliche Einigung bedarf nach § 925 BGB der gleichzeitigen Anwesenheit von Veräußerer und Erwerber, was wiederum beim Verpflichtungsgeschäft nicht erforderlich ist (wie § 128 zeigt).

Am deutlichsten tritt der Unterschied in den rechtlichen Voraussetzungen bei der Verfügungsmacht hervor: Während das Verpflichtungsgeschäft als rechtsbegründendes Geschäft keine besondere Befugnis voraussetzt, sondern lediglich gewisse Fähigkeiten (Rechtsfähigkeit, grundsätzlich Geschäftsfähigkeit), bedarf es zur Änderung eines Rechtes (Übertragung, Belastung, inhaltliche Umgestaltung und Aufhebung) einer besonderen Befugnis (Verfügungsbefugnis).

b. Der Abstraktionsgrundsatz

Der Trennungsgrundsatz wird nur verständlich, wenn daraus gefolgert wird, dass Verpflichtungs- und Verfügungsgeschäft auch rechtlich verschiedene Wege gehen können. Das besagt der Abstraktionsgrundsatz.

Merke: Der Abstraktionsgrundsatz bedeutet, dass Verpflichtungs- und Verfügungsgeschäft rechtlich von einander unabhängig sind. Deswegen können Verpflichtungsgeschäft und Verfügungsgeschäft unterschiedliche Fehlerquellen aufweisen. Das Verpflichtungsgeschäft kann unwirksam sein, das Verfügungsgeschäft wirksam und umgekehrt. Natürlich können auch beide wirksam oder unwirksam sein.

Gründe, die dem Verpflichtungsgeschäft die Wirkung nehmen, wirken sich nicht automatisch auch auf das Verfügungsgeschäft aus.

Beispiel 15: V hat dem K einen PKW verkauft und übereignet. K hat den Kaufvertrag wegen Erklärungsirrtums angefochten, weil er sich beim Schreiben des Kaufpreises verschrieben hat.

Die Folge der erfolgreichen Anfechtung durch K ist § 142 I, d. h. der *Kaufvertrag* ist nichtig. Die Eigentumsübertragung an dem PKW ist wirksam, weil hinsichtlich des Verfügungsgeschäftes ein Anfechtungsgrund nicht vorliegt. Denn die irrtümliche Kaufpreisangabe betrifft nur den

Kaufvertrag. Ist der Kaufvertrag unwirksam, aber das Verfügungsgeschäft wirksam, so hat K den PKW ohne Rechtsgrund erlangt. V kann den PKW von K herausverlangen, muss aber seinerseits den Kaufpreis herausgeben, wenn K ihn schon bezahlt hat (§ 812 Abs. 1 Satz 1 1. Alternative).

Nur wenn der Fehler, der zur Unwirksamkeit des Verpflichtungsgeschäfts führt, auch beim Verfügungsgeschäft auftritt, sind beide Rechtsgeschäfte unwirksam, wenn beide angefochten werden. Dies wird als **Fehleridentität** bezeichnet.

„Fehleridentität" bedeutet nicht, dass die aus einer wirksamen Anfechtung resultierende Nichtigkeit des Verpflichtungsgeschäftes automatisch die Nichtigkeit auch der Verfügung zur Folge hat; eine derartige Auffassung geriete ersichtlich in Konflikt mit dem Abstraktionsprinzip. Vielmehr will der Begriff nur besagen, dass derselbe Fehler, der die Anfechtbarkeit einer schuldrechtlichen Verpflichtung begründet, auch deren dinglichen Vollzug erfassen kann, so dass auch dieser anfechtbar ist.

Fehleridentität tritt insbesondere beim Irrtum auf:

Beispiel 16: A möchte sich bei seinem Nachbarn N, der ihm geholfen hat, bedanken. Er übergibt ihm drei Flaschen 2009er Ihringer Spätburgunder Auslese. N bedankt sich für das üppige Geschenk. Nach einer Woche stellt A fest, dass er sich vergriffen hatte. Er wollte einen Ihringer Spätburgunder Rotwein Kabinett aus dem Jahr 2012 verschenken.

A kann in diesem Fall sowohl das Verpflichtungs- als auch Verfügungsgeschäft (die dingliche Einigung bezog sich auf die falschen Flaschen) anfechten. Die Folge der erfolgreichen Anfechtung ist, dass A die Weinflaschen, die er N geschenkt hatte, noch gehören. Er könnte die Flaschen (wenn sie noch nicht getrunken sind) aufgrund des § 985 von N herausverlangen.

c. Das Verpflichtungsgeschäft als Rechtsgrund für eine Verfügung

Neben dem Abstraktionsprinzip ist das Verhältnis von Verpflichtungs- und Verfügungsgeschäft noch in einer anderen Hinsicht zu beleuchten. Das Verpflichtungsgeschäft ist sehr oft die **rechtliche Grundlage** für das Verfügungsgeschäft. Erfolgt die Verfügung ohne eine ihr zugrunde liegende Verpflichtung, so ist die Verfügung rechtsgrundlos getroffen worden. Wer aber etwas ohne rechtlichen Grund erlangt, ist nach § 812 Abs. 1 Satz 1 zur Herausgabe des Erlangten verpflichtet: Wer aufgrund eines unwirksamen Verpflichtungs-, aber wirksamen Verfügungsgeschäfts etwas erlangt hat, soll dies nicht behalten dürfen, vgl. *Beispiel 15.*

Hinweis: Wer den Abstraktionsgrundsatz verstanden hat, wird nie mehr schreiben oder sagen: „K ist Eigentümer des PKW, weil V ihm den Wagen **verkauft** hat." Er wird richtig sagen (oder schreiben): „K ist Eigentümer des PKW, weil V ihm den Wagen nach § 929 (oder §§ 930, 931) **übereignet** hat."

▸ Literatur

📖 Köhler, BGB Allgemeiner Teil, 36. Aufl., § 5, Rdnr. 12
(zum Verpflichtungs- und Verfügungsgeschäft) und § 5, Rdnr. 9
(zur Einteilung der Rechtsgeschäfte)

📖 Leipold, BGB I Einführung und Allgemeiner Teil, 6. Aufl., § 8
(zum Abstraktionsgrundsatz) und § 10, Rdnr. 1 – 22
(allgemein zum Rechtsgeschäft und zur Willenserklärung)

📖 Rüthers/Stadler, Allgemeiner Teil des BGB, 17. Aufl., § 17
(zum Verpflichtungs- und Verfügungsgeschäft)

📖 Jauernig, JuS 1994, S. 721
(zum Trennungs- und Abstraktionsprinzip)

54

§ 5

Die Willenserklärung

Die Willenserklärung ist Kernelement eines jeden Rechtsgeschäfts. Sie ist die Grundvoraussetzung dafür, dass der **Wille** des Rechtssubjekts rechtlich verbindlich werden kann. Die Rechtsordnung anerkennt den Willen nur dann als rechtsverbindlich an, wenn alle von der Rechtsordnung aufgestellten Voraussetzungen für eine wirksame Willenserklärung vorliegen, nämlich der **Tatbestand einer Willenserklärung** und die **weiteren Wirksamkeitsvoraussetzungen**.

Der Tatbestand der Willenserklärung

I. Die Erklärung oder der äußere Tatbestand

Ohne Erklärung ist der Wille unerheblich. An den ausschließlich inneren Willen knüpft die Rechtsordnung keine Rechtsfolgen.

Das Mittel des Erklärenden zur Äußerung seines Willens ist beliebig, soweit das Gesetz keine besondere Form vorschreibt. Der Wille kann daher in Worten formuliert werden, sei es mündlich, auch telefonisch, oder schriftlich, auch in einer E-Mail oder in einem Fax. Diese Äußerung wird **ausdrückliche Erklärung** genannt. Davon zu unterscheiden ist das **konkludente Verhalten** (konkludent aus dem Lateinischen: concludere = schließen).

Eine konkludente Willenserklärung ist ein Verhalten, aus dem der verständige Teilnehmer am Rechtsverkehr[27] auf die Willensäußerung des Erklärenden schließen darf.

---

[27] Hierzu in § 8 zur Auslegung.

Beispiel 1[28]: K legt wortlos der Verkäuferin V am Zeitungskiosk 1,50 €
hin, nimmt eine Zeitung und verschwindet.

Indem K der V das Geld auf den Verkaufstresen legt, äußert er für
jedermann verständlich, dass er eine Zeitung kaufen will. Nimmt V das
Geld wortlos entgegen und legt es in die Kasse, erklärt sie ihr Einverständnis mit dem Verkauf der Zeitung.

Beispiel 2: Der Fahrgast steigt in den Linienbus ein. Der Schwimm-
liebhaber stempelt die Eintrittskarte für das Freibad am Eingang ab. Die
Hausfrau nimmt eine Tüte Mehl aus dem Regal des Supermarkts und
bezahlt an der Kasse. Ein weiteres Beispiel ist der *Mausklick* bei Geschäften im Internet.

Beispiel 3: V bietet dem K seinen PKW für 5.000 € an. K winkt ab, dreht
sich um und geht. K hat mit dieser deutlichen Geste das Angebot des V
abgelehnt.

Die Beispiele für eine konkludente Willenserklärung lassen sich
beliebig vermehren. Schwierigkeiten können auftreten, wenn es
Streit darüber geben kann, ob der Erklärende wirklich einen Willen
geäußert hat und welchen Sinn der Äußerung beizumessen ist. An
einem ausdrücklich erklärten Willen kann weniger herumgedeutelt
werden. Dies ist ein Problem der **Auslegung** und soll dort behandelt werden[29].

Durchblick: Schweigen als Willensäußerung

Es gilt der Grundsatz: Schweigen ist **keine** Willenserklärung.
Das Gesetz hat jedoch in bestimmten Fällen das Schweigen als
Ablehnung wie in § 108 II 2 oder § 177 II 2, oder als Zustimmung,
wie in § 455 S. 2 oder § 516 II 2 festgelegt. Darüber hinaus kann
das Schweigen als **beredt** angesehen und deswegen als Willenserklärung gedeutet werden.

---

[28] Siehe Beispiel 13 in § 4, Seite 49.
[29] Siehe § 8.

Insbesondere können die Vertragspartner **einverständlich** festlegen, dass das Schweigen als Annahme gelten soll.

Beispiel 4: K will von dem Großhändler V Äpfel beziehen, um diese auf
dem Markt zu verkaufen. V und K kommen überein, dass V die Äpfel jede
Woche am Freitag liefert und K die Äpfel am Monatsende bezahlt. Wenn
dieser Vorgang sich Woche für Woche wiederholt, dann gehen beide
Vertragspartner davon aus, dass K nicht bei jeder Lieferung sein Einverständnis erklären muss. Nimmt K die Äpfel wortlos entgegen, so erklärt er
durch sein Schweigen sein Einverständnis.

II. Der Wille oder innere Tatbestand

Der innere Tatbestand besteht aus drei verschiedenen Willens-
schichten[30]: Dem Handlungswillen, dem Erklärungswillen (oder
Erklärungsbewusstsein) und dem Geschäftswillen.

1. Der Handlungswille

Der Handlungswille ist darauf gerichtet, das Verhalten als solches
zu wollen. Die Schriftzüge einer Unterschrift unter einen Vertrag
werden willentlich vorgenommen. Derjenige aber, dem mit unwi-
derstehlicher Gewalt die Hand bei der Unterschrift geführt wird, hat
keinen Handlungswillen. Ebenso fehlt ein Handlungswille bei Hyp-
nose[31]: Eine Willenserklärung liegt nicht vor[32].

2. Der Erklärungswille

Der Erklärungswille, auch Erklärungsbewusstsein genannt, richtet
sich darauf, überhaupt etwas **rechtlich Erhebliches** zu erklären.

---

[30] Köhler, BGB Allgemeiner Teil, 30. Aufl., 2006, § 6, Rdnr. 3.
[31] Leipold, BGB I Einführung und Allgemeiner Teil, 4. Aufl., § 10, Rdnr. 18.
[32] Leipold, aaO.

Beispiel 5: A sitzt im Biergarten. Er bestellt ein Glas Bier. Der Kellner bringt ihm das Bier und stellt wortlos einen Hefeschnaps dazu. A hält dies für eine besondere Werbemaßnahme und trinkt das Bier und den Schnaps. Der Kellner stellt ihm beides in Rechnung.

A muss auch den Schnaps bezahlen, wenn er darüber einen Kaufvertrag geschlossen hat. Das Angebot kam vom Kellner. Indem dieser wortlos das Glas Schnaps hingestellt hat, hat er konkludent ein Angebot gemacht. Ob in dem Austrinken des Glases durch A konkludent die Annahme erklärt wurde, hängt davon ab, ob eine Willenserklärung vorlag. A wollte nur den Schnaps als Werbegeschenk verzehren, also keinen rechtserheblichen Willen erklären. Dann läge streng genommen seitens des A keine Willenserklärung (die Vertragsannahme) vor. Ein Vertrag wäre daher nicht geschlossen.

A hatte keinen Erklärungswillen. Aber so eindeutig ist das Ergebnis nicht. Denn man muss schauen, wie es sich auswirken würde, wenn der fehlende Erklärungswille ohne Weiteres eine Willenserklärung entfallen lassen würde. Man muss beachten, dass der Gegner ja nicht wissen kann, was im Inneren des Erklärenden vor sich geht. Deswegen werden die Folgen des Fehlens eines Erklärungswillens (Erklärungsbewusstseins) unterschiedlich beantwortet. Hierzu sind folgende Punkte zu beachten:

Aus der Sicht des Kellners (als Vertreter des Biergartenbesitzers) ist das Verhalten des A als Annahmeerklärung zu verstehen. Denn es gibt für den Kellner keinen Anlass, kostenlos Schnaps auszuschenken. Dies hätte A auch erkennen können. Andererseits wird die privatautonome Gestaltung rechtlicher Verhältnisse in Frage gestellt, wenn der Umstand, dass A gar keine rechtlich erhebliche Erklärung abgeben wollte, unbeachtet bliebe. Die überwiegende Ansicht in der Literatur[33] und die Rechtsprechung[34] halten die Sicht des Empfängers aus dem Grundsatz des Vertrauensschutzes für entscheidend. Andererseits muss der, dem eine Willenserklärung „untergeschoben" wird, bei gehöriger Sorgfalt erkennen können, dass der Erklärungsempfänger sein Verhalten als Willenserklärung auffassen kann.

---

[33] Köhler, BGB Allgemeiner Teil, 30. Aufl., 2006, § 7, Rdnr. 5; Leipold, BGB I Einführung und Allgemeiner Teil, § 17, Rdnr. 14 - 19; Rüthers/Stadler, Allgemeiner Teil des BGB, 14. Aufl. 2006, § 17, Rdnr. 8.
[34] BGH NJW 1990, 171.

Fazit: Fehlt das Erklärungsbewusstsein, darf aber der Erklärungsgegner das Verhalten als Willenserklärung auffassen und hätte der Erklärende erkennen können, dass sein Verhalten als Willenserklärung aufgefasst werden kann, dann liegt eine Willenserklärung vor. Diese ist aber nach § 119 I anfechtbar. Konnte dagegen der Erklärende bei sorgfältiger Prüfung nicht davon ausgehen, dass sein Verhalten als Willenserklärung aufgefasst werden kann, so liegt keine Willenserklärung vor. Es kommt daher auf ein sorgfältiges Verhalten des Erklärenden an.

Zur Wiederholung der **„Trierer Weinversteigerungsfall"**, ein Schulfall, dessen Kenntnis zur juristischen Allgemeinbildung gehört.

Fall: Auf einer Veranstaltung in Trier wird Wein versteigert. Jeder, der ein Gebot abgibt, äußert dies durch das Hochheben der rechten Hand. Anwesend und mitsteigernd ist auch B. F aus Hamburg, ein guter Freund des B, betritt mitten in einer Versteigerungsaktion das Versteigerungslokal. Er sieht B und hebt die rechte Hand, um B zu begrüßen. Der Versteigerer sieht das als neues Gebot an und da keine weiteren Gebote abgegeben werden, erhält F den Zuschlag. F ist leidenschaftlicher Biertrinker und will den Wein nicht. Er habe dem B nur zuwinken und kein Gebot abgeben wollen. Muss F den Wein abnehmen und bezahlen?

Lösung: F müsste den Wein abnehmen und bezahlen, wenn er aufgrund des Zuschlags den Wein ersteigert hat. Bei der nach § 156 abgewickelten Versteigerung[35] bedeutet die Abgabe eines Gebots einen Antrag, ist also eine Willenserklärung. F hat durch das Erheben der rechten Hand aus der Sicht der an der Versteigerung teilnehmenden Interessenten und für den Versteigerer ein Gebot abgegeben. F wollte aber nur dem B zuwinken, also keine rechtserhebliche Erklärung abgeben. Ihm fehlte der Erklärungswille. Nach den vorstehend dargelegten Grundsätzen kommt es darauf an, ob F bei entsprechender Sorgfalt hätte erkennen können, dass sein Verhalten als Abgabe einer Willenserklärung aufgefasst werden kann.

---

[35] Siehe dazu den Exkurs „Die Versteigerung" auf S. 81.

Das kommt auf die Umstände des Einzelfalles an. Hier kam F aus Hamburg. Ob er die Gepflogenheiten einer Trierer Weinversteigerung kannte, erscheint fraglich. Das kommt darauf an, ob F früher schon einmal eine Versteigerung mitgemacht hat oder B ihm davon erzählt hat. Auf den ersten Blick jedenfalls ist ein unsorgfältiges Verhalten des F nicht festzustellen. Demnach liegt keine Willenserklärung vor. F hat also kein Gebot abgegeben und der ihm erteilte Zuschlag geht ins Leere. F muss den Wein nicht abnehmen und auch nicht bezahlen[36].

3. Der Geschäftswille

Dieser Wille richtet sich auf den bestimmten Inhalt des Geschäfts.

Beispiel 6:

- K will den PC von V für 599 € kaufen. Der Geschäftswille des K ist, einen PC für 599 € von V zu kaufen. Erklärt K, er wolle für 699 € kaufen, ist der Geschäftswille fehlerhaft erklärt.
- M will die von V zu vermietende Wohnung zum monatlichen Mietzins von 900 € mieten. Der Geschäftswille des M ist auf die Anmietung einer bestimmten Wohnung zum Preis von 900 € gerichtet. Erklärt M, für 950 € zu mieten, hat er seinen Geschäftswillen nicht erklärt.
- S will sich bei der G-Bank für einen Zinssatz von 4,5 % 60.000 € „leihen". Der Geschäftswille des S besteht darin, ein Darlehen in Höhe von 60.000 € für 4,5 % Zinsen bei G aufzunehmen. Hat G 4,0 % erklärt, ist sein Geschäftswille nicht erklärt.

III. Die automatisierte Erklärung

Auch automatisierte Erklärungen sind ohne Abstriche Willenserklärungen. Der Computer ist nur das Erklärungswerkzeug. Der für das Vorliegen einer Willenserklärung erforderliche Wille mit seinen Bestandteilen liegt im Vorfeld der Eingabe, beziehungsweise des Programms, das nach dem Willen des Erklärenden (also des Unternehmers) verwendet wird.

---

[36] So auch Leipold, BGB I Einführung und Allgemeiner Teil, 4. Aufl., § 17, Rdnr. 19.

60

Beispiel 7: F will mit der Deutsche Bahn AG nach Hamburg fahren. Er zieht am Automaten eine Fahrkarte.

Der Antrag der Bahn ist durch das Computerprogramm vorformuliert und könnte in Worte gefasst lauten: Wer die bestimmten Tasten betätigt und damit sein Fahrziel angibt, den befördere ich an sein gewähltes Ziel, wenn er zahlt. F zahlt, beispielsweise durch Kreditkarte, so dass ein Vertrag geschlossen wurde.

▸ Literatur

📖 Löwisch/Neumann, Allgemeiner Teil des BGB, 7. Aufl.,
Rdnr. 117 und 291 (zum fehlenden Erklärungsbewusstsein)

📖 Leipold, BGB I Einführung und Allgemeiner Teil, 6. Aufl.,
§ 10, Rdnr. 9 – 22 und § 17 Rdnr. 14 - 19
(zum fehlenden Erklärungsbewusstsein)

📖 Köhler, BGB Allgemeiner Teil, 36. Aufl.,
§ 6 Rdnr. 1 - 8a und § 7 Rdnr. 4 - 6

📖 Rüthers/Stadler, Allgemeiner Teil des BGB, 17. Aufl.,
§ 17, Rdnr. 1 – 33

📖 Taupitz/Kritter, JuS 1999, 839 (zur automatisierten Willenserklärung)

§ 6

Wirksamwerden von Willenserklärungen

I. Der Unterschied zwischen empfangsbedürftiger und nicht empfangsbedürftiger Willenserklärung

Eine Willenserklärung wird wirksam, entfaltet also die gewollte Rechtsfolge, wenn ihr Tatbestand gegeben ist und darüber hinaus weitere Voraussetzungen hinzukommen. Welche diese Voraussetzungen sind, bestimmt sich danach, ob es sich um eine Willenserklärung handelt, die einem anderen gegenüber abzugeben ist (= **empfangsbedürftige Willenserklärung**[37]) oder um eine, die nicht gegenüber einem anderen abzugeben ist (= **nicht empfangsbedürftige Willenserklärung**[40]). Diese Unterscheidung beruht darauf, dass die empfangsbedürftige Willenserklärung ihren Sinn nur gewinnt, wenn sie den Empfänger erreichen kann. Denn sie ist darauf angelegt, dass der Erklärende vom Empfänger eine Reaktion erfährt.

Empfangsbedürftige Willenserklärungen sind der Regelfall.

Beispiele:
- Der Antrag auf Abschluss eines Vertrages.
- Gestaltungserklärungen, wie die Kündigung, der Rücktritt, die Anfechtung, der Widerruf. Dazu gehört auch die Aufrechnung.
- Der Antrag zum Abschluss eines Vertrages ist nur sinnvoll, wenn der Empfänger ihn annehmen oder ablehnen kann, §§ 145 ff.

---

[37] Diese Begriffe haben sich fest eingeprägt und können (auch ohne dass der Gesetzgeber sie verwendet) gebraucht werden.

Nicht empfangsbedürftige Willenserklärungen sind weitaus seltener:

Beispiele:

- Das Testament. Der Inhalt eines Testaments geht Erben oder andere Personen erst etwas an, wenn der Erblasser verstorben ist.
- Ein anderes Beispiel ist die Auslobung, § 657. Auf sie kann reagieren, wer will.

II. Die Abgabe als allgemeine Wirksamkeitsvoraussetzung für alle Willenserklärungen

Voraussetzung für die Wirksamkeit einer jeden Willenserklärung ist die **Abgabe**. Eine fehlende Abgabe führt zur Unwirksamkeit der Erklärung. Das Gesetz sagt dies nicht ausdrücklich, sondern setzt es als selbstverständlich voraus. **Denn mit der Abgabe wird aus einem Entwurf eine endgültige Willenserklärung.** Die empfangsbedürftige Willenserklärung muss darüber hinaus **zugehen**.

Wann eine Willenserklärung abgegeben ist, bestimmt das Gesetz nicht. Man muss zwischen empfangsbedürftigen und nicht empfangsbedürftigen Willenserklärungen unterscheiden.

1. Die Abgabe einer empfangsbedürftige Willenserklärung

Eine empfangsbedürftige Willenserklärung ist abgegeben, wenn der Erklärende seinen Willen endgültig in Richtung auf den Empfänger geäußert hat.

Damit ist gesagt, dass zur Abgabe nicht nur die Fertigstellung und irgendeine Kundgabe des Willens genügt, sondern dass der Erklärende seiner Erklärung eine Richtung geben muss, nämlich zum Empfänger. Was dabei vom Erklärenden verlangt wird, hängt davon ab, ob es sich um eine Erklärung unter Anwesenden oder unter Abwesenden handelt.

a. Die Abgabe einer empfangsbedürftigen Willenserklärung gegenüber einem Anwesenden

> Eine Erklärung unter Anwesenden liegt vor bei Erklärungen entweder unmittelbar von Person zu Person oder - wie § 147 I 2 es ausdrückt - bei Erklärungen mittels telefonischer oder sonstiger technischer Einrichtungen von Person zu Person.

Es fallen die Abgabe und die Möglichkeit der Kenntnisnahme der Willenserklärung zusammen[38]. Das bedeutet: Eine **mündliche**, auch fernmündliche Erklärung unter Anwesenden ist abgegeben, wenn sie so in Richtung auf den Empfänger geäußert wurde, dass dieser in der Lage ist, sie zu vernehmen.

Beispiel 1: Auf einer Party treffen sich A, B und C. Dabei prahlt C mit seinem gebrauchten PKW. Wenn A jetzt dem C ins Gesicht sagt, dass er gern dieses Wunderauto für 20.000 € erwerben wolle und A das ernst meint, dann hätte A einen Antrag, also eine Willenserklärung abgegeben, auch wenn C wegen des Partylärms kein Wort verstanden hat. Ob er sie tatsächlich vernommen hat, ist eine Frage des Zugangs.

Beispiel 2: Wie Beispiel 1. C vernimmt den Antrag des A, schüttelt aber den Kopf. Diese Geste ist für Jedermann erkennbar und drückt die endgültige Ablehnung durch C aus. Die Erklärung ist abgegeben.

Beispiel 3: C entfernt sich und dann sagt A zum B, dass er (A) gern den PKW des C kaufen wolle. Er sei bereit, dafür 20.000 € zu zahlen. Diese Äußerung nimmt B zum Anlass, dem C die Erklärung des A weiterzugeben. C antwortet freudig (weil er sein Auto in Wahrheit loswerden will): „Akzeptiert!". Prüfen Sie, ob A einen Antrag zum Vertragsschluss abgegeben hat!

A hat zwar etwas erklärt, aber es handelt sich nicht um die Abgabe eines Antrages, denn dieser wurde von A nicht in Richtung auf den Empfänger geäußert. A hat seine Erklärung nicht an den C gerichtet. Eine wirksam

---

[38] Jauernig/Jauernig, Kommentar zum BGB, 10. Aufl., § 130, Rdnr. 10.

abgegebene Willenserklärung liegt damit nicht vor. Dass dem C die Erklärung zur Kenntnis gebracht wurde, ist für die Abgabe unerheblich.

Für die Abgabe einer verkörperten Willenserklärung gegenüber Anwesenden gilt: Sie muss dem Erklärungsempfänger zur Verfügung gestellt werden[39].

Beispiel 4: V will dem ihm gegenüber sitzenden K ein Kaufangebot über seinen gebrauchten PKW unterbreiten. Er setzt ein schriftliches Angebot auf, in das er seine Preisvorstellung zunächst von 6.000 € einsetzt. Die Urkunde händigt er aber dem K noch nicht aus, weil er den Preis noch einmal überdenken will.

In diesem Fall ist eine Willenserklärung deswegen nicht abgegeben, weil die Erklärung noch nicht fertig gestellt ist, sie ist noch ein *Entwurf.* Hat der V seine Preisvorstellung überdacht und bleibt er beim Preis, so muss er nun gegenüber K zu erkennen geben, dass der schriftlich aufgesetzte Antrag nunmehr fertiggestellt ist und K ihn an sich nehmen kann. Dies kann V durch das Hinüberschieben der Erklärung, aber auch durch wörtliche „Freigabe" bewerkstelligen (Abgabe und Zugang fallen hier praktisch zusammen).

b. Abgabe einer empfangsbedürftigen Willenserklärung gegenüber Abwesenden

In diesem Fall besteht zwischen endgültiger Äußerung der Erklärung und Möglichkeit ihrer Kenntnisnahme eine zeitliche und örtliche Distanz. Deswegen ist in diesem Fall für die Abgabe zwingende Voraussetzung, dass sich der Erklärende eines Transportmittels (z. B. Post) so bedient, dass die Erklärung auch beim Empfänger ankommen kann.

---

[39] Köhler, BGB Allgemeiner Teil, 30. Aufl., § 6 Rdnr. 12.

> Die Abgabe einer empfangsbedürftigen Willenserklärung unter Abwesenden ist erfolgt, wenn sie willentlich so in den Verkehr gebracht wurde, dass der Erklärende nach dem gewöhnlichen Lauf damit rechnen konnte und rechnet, die Erklärung werde den Empfänger erreichen.

Beispiel 5: V hat K ein Angebot zum Kauf seines gebrauchten PKW gemacht. K setzt eine schriftliche Annahmeerklärung auf, lässt sie aber auf seinem Schreibtisch liegen, weil er noch eine Nacht darüber schlafen möchte. Während der Abwesenheit des K nimmt dessen Ehefrau die Erklärung an sich in der Meinung, K habe sie vergessen abzusenden und schickt die Erklärung zu V. V ist über die Annahme erfreut. Liegt eine wirksame Annahme seitens K vor?

Obwohl die Annahmeerklärung den V erreicht hat, ist die Annahme nicht wirksam. K hat sie nicht abgegeben, denn er hat sie nicht willentlich in den Verkehr gebracht.

In dem vorstehenden *Beispiel 5* wird deutlich, dass bei empfangsbedürftigen Willenerklärungen zwischen Fertigstellen und Abgabe zu unterscheiden ist. Allein die Fertigstellung einer empfangsbedürftigen Erklärung genügt für die Abgabe nicht.

An einer Abgabe fehlt es auch, wenn sie an einen falschen Adressaten gerichtet wird:

Beispiel 6: V hat an K unter Einschaltung des Maklers M eine Wohnung vermietet. K kündigt das Mietverhältnis, richtet die Kündigung aber an den Makler. Hier hat K fälschlicherweise M für den Empfänger der Kündigungserklärung gehalten. Selbst wenn M die Erklärung weiterleitet, hat K eine Rücktrittserklärung nicht abgegeben[40].

In dem vorstehenden Beispiel handelte es sich um eine verkörperte Erklärung. Für eine mündliche Erklärung (also nicht verkörpert) gegenüber Abwesenden dient folgendes Beispiel:

---

[40] Siehe auch BGH NJW 1979, 2032.

Beispiel 7: A gibt seiner Sekretärin mündlich den Auftrag, Papier für den PC einzukaufen. Die Sekretärin vernimmt diesen Auftrag und macht sich auf den Weg zum Schreibwarenladen.

Mit der Erteilung des Auftrags an die Sekretärin und der Vernehmung des Auftrags allein ist die Erklärung noch nicht abgegeben. Nur wenn die Sekretärin den Auftrag umzusetzen beginnt, indem sie sich in Richtung des Schreibwarenladens begibt, kann und darf der A damit rechnen, dass die Erklärung den Erklärungsempfänger erreicht. Erst dann liegt eine Abgabe vor. Die Sekretärin ist hier Erklärungsbotin.

2. Die Abgabe einer nicht empfangsbedürftigen Willenserklärung

Die Abgabe einer nicht empfangsbedürftigen Willenserklärung ist die endgültige Äußerung des Willens durch den Erklärenden.

Beispiel 8: E will ein Testament errichten. Seiner ständigen Gewohnheit gemäß, wichtige Urkunden erst mit Bleistift vorzuschreiben und den Text dann mit Kugelschreiber „ins Reine" zu setzen, schreibt er seinen letzten Willen zunächst mit Bleistift auf einen Briefbogen. Schreibt E anschließend die Verfügung ins Reine, ist die Willenserklärung abgegeben.

Vergisst E die Reinschrift bis zu seinem Tod und streiten sich die gesetzlichen Erben und die im Testament Bedachten um die Wirksamkeit des Testaments, so gilt: Das Testament ist eine einseitige, nicht empfangsbedürftige Willenserklärung. Sie wird mit der Abgabe wirksam. Abgabe ist die endgültige Äußerung des Willens durch den Erklärenden und abzugrenzen gegenüber der Abfassung eines Entwurfs. Ob ein Entwurf oder eine Willenserklärung vorliegt, richtet sich nach dem Willen. Dieser ist durch *Auslegung* zu ermitteln. Da es sich um eine einseitige, nicht empfangsbedürftige Willenserklärung handelt, ist § 133 maßgebend. Es kommt also darauf an, welchen Willen E tatsächlich hatte. E wollte das in Bleistift Geschriebene als Vorgeschriebenes, also als Entwurf verstanden wissen. Damit liegt noch kein Testament vor. Aus der Urkunde können keine Erbrechte hergeleitet werden.

Merke: Da eine nicht empfangbedürftige Willenserklärung nicht zugehen muss, ist sie bereits mit Abgabe wirksam!

III. Der Zugang empfangsbedürftiger Willenserklärungen

Alle empfangsbedürftigen Willenserklärungen müssen zugehen, um wirksam zu sein (Ausnahme: § 151). Zwar bestimmt § 130 I dies nur für empfangsbedürftige Willenserklärungen unter Abwesenden. § 130 I gilt aber wegen der Besonderheit dieser Erklärung, wie eingangs dargestellt, auch für empfangsbedürftige Erklärungen unter *Anwesenden*.

> **Merke:** Der Zugang entscheidet nicht nur, **ob** eine empfangsbedürftige Willenserklärung wirksam ist, sondern auch, **wann** sie zur Fristwahrung wirksam geworden ist.

§ 130 I sagt nicht, was unter Zugang zu verstehen ist. Das wird nach Risikogesichtspunkten festgelegt.

1. Der Zugang von empfangsbedürftigen Willenserklärungen unter Abwesenden

Die Regelung des § 130 I verlangt Zugang, weil eine für einen anderen bestimmte Willenserklärung von diesem zur Kenntnis genommen werden muss, wenn er darauf reagieren soll. Danach müsste es für den Zugang auf die tatsächliche Kenntnisnahme der Willenserklärung durch den Empfänger ankommen. Dies ist jedoch nicht praktikabel und würde auch zu Ungerechtigkeiten führen. Denn der Empfänger würde unliebsame Willenserklärungen gar nicht erst zur Kenntnis nehmen. Deswegen ist auf die **Möglichkeit der Kenntnisnahme** unter objektiven Umständen abzustellen. Damit soll verhindert werden, dass der Empfänger willkürlich die Wirksamkeit einer Willenserklärung manipulieren kann.

Die Möglichkeit der Kenntnisnahme unter objektiver Beurteilung setzt voraus, dass die Erklärung in den **Herrschaftsbereich des Empfängers** gelangt sein muss. Anderenfalls müsste sich der Empfänger um die Kenntnisnahme bemühen, was nicht angemessen ist. **Das Risiko der Übermittlung trägt der Erklärende und kann nicht dem Empfänger aufgebürdet werden.**

Zum Herrschaftsbereich gehören das Geschäft des Geschäftsmannes, das Postfach, das Privathaus oder die Wohnung, auch der Garten. Es kann jedoch für den Zugang nicht allein genügen, dass die Erklärung in den Herrschaftsbereich des Empfängers gelangt ist. Denn es kann beispielsweise dem Privatmann nicht zugemutet werden, täglich sein Haus oder seine Wohnung oder seinen Garten danach zu durchsuchen, ob Post für ihn eingetroffen ist. Auch kann vom Geschäftsmann nicht verlangt werden, sonntags im Geschäft nach Post zu schauen. Daher kommt es darauf an, ob **unter normalen Verhältnissen die Möglichkeit der Kenntnisnahme** bestand. Was unter normalen Verhältnissen zu verstehen ist, bestimmt die **Verkehrsanschauung**.

Ist die Erklärung in eine nach der Verkehrsanschauung für den Eingang der Post vorgesehene Einrichtung gelangt, dann besteht grundsätzlich nach dem normalen Verlauf der Dinge die Möglichkeit der Kenntnisnahme. Die Erklärung muss aber auch zu einer **Zeit** eingegangen sein, in der der Empfänger Post zur Kenntnis zu nehmen pflegt. Das ist zur Nachtzeit zwischen 22 Uhr und 6 Uhr nicht der Fall. Der Geschäftsmann wird Post zur verkehrsüblichen Geschäftszeit (an Werktagen außer Samstags von 9 bis 18 Uhr) zur Kenntnis nehmen.

Merke: Zugegangen ist danach eine empfangsbedürftige Willenserklärung unter Abwesenden, wenn sie derart in den Machtbereich des Empfängers gelangt ist, dass dieser unter normalen Verhältnissen von ihrem Inhalt Kenntnis erlangen kann.

Wir halten also fest: Das Risiko der Übermittlung trägt der Erklärende. Erreicht die Erklärung den Machtbereich des Empfängers nicht, so ist es Sache des Erklärenden, erneut den Zugang zu versuchen. Ist der Brief falsch adressiert, geht er auf dem Postweg verloren oder übermittelt der Erklärungsbote die Erklärung nicht, fehlt der Zugang.

Beispiel 9: V hat dem K das Angebot zum Kauf seines PKW zukommen lassen. V erklärt, bis zum 15.01. gebunden zu sein. K schickt seine Annahmeerklärung am 13.01. mit der Post an V. Diesen erreicht die Annahme nicht, weil der Postbote den Briefkasten verwechselt. Die Annahme des K ist nicht wirksam erklärt, weil sie nicht zugegangen ist.

Beispiel 10: Der freundliche Nachbar, in dessen Briefkasten die Annahme versehentlich gelandet ist, übergibt dem V die Annahme am 16.01. Die Annahme ist zwar zugegangen, aber nicht rechtzeitig. V hat jetzt nach § 150 I die Wahl, das neue Angebot anzunehmen oder abzulehnen.

Merke: Ist die Erklärung vom Empfänger tatsächlich zur Kenntnis genommen worden, so ist sie in dem Augenblick zugegangen, auch wenn die oben stehenden Voraussetzungen des Zugangs nicht vorliegen.

Wenn also der Geschäftsmann tatsächlich sonntags die Post durchschaut und die Erklärung liest, ist sie zugegangen.

Zweifelhaft könnte sein, ob die Möglichkeit der Kenntnisnahme unter normalen Verhältnissen gegeben ist, wenn der Empfänger tatsächlich nicht anwesend ist, weil er beispielsweise im Urlaub, im Krankenhaus oder in einer Justizvollzugsanstalt ist. Dies ist zu bejahen. Der Erklärende kann nicht das Risiko vorübergehender Abwesenheit des Empfängers tragen. Denn sonst könnte nicht mehr **objektiv** festgelegt werden, wann der Zugang erfolgt ist[41]. **Der Zugang muss losgelöst von den Besonderheiten des Einzelfalles bestimmt werden**[42].

---

[41] Weiler, Der Zugang von Willenserklärungen, JuS 2005, 788, 792; Köhler, BGB Allgemeiner Teil, 30. Aufl., § 6 Rdnr. 13.
[42] BGH NJW 2004, 1320.

Beispiel 11: A ist bei B als Kassierer beschäftigt. B führt gegen A eine interne Untersuchung wegen des Verdachts, dass A Gelder aus der Kasse genommen hat. A wird vom Dienst freigestellt, bis die Ermittlungen abgeschlossen sind. A erklärt darauf dem B, dass er sich für zwei Wochen auf Mallorca erholen werde. Während sich A auf Mallorca sonnt, geht in seiner Wohnung die fristlose Kündigung ein.

Der Zugang ist hier trotz der Kenntnis des B, dass A im Urlaub ist, am Tag des Eingangs der Kündigungserklärung erfolgt und nicht erst mit der Rückkehr des A aus dem Urlaub[43].

Beispiel 12: In dem vorstehenden *Beispiel 11* stellt B am 05.02. fest, dass A Geld unterschlagen hat. Er will das Arbeitsverhältnis mit A fristlos kündigen, § 626 I. Das Kündigungsschreiben schickt B noch am selben Tag mittels Einschreiben an A los. Da A nicht anwesend ist, hinterlässt der Postbote im Briefkasten des A am 05.02. ein Benachrichtigungsschreiben. A kehrt am 07.02. von Mallorca zurück. Aufgrund des Benachrichtigungsscheines ahnt er nichts Gutes und kümmert sich nicht um das Einschreiben. Am 12.02. plagt den A die Neugier und er lässt sich das Einschreiben aushändigen. Als er den Absender liest, zerreist er ungelesen das Schriftstück. Hat B wirksam fristlos gekündigt?

Zur Beantwortung dieser Frage ist es zunächst unerlässlich zu wissen, dass fristlose Kündigungen von Dienstverhältnissen, zu denen das Arbeitsverhältnis gehört, innerhalb von zwei Wochen nach Kenntnis des Kündigungsgrundes erfolgen müssen, § 626 II.

In diesem Fall hatte B Kenntnis am 05.02. Die Kündigung muss daher nach §§ 187 I, 188 II spätesten am 19.02. dem A zugegangen sein. Das ist hier der Fall. Zugegangen ist die Einschreibesendung dem A am 12.02. als ihm das Schriftstück ausgehändigt wurde. Mit der Aushändigung, nicht schon mit dem Einwurf des Benachrichtigungszettels, war das Schreiben so in seinen Machtbereich gelangt, dass er unter normalen Umständen die Möglichkeit der Kenntnisnahme hatte. Dass er das Schreiben ungelesen zerrissen hat, ist unerheblich.

Beispiel 13: Wie *Beispiel 12*. A geht nun aber erst am 20.02. zur Post und lässt sich das Schreiben aushändigen.

---

[43] BAG NJW 1989, 606.

Hier ist der Zugang verspätet erfolgt. Wenn A das Schreiben nicht abholt, ist es nicht in seinen Machtbereich gelangt. Die Frist ist versäumt. Die Kündigung ist also unwirksam. Aber A hat absichtlich den Zugang hinausgezögert. Deswegen muss er sich so behandeln lassen, als sei die Kündigung in dem Zeitpunkt zugegangen, in dem A erstmals die Möglichkeit hatte, das Schreiben abzuholen.

Beispiel 14: V hat dem K ein Angebot zum Verkauf seines PKW unterbreitet und erklärt, sich bis zum 31.03. daran zu halten. Am 31.03. geht dem V per E-Mail die Annahmeerklärung des K zu.

Hier kommt es darauf an, ob V mit der Zusendung der Annahme durch E-Mail einverstanden war. Ein solches Einverständnis könnte sich aus der Angabe der Adresse gegenüber K ergeben, z. B. auf dem Briefkopf. Zugegangen ist dann die E-Mail, wenn sie abrufbar ist, § 312 I 2 (elektronischer Briefkasten).

Beispiel 15: Wie vorstehendes Beispiel, nur K antwortet per *Telefax*. Ein Telefax ist zugegangen mit vollständigem und leserlichem Ausdruck des Textes. Eine verstümmelte Erklärung ist grundsätzlich nicht zugegangen, es sei denn, die Unlesbarkeit beruht auf einem Defekt des Empfängergeräts[44].

Beispiel 16: M ist Mieter bei V. V möchte M wegen ständiger Störung des Hausfriedens fristlos kündigen. Als V dem M die schriftliche Kündigungserklärung persönlich aushändigen will, schickt ihn M unter heftigen Drohungen fort, ohne das Schreiben in Empfang zu nehmen. Ist die Kündigung zugegangen?
Die Voraussetzungen einer wirksamen Kündigung liegen nicht vor. M hat den Zugang durch sein eigenes Verhalten grundlos verhindert. Die Annahmeverweigerung verhindert *zunächst* den Zugang, weil die Erklärung nicht in den Machtbereich des Empfängers gelangt ist[45]. Diese Verhinderung kann aber nicht zu Lasten des Erklärenden gehen, da sie ausschließlich von der Willkür des Empfängers abhängt, der keinen sachlichen Grund hatte, die Annahme zu verweigern.

---

[44] BVerfG NJW 1996, 2857; anderer Meinung: Köhler, BGB Allgemeiner Teil, 30. Aufl., § 6 Rdnr. 18.
[45] Der Einwurf in den Briefkasten würde den Zugang bewirken, doch kann auch dieser unter Umständen versperrt sein.

Insbesondere reicht der Umstand, dass das Kündigungsschreiben für M unangenehm ist, nicht aus, dass M die Erklärung nicht entgegennimmt. Die gesetzliche Begründung wird aus § 242 genommen: Es ist treuwidrig, grundlos den Zugang einer Erklärung zu verhindern[46]. Daher ist die Kündigung des V dem M zugegangen.

Beispiel 17: V kündigt durch Übersendung des Schreibens per Post. Der Brief ist nicht ausreichend frankiert. M weigert sich, Nachporto zu zahlen und nimmt den Brief nicht an.

M verweigert zu Recht die Annahme. Er muss nicht noch dafür bezahlen, dass der Erklärende ihm kündigt. Die Annahmeverweigerung verstößt nicht gegen Treu und Glauben.

Liegt bei **Vertragsschluss im Internet** die vertragliche Willenserklärung (Antrag) in der Bestellung „per Mausklick", so ist diese mit Abrufbarkeit zu den gewöhnlichen Geschäftszeiten zugegangen.

2. Der Zugang der empfangsbedürftigen Willenserklärung unter Anwesenden

Bei einer **verkörperten Erklärung**, die unter Anwesenden beispielsweise dann vorliegen muss, wenn die Erklärung formgebunden ist, muss das Schreiben der tatsächlichen Verfügungsgewalt des Empfängers unterliegen und dieser muss unter Zugrundelegung der gewöhnlichen Verhältnisse die Möglichkeit der Kenntnisnahme haben.

Für den Zugang einer empfangsbedürftigen Willenserklärung unter Anwesenden, die **mündlich** abgegeben wird, gilt die **Vernehmungstheorie:** Die Erklärung ist mit ihrer Vernehmung durch den Empfänger zugegangen. Daher ist nur eine richtig verstandene Erklärung zugegangen[47].

---

[46] BGH 1998, 976; Leipold, BGB I Einführung und Allgemeiner Teil, § 10, Rdnr. 19.
[47] BAG NJW 1983, 2835; Jauernig/Jauernig, 10. Aufl., § 130, Rdnr. 12.

Beispiel 18: K bestellt beim Großhändler V fernmündlich 200 Kartons PC-Papier. G versteht 300 und schickt sie dem K, der die Annahme verweigert. G besteht auf Abnahme und Bezahlung. Zu Recht?

Die telefonische Bestellung von 200 Kartons ist der Antrag, den K abgibt. Fraglich ist, mit welchem Inhalt die Erklärung zugegangen ist. Geht man davon aus, dass eine unter Anwesenden abgegebene Erklärung zugeht, wie sie tatsächlich vom Empfänger verstanden wurde, dann wäre die Bestellung über 300 Kartons zugegangen. Da diese Erklärung aber nicht abgegeben wurde, läge kein wirksames Angebot vor. Die Annahmeerklärung des V wäre daher als Antrag aufzufassen, den aber K nicht angenommen hat. Die andere Auffassung käme zum Ergebnis, dass ein Vertrag über 200 Kartons zustande gekommen ist, weil das Missverständnis in der Person des Empfängers liegt, somit also die abgegebene Erklärung zugegangen wäre.

Durchblick: Zugang und Widerruf, § 130 I S. 2

V hat dem K seinen gebrauchten PKW zum Verkauf für 4.000 € schriftlich angeboten. Er hält sich bis zum 15.03. daran gebunden. Am 15.03. ruft K bei V um 19 Uhr an. V ist aber gerade dabei, sich für den abendlichen Theaterbesuch fertig zu machen und geht deswegen nicht an das Telefon. K spricht daraufhin auf den Anrufbeantworter, dass er das Angebot annehme. Gegen 23 Uhr kehrt V vom Theaterbesuch zurück und hört den Anrufbeantworter ab. Zuerst wird ihm die Nachricht von 19 Uhr vorgespielt, wonach K das Angebot annimmt, sodann wird eine 30 Minuten später auf das Band gesprochene Erklärung des K abgespielt, wonach es sich K anders überlegt hat, er wolle nun den PKW doch nicht haben. V meint, dass der Kaufvertrag geschlossen sei und verlangt von K Abnahme des PKW und Bezahlung. Zu Recht?

Der Kaufvertrag ist zustande gekommen, wenn K rechtzeitig, am 15.03. das schriftliche Angebot des K angenommen hat. Die Annahme hat K zunächst abgegeben. Sie müsste aber auch am 15.03. dem V zugegangen sein. Da aber K seine Annahmeerklärung 30 Minuten später widerrufen hat, § 130 I S. 2 BGB, könnte die Annahme nicht wirksam erklärt worden sein. Der Widerruf einer Willenserklärung nach § 130 I S. 2 BGB setzt aber voraus, dass der Widerruf *vorher oder gleichzeitig* mit der Willenserklärung zugeht. Es kommt also darauf an, ob der Widerruf vor der Annahmeerklärung oder gleichzeitig zugegangen ist.

Deswegen ist genau festzulegen, wann die Annahmeerklärung und wann der Widerruf zugegangen ist:

Es handelt sich bei der Erklärung des K um eine Erklärung unter Abwesenden, da nicht von Person zu Person kommuniziert wurde. Eine Willenserklärung unter Abwesenden ist zugegangen, wenn sie so in den Machtbereich des Empfängers gelangt ist, dass unter Zugrundelegung der normalen Verhältnisse mit der Kenntnisnahme der Erklärung durch den Empfänger gerechnet werden kann. Zugegangen könnte die Annahmeerklärung in dem Augenblick sein, als K um 19 Uhr auf den Anrufbeantworter des V gesprochen hat.

Der Anrufbeantworter ist wie ein Briefkasten anzusehen, verkörpert also den Herrschaftsbereich des Empfängers. Die Annahmeerklärung ist daher in den Machtbereich des V gelangt. Fraglich könnte sein, ob auch unter Zugrundelegung normaler Verhältnisse V um 19 Uhr vom Inhalt Kenntnis hat nehmen können. Es könnte fraglich sein, ob ein Privatmann – ein Geschäftsmann für seine Geschäftspost nicht – um 19 Uhr noch Privatpost zur Kenntnis zu nehmen pflegt. Das ist zu bejahen. Danach ist die Annahme am 15.03. um 19 Uhr zugegangen, der Widerruf unter den gleichen Voraussetzungen um 19.30 Uhr.

Streng genommen ist der Widerruf somit *später* als die Annahmeerklärung zugegangen und damit nicht rechtzeitig. Man könnte hier erörtern, ob die Differenz von 30 Minuten und der Umstand, dass beim Abhören eines Anrufbeantworters der Empfänger beide Erklärungen praktisch gleichzeitig zur Kenntnis nimmt und sich daher zu keiner Zeit auf den geschlossenen Vertrag eingerichtet hat, nicht doch die Auffassung rechtfertigt, Annahme und Widerruf seien gleichzeitig zugegangen. Diese Ansicht ist abzulehnen, da die Frage des Zugangs nach klaren und möglichst eindeutigen Kriterien entschieden werden muss. Somit hat K nicht rechtzeitig seine Annahmeerklärung widerrufen. Der Kaufvertrag ist zustande gekommen. K muss den PKW abnehmen und bezahlen.

Fallvariante: Wie im Ausgangsfall. K hat um 19 Uhr auf den Anrufbeantworter seine Annahme gesprochen. Er hatte aber, weil er meinte, dass der auf dem Anrufbeantworter gesprochene Widerruf nicht rechtzeitig, also nicht vorher oder gleichzeitig zugeht, persönlich um 20 Uhr ein Widerrufsschreiben in den Briefkasten des V geworfen. Als V vom Theater zurückkehrt, schaut er als erstes in den Briefkasten und liest zuerst das Widerrufsschreiben, erst dann hört er den Anrufbeantworter mit der Annahmeerklärung ab. Hat K rechtzeitig widerrufen?

Mit der tatsächlichen Kenntnisnahme des Schreibens durch V geht dieses ihm zu. Da aber um 19 Uhr die Annahmeerklärung auf dem Anrufbeantworter bereits zugegangen ist, käme auch in diesem Fall der Widerruf zu spät, da er nicht *vorher oder gleichzeitig* (§ 130 I S. 2) erfolgt ist.

3. Besonderheiten beim Zugang

Dem **Geschäftsunfähigen** kann eine Willenserklärung nicht zugehen. Erklärungen müssen dem gesetzlichen Vertreter zugehen, § 131 I. **Beschränkt Geschäftsfähigen** können Erklärungen, die dem Empfänger lediglich rechtliche Vorteile bringen, zugehen, § 131 II S. 1, andere nur mit **Einwilligung** des gesetzlichen Vertreters, § 131 II S. 2.

IV. Folgen des Zugangs

Der Zugang bewirkt, dass die empfangsbedürftige Willenserklärung die gewollte Rechtsfolge herbeiführt: Der wirksam erklärte Antrag schafft die Voraussetzungen für einen wirksamen Vertragsschluss. Eine fristlose Kündigung beendet das Vertragsverhältnis, eine fristgebundene Kündigung setzt die gesetzliche Frist in Gang, eine Aufrechnung führt zum Erlöschen der Forderung, § 389, eine Anfechtung vernichtet das Rechtsgeschäft von Anfang an, § 142.

Der Zugang hat noch die weitere Folge, dass der Erklärende an seine Willenserklärung gebunden ist, wenn nicht vorher oder gleichzeitig ein Widerruf zugeht, § 130 I S. 2 (siehe Fall oben).

76

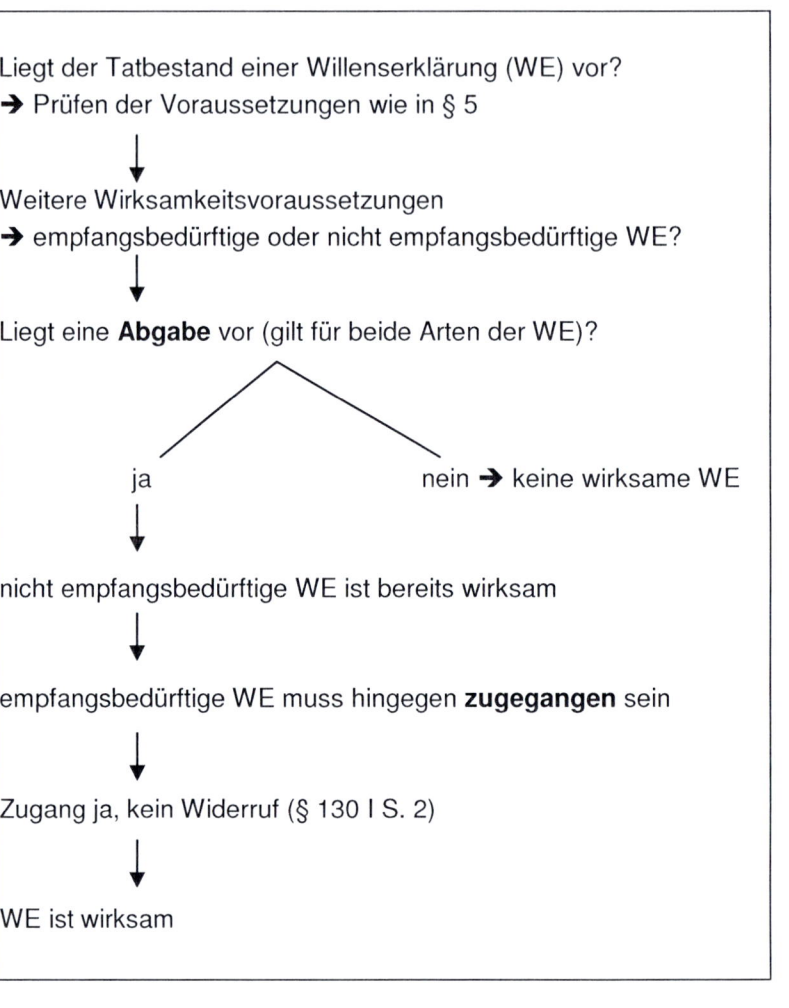

Liegt der Tatbestand einer Willenserklärung (WE) vor?
➔ Prüfen der Voraussetzungen wie in § 5

↓

Weitere Wirksamkeitsvoraussetzungen
➔ empfangsbedürftige oder nicht empfangsbedürftige WE?

↓

Liegt eine **Abgabe** vor (gilt für beide Arten der WE)?

ja   nein ➔ keine wirksame WE

↓

nicht empfangsbedürftige WE ist bereits wirksam

↓

empfangsbedürftige WE muss hingegen **zugegangen** sein

↓

Zugang ja, kein Widerruf (§ 130 I S. 2)

↓

WE ist wirksam

▸ **Literatur**

📖 Köhler, BGB Allgemeiner Teil, 36. Aufl., § 6, Rdnr. 9 – 30

📖 Leipold, BGB I Einführung und Allgemeiner Teil, 6. Aufl., § 12

📖 Rüthers/Stadler, Allgemeiner Teil des BGB, 17. Aufl.,
§ 17, Rdnr. 34 - 68

§ 7

Der Vertragsschluss

Das Gesetz bestimmt nicht, was ein Vertrag ist. Es setzt den Begriff als bekannt voraus. Entsprechend dem Grundsatz der Privatautonomie soll der Vertrag eine einverständliche, **rechtlich bindende Regelung** zwischen zwei oder mehr Personen treffen.

Die Regelungen über den Vertragschluss finden sich in den §§ 145 – 157 (Abschnitt 3, 3. Titel). Darin ist aber nichts über den Vertragsinhalt gesagt. Die §§ 145 ff. regeln ganz abstrakt, wie ein Vertrag geschlossen wird. Sie gelten unabhängig vom Inhalt für alle Verträge, gleich ob Verpflichtungs- oder Verfügungsvertrag, gleich ob es sich um einen Ehe- oder Erbvertrag handelt.

Stellvertretend für alle Verträge, soll anhand des Kaufvertrages im Schaubild der Vertragsschluss schematisch dargestellt werden.

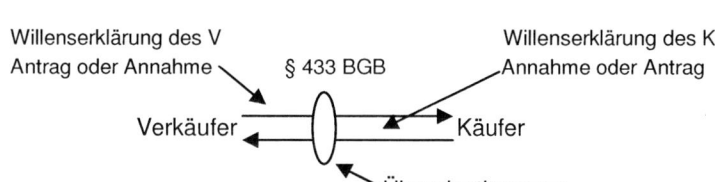

Der Vertragsschluss erfolgt durch zwei übereinstimmende, inhaltlich einander korrespondierende Willenserklärungen. Sie werden **Antrag** (oder Angebot) und **Annahme** genannt.

In § 145 geht der Gesetzgeber davon aus, dass zuerst eine Person den Antrag auf Abschluss eines Vertrages stellt und die andere Person den Antrag annimmt. In der Praxis lassen sich Antragender und Annehmender oft nicht eindeutig auseinanderhalten.

Beispiel 1: A und B verhandeln über den Verkauf einer Industrieanlage. Hier gehen dem Vertragsschluss lange Vorverhandlungen voraus. Wenn A und B der Auffassung sind, dass alle wichtigen Fragen besprochen sind, legt ein Vertragspartner (oder beide) eine Urkunde mit dem gewollten Vertragsinhalt vor. In diesem Fall können Antrag und Annahme nicht unterschieden werden. Der Vertrag kommt dann mit der beiderseitigen Unterzeichnung der Vertragsurkunde zustande.

Dennoch ist es, wenn ein Vertragsschluss umstritten ist, unerlässlich, exakt zu prüfen, welches der Antrag und welches die Annahme ist. Ist der Vertragsschluss unproblematisch, bedarf es einer exakten Prüfung nicht.

Daher ist bei der **Prüfung eines Falles**, in dem die Frage gestellt wird, ob ein Vertrag zustande gekommen ist, folgender **Obersatz** zu formulieren:

Ein Vertrag kommt durch zwei übereinstimmende Willenserklärungen (Antrag und Annahme) zustande.

Die Übereinstimmung bezieht sich nicht auf den Wortlaut der Erklärungen. Es wäre Unsinn, wenn auch der Käufer erklärt, verkaufen zu wollen. Bei einem Kaufvertrag z.B. gibt der Verkäufer folgendes Angebot ab:

„Ich will Dir, Käufer, meinen PKW, VW Golf.... für 4.000 € verkaufen. Willst Du ihn mir abnehmen und die 4.000 € dafür bezahlen?".

Korrespondierende Übereinstimmung liegt vor, wenn der Käufer erklärt:

„Ich, der Käufer, bin damit einverstanden, dass Du, Verkäufer, mir den PKW für 4.000 € verkaufst und dass ich den Wagen abnehme und ihn bezahle".

Eine solche Formulierung ist umständlich und wird auch nicht so im Wortlaut erklärt, aber vom Sinn her bedeutet das lapidare: „Ja, ich kaufe" das, was vorstehend ausgeführt wurde.

Dem Vertragsschluss gehen in der Regel Vertragsverhandlungen voraus. In diesen Verhandlungen werden Positionen abgesteckt, Interessen geäußert und dem anderen Teil Informationen gegeben. Die Vertragsverhandlungen können daher oft zur Vertragsauslegung herangezogen werden[48]. Nicht selten werden Vorbereitungen getroffen, welche die eine oder andere Partei auch Geld kosten. In diesen Fällen ist es oft misslich für die Geld investierende Partei, wenn die Vertragsverhandlungen abgebrochen werden, manchmal sogar völlig grundlos. Dann stellt sich, da ein Vertrag nicht zustande gekommen ist, die Frage, ob Schadensersatz geschuldet ist. Diese Frage beantwortet das Schuldrecht[49].

I. Der Antrag

1. Voraussetzungen

> Der Antrag, auch Angebot oder Offerte genannt, ist eine empfangsbedürftige Willenserklärung, durch die dem Anderen der Abschluss eines Vertrages so angeboten wird, dass er nur noch **„ja"** sagen muss.

Wesentliches Merkmal des Antrages ist der **Rechtsbindungswille.** Er muss den endgültigen Willen des Antragenden zum Ausdruck bringen, dass ein Vertrag geschlossen werden soll. Kein Angebot liegt vor, wenn nur eine **unverbindliche Aufforderung zur Abgabe eines Angebots** gemacht wird. Die Aufforderung zur Abgabe eines Angebots wird meist zu Werbezwecken benutzt. Ob die Erklärung eine unverbindliche Aufforderung zur Abgabe eines Antrages ist oder ein mit Rechtsbindungswillen ausgestatteter Antrag ist Sache der **Auslegung.**

---

[48] Siehe § 8.
[49] Vergleiche § 311 II Nr. 1.

80

Beispiel 2: Die Elektrofirma E lässt in der örtlichen Tageszeitung ein Prospekt über sehr günstige Laptops der Marke XP 5 verteilen. Diese sollten laut Prospekt 499 € kosten. K, der das Prospekt liest, geht zu E und erklärt, dass er den Laptop XP 5 für 499 € kaufe. E erklärt, dass der Preis ein Druckfehler sei und will den Laptop nur für 699 € verkaufen. K meint, dass er mit seiner Erklärung, den Laptop kaufen zu wollen, den Vertrag bereits geschlossen habe. E sei nun gebunden. Hat K Recht?

Lösung: Ein Vertrag kommt durch zwei übereinstimmende Willenserklärungen (Antrag und Annahme) zustande. Den Antrag könnte E erklärt haben, indem er einen Prospekt verteilen ließ, das alle wesentlichen Bedingungen des Kaufvertrages enthält. Dann müsste die Erklärung im Prospekt den Bindungswillen des E für einen Vertragsschluss zum Ausdruck gebracht haben.

Nach den Grundsätzen der Auslegung ist zu fragen, wie die Angaben des E im Prospekt für einen verständigen Empfänger unter Berücksichtigung von Treu und Glauben und der Verkehrssitte zu verstehen sind. Prospektangaben dienen nach allgemeiner Auffassung nur dazu, Kunden auf günstige Möglichkeiten zum Kauf (sogenannte „Angebote") aufmerksam zu machen. Ein Bindungswille liegt dabei nicht vor, weil anderenfalls der Verkäufer (hier E) bei großer Nachfrage der Interessenten, die über die Vorratsmenge hinausgeht, seiner Pflicht aus § 433 I nicht nachkommen kann. Deswegen handelt es sich bei den Angaben im Prospekt um sogenannte Aufforderungen zur Abgabe eines Antrags (Angebots).

Diesen Antrag hat K zwar erklärt, aber V hat ihn nicht angenommen, da er andere Bedingungen (einen anderen Preis) gestellt hat, vgl. § 150 II. Zwischen E und K ist ein Kaufvertrag nicht zustande gekommen. K kann den Laptop also nicht verlangen.

Weitere **Beispiele:** Aufforderungen zur Abgabe eines Antrags sind auch Schaufensterauslagen, Kataloge, Zeitungsannoncen und regelmäßig, aber nicht durchgängig „Angebote" im Internet. Das Auslegen der Waren im Selbstbedienungsladen ist noch kein Antrag. Diesen stellt nach h.M. vielmehr der Käufer an der Kasse. Die ausgelegte Speisekarte ist eine Aufforderung zur Abgabe eines Antrags.

Der Antrag muss **hinreichend bestimmt** oder durch Auslegung **bestimmbar** sein. Anderenfalls kann er nicht durch ein einfaches „ja" angenommen werden. Hinreichend bestimmt ist der Antrag, wenn er die **wesentlichen Bestandteile** eines Vertrages (lat.: essentialia negotii) enthält. Die wesentlichen Bestandteile eines Vertrages sind der Vertragspartner[50], also der Adressat des Antrags, der Vertragsgegenstand und bei entgeltlichen Verträgen die Gegenleistung[51].

Beispiel 3: Will V dem K seinen Gebrauchtwagen verkaufen, muss er den Kaufgegenstand benennen, aber auch sagen, was er dafür haben will. Die Benennung des PKW kann allgemein umschrieben werden, wenn dem V nur ein PKW gehört. In diesem Fall ist der Kaufgegenstand *hinreichend individualisiert*. Anders, wenn dem V mehrere Fahrzeuge gehören. Dann muss V Einzelheiten des PKW´s nennen, damit K weiß, um welches Auto es sich handelt. Näheres kann K erfragen, wenn ihm das Angebot nicht hinreichend konkret erscheint.

Exkurs: Die Versteigerung

Fall: V führt eine Versteigerung für Kunstgemälde durch. Er versteigert das Bild von dem zeitgenössischen Künstler *van Mir*. Die in der Versteigerung anwesenden A, B und C geben jeweils Gebote ab, C eines über 50.000 €. Schließlich gibt K durch Handaufheben das letzte Gebot ab (55.000 €), womit er das Gebot des C überbietet. V übersieht das Gebot des K und erteilt dem C den Zuschlag. Dieser erhält das Bild für sein Gebot von 50.000 €. K behauptet, er habe den Kaufvertrag mit V über 55.000 € abgeschlossen und verlangt von V das Bild. Zu Recht?

Lösung: K könnte gegen V einen Anspruch auf Übereignung des Bildes aus § 433 I haben, wenn zwischen ihm und dem V ein Kaufvertrag über das Bild zustande gekommen ist. Ein Vertrag kommt durch zwei übereinstimmende Willenserklärungen (Antrag und Annahme) zustande. Zu prüfen ist, wer den Antrag abgegeben und wer die Annahme erklärt hat.

---

[50] Bei einem Angebot an einen unbestimmten Personenkreis, wie bei dem Warenautomaten, ist der Vertragspartner zunächst unbestimmt, aber er ist bestimmbar. Es ist der erste, der die Münze einwirft.

[51] Bei Dienst- und Werkverträgen, §§ 611 ff., §§ 631 ff. kann sich die Gegenleistung auch nach § 612 bzw. § 632 richten.

Es handelt sich vorliegend um eine Versteigerung, die in § 156 geregelt ist. Danach gilt das Gebot als Antrag, wobei, wie § 156 S. 2 klarstellt, das Übergebot (höhere Gebot) das Gebot zum Erlöschen bringt. Da K den C überboten hat, gilt seine Erklärung als Antrag. Die Annahme ist durch den Zuschlag erklärt. V schlägt das Bild aber nicht dem anbietenden K zu, sondern dem C. Ein Vertrag mit K ist damit nicht zustande gekommen.

Merke: Die Internetauktion ist *keine* Versteigerung nach § 156[52]!

2. Die Rechtsfolgen eines wirksamen Antrags

Der Anbietende ist an seinen Antrag gebunden, § 145. Dies hat zur Folge, dass der Anbietende seinen Antrag nicht widerrufen kann. Der Angebotsempfänger hat nun die Möglichkeit, sich für die Annahme des Antrags oder seine Ablehnung zu entscheiden, ohne dass der Anbietende durch Widerruf des Antrags – nach Zugang des Antrags[53] – Einfluss auf den Vertragsschluss nehmen kann.

Beispiel 5: V bietet K seinen gebrauchten PKW zum Preis von 2.000 € an. Die Annahme hat spätestens binnen drei Tagen zu erfolgen. Als K sich innerhalb der drei Tage entscheidet und die Annahme in dieser Frist erklärt, verweigert V die Lieferung, weil er einen Tag nach dem wirksamen Angebot einen Interessenten gefunden habe, der 2.500 € zahlen will. Kann K die Übereignung des PKW gegen Zahlung von 2.000 € verlangen?

Lösung: K hätte einen Anspruch auf Übereignung des PKW gegen Zahlung von 2.000 €, wenn ein Kaufvertrag mit diesen Bedingungen zustande gekommen ist. Ein Vertrag kommt durch zwei übereinstimmende Willenserklärungen (Antrag und Annahme) zustande. V hat den Antrag wirksam erklärt. Daran war er nach § 145 gebunden, solange die Annahmefrist noch lief. K hat innerhalb der Frist angenommen. V war an sein Anbot gebunden, ein Widerruf war nicht möglich. K kann also die Übereignung des PKW gegen Zahlung von 2.000 € verlangen (§ 433).

---

[52] BGH NJW 2005, 53; Köhler, BGB Allgemeiner Teil, 30. Aufl., § 8, Rdnr. 12a.
[53] Vor dem Zugang bzw. gleichzeitig kann der Erklärende nach § 130 I 2 jede Willenserklärung, also auch das Angebot widerrufen.

Die Bindungswirkung bleibt grundsätzlich bestehen, auch wenn der Antragende nach Zugang des Antrags stirbt oder geschäftsunfähig wird. Wird in diesen Fällen der Antrag angenommen, kommt ein Vertrag zustande, gegebenenfalls mit den Erben des Anbietenden.

Beispiel 6: K war schon immer ein begeisterter Motorradfahrer. Als er in der Tageszeitung die Annonce des V liest, in der V seine 500er Kawasaki zum Preis von 5.000 € „anbietet", schreibt K an V: „Ich kaufe Ihre in der X-Zeitung annoncierte Kawasaki für 5.000 €. Erbitte Zusage bis spätestens 14 Tage". V erhält den Brief des K am 01.03. Er will noch weitere Reaktionen abwarten und schreibt am 13.03. an K, dass er mit dem Kauf einverstanden sei. Die Erklärung des V geht am 14.03. der Frau des K (F) zu. K ist nämlich am 10.03. tödlich verunglückt und F hat ihn allein beerbt. Sie hat kein Interesse an der Maschine, zumal sie keinen Führerschein hat und lehnt deshalb den Kauf ab. V besteht auf der Abnahme und Bezahlung der 5.000 €. Zu Recht?

Lösung: V hat gegen F[54] einen Anspruch aus § 433 II, wenn zwischen ihnen ein Kaufvertrag über das Motorrad zustande gekommen wäre. Ein Vertrag kommt durch zwei übereinstimmende Willenserklärungen (Antrag und Annahme) zustande. Die Zeitungsannonce war kein Antrag. Sie diente ersichtlich für den Empfänger allein dazu, Interessenten zu gewinnen. Der Antrag ging von K aus. Dies, trotz des bestimmenden Wortlauts „Ich kaufe...". An diesen Antrag war K bis zum 15.03. gebunden[55]. Der Tod des K hat keinen Einfluss auf den Vertragsschluss, § 153. Der Antrag des K lässt auch keinen anderen Willen des K erkennen. Nur wenn aus dem Antrag oder aus anderen Umständen erkennbar wird, es handele sich ausschließlich um eine persönliche Bestellung, kommt ein Vertrag nicht zustande. Das ist hier nicht der Fall. F könnte das Motorrad noch wirtschaftlich z.B. durch Verkauf verwerten. F muss daher das Motorrad abnehmen und 5.000 € bezahlen.

---

[54] Einen Anspruch gegen den K zu prüfen, wäre ersichtlich unsinnig.
[55] Zur Fristberechnung s. unter §§ 187 – 193.

Beispiel 7: Wie vorstehend in *Beispiel 6,* aber K wäre aufgrund des Verkehrsunfalls nicht verstorben, sondern schwerst hirngeschädigt, sodass er geschäftsunfähig geworden ist.

Auch hier greift § 153 ein. K ist Vertragspartner geworden. Er muss die Maschine abnehmen und bezahlen, auch wenn er sie niemals mehr fahren kann. Seine Frau kann das Motorrad verkaufen oder anders verwerten.

Der Antrag erweitert die Rechtsposition des Antragsempfängers. Dieser hat nun das Recht zur Herbeiführung eines Vertrages hinzubekommen, eine Option. Deswegen ist der Antrag an einen Minderjährigen auch lediglich rechtlich vorteilhaft und kann ihm zugehen. Dieses Recht ist grundsätzlich verkehrsfähig, d.h. es kann veräußert (übertragen) oder vererbt werden. Es kann auch verpfändet oder gepfändet werden[56].

3. Das Erlöschen des Antrags

Der Antrag erlischt, wenn er **abgelehnt** wird, § 146 1. Alternative, oder **nicht rechtzeitig angenommen** wird, § 146 2. Alternative.

Die **Ablehnung** des Antrags ist eine einseitige, empfangsbedürftige Willenserklärung. In *Beispiel 2* auf S. 63 liegt eine Ablehnung vor. Der Antragsempfänger kann frei entscheiden, ob er den Antrag annimmt. Er kann allerdings bei bestehendem **Kontrahierungszwang** dazu unmittelbar oder mittelbar gezwungen werden[57].

Will der Antragsempfänger grundsätzlich das Angebot annehmen, aber unter anderen Bedingungen, so ist der Antrag dennoch abgelehnt, § 150 II.

---

[56] Köhler, BGB Allgemeiner Teil, 30. Aufl., § 8, Rdnr. 14.
[57] Zum Kontrahierungszwang siehe S. 14.

Der Antrag ist **zeitlich gebunden**. Nach Ablauf der Zeit erlischt er. Die Frist für die Annahme kann zunächst der Antragende selbst bestimmen, § 148.

Beispiel 8: M will von V eine Wohnung mieten. V bietet ihm seine Wohnung an und erklärt, er erwarte bis zum 31.03. eine Antwort.
M kann sich Zeit lassen bis zu dem angegebenen Datum. Er kann aber auch schon vorher die Annahme erklären oder den Antrag ablehnen.

Beispiel 9: Wie *Beispiel 8* nur erklärt V, er erwarte eine Antwort binnen 14 Tagen. Hier könnte fraglich sein, ab wann die Frist beginnt und wann sie endet. Gilt für den Fristbeginn das Datum der Abgabe des Angebots oder der Zugang bei M? Das hängt von der Vereinbarung unter den Parteien ab. Fehlt diese, kann die Fristberechnung nach den §§ 186 ff. erfolgen.

Die Möglichkeit, eine Annahmefrist zu bestimmen, besteht sowohl bei Erklärungen unter Anwesenden wie unter Abwesenden.

Ist vom Antragenden keine Frist bestimmt, so gilt § 147. § 147 unterscheidet zwischen dem Antrag unter Anwesenden und unter Abwesenden.

Bei Anträgen unter **Anwesenden**, was auch bei einem Antrag mittels Telefon der Fall ist, § 147 I 2 BGB (diese Vorschrift gilt nicht bei Anträgen im Internet[58]), kann der Antrag nur *sofort* angenommen werden, § 147 I 1. „Sofort" lässt dem Erklärungsempfänger keinen Überlegungszeitraum, sondern bedeutet objektiv so schnell wie **objektiv möglich**[59] = **ohne jegliches Zögern**[60]. Auch schuldloses Zögern ist nicht sofort (im Gegensatz zu „unverzüglich").

---

[58] Rüthers/Stadler Allgemeiner Teil des BGB, 14. Aufl., § 19, Rdnr. 16.
[59] Palandt/Heinrichs, § 147 BGB, Rdnr. 6.
[60] Rüthers/Stadler Allgemeiner Teil des BGB, 14. Aufl., § 19, Rdnr. 16.

Beispiel 10: K benötigt für sein Lebensmittelgeschäft schnellst möglich Obst. Er telefoniert mit dem Importeur I. I muss sich sofort entscheiden, ob er liefern kann und will. Kann er sich nicht sofort entscheiden, muss er mit K eine Frist für die Annahme vereinbaren.

Bei einem Antrag gegenüber **Abwesenden** ist die Dauer der Annahmefrist nicht eindeutig bestimmt. Sie richtet sich danach, wann der Antragende die Annahme unter **regelmäßigen Umständen** erwarten darf. Dies bestimmt sich nach objektiven Kriterien. Es kommt nicht darauf an, wann der Antragende tatsächlich die Antwort erwartet hat, sondern auf den allgemeinen Maßstab der Verkehrssitte. Dieser Zeitraum erstreckt sich **von der Abgabe** des Angebots **bis zum Zugang** der Annahme. Bei seiner Bestimmung sind **drei Komponenten** zu berücksichtigen: Die **Laufzeit des Antrags**, die **Überlegungszeit** des Antragsempfängers und die **Laufzeit der Antwort** des Empfängers.

Beispiel 11: Der Importeur I bietet seinem Großhändler G per Telefax vom 03.03. 10 Kilo Sumatra-Apfelsinen an. Das Fax geht bei G am 03.03. ein. Am 06.03. schreibt G dem I, dass er das Angebot annehme. Der Brief geht I am 09.03 zu. I will nicht liefern, weil er die Annahme für verspätet hält. Zu Recht?

G hat einen Anspruch auf Lieferung des Obstes gemäß § 433 I, wenn zwischen I und G ein Kaufvertrag mit entsprechendem Inhalt zustande gekommen ist. Ein Vertrag kommt durch zwei übereinstimmende Willenserklärungen (Antrag und Annahme) zustande. Der Antrag ging von I aus. G hat die Annahme erklärt. Er konnte jedoch nur einen noch gültigen Antrag annehmen.

Der Antrag des I könnte erloschen sein, weil G nicht rechtzeitig die Annahme erklärt hat. Eine Annahmefrist hat I nicht bestimmt. Da das Angebot unter Abwesenden erklärt wurde, bestimmt sich die Annahmefrist nach § 147 II. Danach ist zu prüfen, bis wann I nach der Verkehrssitte die Annahme erwarten durfte. Dieser Zeitraum reicht von der Abgabe des Antrags bis zum Zugang der Annahme beim Anbietenden (hier dem I). Dabei sind die Laufzeit des von I gewählten Kommunikationsmittels, eine angemessene Überlegungsfrist und die Laufzeit der Antwort zusammen zu berücksichtigen.

I hat das Angebot gefaxt und damit das wohl schnellste derzeit in Betracht kommende Kommunikationsmittel gewählt. Die Überlegungsfrist des G ist auch unter der Berücksichtigung, dass hier verderbliche Ware angeboten wurde, sehr kurz. Es handelt sich um einen Kaufvertrag, dessen Beurteilung dem G kaum Mühe bereiten dürfte. Auch dieser Umstand wirkt sich auf die Überlegungsfrist verkürzend aus.

Bei der Übermittlung der Antwort muss G also so schnell sein wie der Antrag. Diese drei Komponenten führen dazu, dass hier eine Annahmefrist nach § 147 II von 24 Stunden gerechtfertigt ist. Diese Frist hat G ersichtlich nicht eingehalten. Er hat zu lange überlegt und ein zu langsames Kommunikationsmittel gewählt. Die Annahme war verspätet, der Antrag des I war erloschen. Die „Annahme" ist nach § 150 I als neuer Antrag anzusehen. Diesen hat I nicht angenommen. Ein Kaufvertrag ist nicht zustande gekommen. G hat keinen Anspruch auf Lieferung der Apfelsinen nach § 433 I.

II. Die Annahme

1. Voraussetzung

Die Annahme ist eine einseitige, grundsätzlich empfangsbedürftige Willenserklärung. Mit ihr wird das vorbehaltlose Einverständnis mit dem Antrag ausgedrückt.

Eine Pflicht zur Annahme besteht nicht. Nur beim Kontrahierungszwang oder dem Bestehen eines wirksamen Vorvertrages besteht eine (unmittelbare oder mittelbare) Annahmepflicht.

Die Annahme muss grundsätzlich dem Antragenden zugehen, § 130 I 1. Nur in den Fällen des § 151 BGB ist ein **Zugang** der Annahme beim Anbietenden nicht erforderlich[61]. Eine wirksame Annahme setzt einen wirksamen Antrag voraus, bei unwirksamem Antrag wird ein Vertrag nicht geschlossen[62].

---

[61] Dazu unten *Beispiel 13*.
[62] Siehe vorstehend unter I.3.

Keine Annahme liegt vor, wenn der Antrag nicht rechtzeitig oder unter einer Änderung „angenommen" wird. Hier wird die „Annahme" zum neuen Antrag. Daher wäre es fehlerhaft, eine Prüfung zum Vertragsschluss nicht weiterzuführen, wenn ein Angebot nicht rechtzeitig oder unter veränderten Bedingungen „angenommen" wird. Es muss dann § 150 geprüft werden.

Beispiel 12: V bietet in der Zeitung seinen Gebrauchtwagen für 4.000,00 € an. K antwortet, er wolle für 3.500 € kaufen. V antwortet, er verkaufe für 3.900 €, nun antwortet wieder K, er kaufe für 3.600 €. V erklärt die Vertragsverhandlungen für beendet. K fragt, ob V ohne weiteres die Verhandlungen abbrechen kann.

Hier liegt ein typischer Fall über den Ablauf von Vertragsverhandlungen vor. Die Zeitungsannonce ist eine Aufforderung zur Abgabe eines Angebots. K stellt den Antrag nach § 145, den V aber nach § 150 II abgelehnt hat. Die Ablehnung ist gleichzeitig ein neues Angebot, die Antwort des K ist wiederum nach § 150 II zu beurteilen. V muss den neuen Antrag von K nicht annehmen. V hat rechtens gehandelt.

2. § 151

§ 151 besagt nur, dass die Annahmeerklärung nicht **zugehen** muss. Der Wortlaut des § 151 BGB ist missverständlich. Er bestimmt nicht, dass die Annahme entbehrlich ist. Der *Annahmewille* muss eindeutig betätigt werden. Die Annahmeerklärung ist dann eine nicht empfangsbedürftige Willenserklärung. Diese kann auch konkludent abgegeben werden.

Beispiel 13: K bestellt beim Versandhaus V einen Ventilator, der im Prospekt des V angepriesen wird. V schickt die Ware los. K will wissen, wann der Vertrag geschlossen wurde.
In Betracht kommen folgende Zeitpunkte: Anweisung an das Lager, die Ware auszusortieren, Ablieferung an die Transportperson, Ankunft der Ware bei K. Bestellungen von Waren im Versandhandel sind als Antrag zum Vertragsschluss auszulegen. Die Annahme erfolgt nach § 151. Die Erklärung muss nicht zugehen, da K auf den Zugang verzichtet hat. Der Verzicht ergibt sich aus der Verkehrssitte. Die Anweisung an das Lager,

die Ware auszusortieren ist noch keine (nicht zugangsbedürftige) Annahme, weil V nicht wissen kann, ob die Ware noch vorhanden ist. Die Ankunft der Ware bei K liegt nach der Annahme, denn sie muss nicht zugehen. Die Annahme liegt in der Übergabe der Ware an die Transportperson. Damit erklärt V, dass er den Vertrag erfüllen will.

Für eine Annahmeerklärung nach § 151 genügen Erfüllungshandlungen, Aneignungs- oder Gebrauchshandlungen.

Der Antragende muss im Fall des § 151 entweder auf einen Zugang **verzichtet** haben, oder **nach der Verkehrssitte** ist der Zugang einer Annahme nicht zu erwarten. Der Antrag kann natürlich auch abgelehnt werden wie in § 146.

3. Der Vertragsschluss im Internet

Wer auf seiner Homepage einen Gegenstand zum Verkauf „anbietet", erklärt regelmäßig zunächst keinen Antrag im Sinne des § 145. Denn er will sich nicht binden, weil er bei mehreren Interessenten, die auf den Antrag positiv reagieren, regelmäßig den durch Annahme geschlossenen Kaufvertrag nur einmal erfüllen kann und will. Die Erklärung ist daher regelmäßig als *Aufforderung zur Abgabe eines Antrags* aufzufassen. Die Reaktion eines Interessenten stellt den Antrag nach § 145 dar. Dieser wird dann von dem „Anbieter" im Internet angenommen.

Handelt es um eine Versteigerung im Internet, liegt der Fall regelmäßig anders.

Merke: Die Internet-Auktion ist nicht nach dem § 156 zu beurteilen. Das ist wichtig wegen § 312 d IV Nr. 5. Auktionen im Internet können bei Vorliegen der weiteren Voraussetzungen des § 312 b Fernabsatzverträge und damit widerrufbar sein (§§ 312 b, 355).

90

Beispiel 14[63]: V bot unter Vermittlung des Internet-Auktionshauses R einen fabrikneuen VW zu einem Listenpreis von 26.500 € an. Als Startpreis gab er 5 € an[64]. Einen Mindestpreis setzte er nicht fest. Der Auktionszeitraum betrug 5 Tage. Entsprechend einer Regelung in den Allgemeinen Geschäftsbedingungen des R hatte V gegenüber R erklärt, dass er schon jetzt das höchste wirksam in dem Zeitraum von 5 Tagen abgegebene Gebot annehme.

Das Kaufgebot sollten die Bieter gemäß den Allgemeinen Geschäftsbedingungen des R diesem gegenüber abgeben. Nach den Allgemeinen Geschäftsbedingungen des R trat dieser als Empfangsvertreter der anbietenden Beteiligten auf (§ 164 III). Die Gebote der Bieter waren unwiderruflich. Acht Sekunden vor Auktionsende gab K das letzte wirksame Höchstgebot von 13.500 € ab. Kurz nach Ende der Auktion erhielt K von R die Nachricht, dass er den Zuschlag erhalten habe. V weigert sich, zum Preis des Gebotes des K den VW zu übereignen. K verlangt Lieferung des PKW gegen Bezahlung von 13.500 €. Zu Recht?

Lösung: Anspruchsgrundlage für K könnte § 433 I sein. Voraussetzung dafür ist, dass zwischen V und K ein Kaufvertrag mit dem entsprechenden Inhalt zustande gekommen ist. Ein Vertrag kommt durch zwei übereinstimmende Willenserklärungen (Antrag und Annahme) zustande. Zu prüfen ist, welche Erklärung als Antrag, welche als Annahme zu verstehen ist. Der Antrag wird nach dem Wortlaut der Erklärung des V von ihm angenommen, d. h. der Antrag geht vom Bieter aus. Den wirksamen Antrag hat K gestellt. Er hat das letzte und höchste Gebot abgegeben.

Unwirksamkeitsgründe sind nicht ersichtlich. K hat seinen Antrag an R gerichtet. Nach den Allgemeinen Geschäftsbedingungen des R war dieser Empfangsvertreter der „anbietenden Teilnehmer". Diese Formulierung ist so auszulegen, dass R für beide Teilnehmer, also für V und K Empfangsvertreter war (§ 164 III). Es ist durchaus möglich, dass eine Person für beide Vertragsseiten Empfangsvertreter ist. Darin liegt kein Verstoß gegen das Verbot des Insichgeschäfts nach § 181, da R hier kein Rechtsgeschäft vornimmt.

---

[63] Nach BGH NJW 2002, 363. Die DM-Preise wurden in € umgewandelt.
[64] Dieser niedrige Startpreis kann sich daraus erklären, dass die Inanspruchnahme des Auktionshauses etwas kostet und diese Gebühr sich nach dem Startpreis richtet.

Indem das Gebot des K bei R abrufbar war, war es dem V zugegangen, weil R als Empfangsvertreter des V auftrat[65]. Fraglich ist, ob V das Angebot des K angenommen hat. Die Annahmeerklärung des V liegt in seiner Erklärung gegenüber dem R als Empfangsvertreter des K unter Freischalten dieser Erklärung, dass er „schon jetzt das Höchstgebot annehme".

Zwar ist diese Annahme dem Antrag des K zeitlich voraus gegangen. Das ist jedoch unschädlich. Vorweg genommene Annahmen sind rechtlich anerkannt. Damit ist zu den Bedingungen, die die Parteien übereinstimmend erklärt haben, ein Kaufvertrag zustande gekommen, nämlich: V hat den VW gemäß § 433 I an K zu übereignen und zu übergeben. K hat gemäß § 433 II den Preis von 13.500 € zu bezahlen.

Anmerkung: Für V ist dies ein schlechtes Geschäft! Deswegen wird versucht, ein anderes, den Interessen des V besser gerecht werdendes Ergebnis zu erzielen, was aber nach der Entscheidung des BGH ohne Erfolg ist[66].

III. Die inhaltliche Übereinstimmung

Inhaltlich müssen Antrag und Annahme zumindest in den **wesentlichen Punkten** (essentialia negotii) des Vertrages übereinstimmen. Die Übereinstimmung wird Konsens (lat.: consentire = übereinstimmen) genannt. Fehlt eine Einigung in diesen Punkten – Einigungsmangel oder Dissens genannt – ist der Vertrag nicht geschlossen. Dies steht zwar in keiner Vorschrift des BGB, auch nicht in den §§ 154, 155, folgt aber zwingend aus dem Sinn des Vertrages.

Was zu den wesentlichen Punkten gehört, hängt vom Vertragstyp (Kaufvertrag, Mietvertrag, Dienstvertrag, Werkvertrag, Schenkungsvertrag etc.) ab. Ein Kaufvertrag muss Kaufgegenstand (Ware), Menge und Entgelt regeln, der Mietvertrag muss Mietgegenstand und Entgelt enthalten.

---

[65] Leipold, BGB I Einführung und Allgemeiner Teil, 4. Aufl., § 12, Rdnr. 14.
[66] Siehe den Aufsatz von Lettl in der JuS 2002, 219.

Ob eine Einigung erzielt worden ist, richtet sich nach dem durch **Auslegung** zu ermittelnden Inhalt von Antrag und Annahme. Ergibt der Vergleich der Inhalte beider Erklärungen eine Übereinstimmung, ist der Vertrag geschlossen.

Beispiel 15: V bietet dem K seinen Gebrauchtwagen für 2.000 € zum Verkauf an. K erklärt: „Einverstanden, für 1.800 nehme ich das Auto".
Die Vertragspartner haben sich (noch, wegen § 150 II) nicht über den wesentlichen Punkt des Kaufpreises geeinigt. Der Vertrag ist nicht zustande gekommen.

§ 154 – Offener Einigungsmangel (Dissens)

§ 154 betrifft den Fall, dass sich die Vertragspartner über **Nebenpunkte** nicht geeinigt haben.

Beispiel 16: Sagt im vorstehenden *Beispiel 15* der V zum K, nachdem K den Antrag des V akzeptiert hat, er könne das Fahrzeug abholen, während K den V bittet, das Fahrzeug zu bringen, haben sich die Vertragspartner in diesem (Neben-)Punkt nicht geeinigt.

Die Folge des Einigungsmangels, von dem beide Parteien wissen (deswegen: offener Einigungsmangel oder offener Dissens) ist unterschiedlich: Halten die Parteien den Punkt für so wichtig, dass sie eine Einigung darüber für unverzichtbar halten, was durch Auslegung zu ermitteln ist, dann ist der Vertrag nicht zustande gekommen, selbst wenn sich die Vertragspartner im Übrigen geeinigt haben. Wollen dagegen die Parteien auch ohne diesen Punkt eine Einigung, dann ist der Vertrag geschlossen, allerdings ist über den Nebenpunkt keine Einigung erzielt worden. In diesen Fällen stellt das Gesetz häufig Regelungen zur Verfügung.

Beispiel 17: Ergibt sich aus den Umständen, dass V und K ohne Einigung darüber, ob V das Auto bringt oder K es holt, keinen Vertrag schließen wollten, dann ist der Kaufvertrag gescheitert. War dieser Punkt V und K letztlich nicht so wichtig, sondern stand der Vertragsschluss im Vordergrund, dann ist ein Vertrag zustande gekommen.

Zwischen den Vertragspartnern muss jedoch eine Regelung zu dieser Frage getroffen werden. Hier stellt der Gesetzgeber eine Vorschrift zur Verfügung, nämlich § 269 I 1. V muss den PKW übereignen. Er ist für diese Leistung der Schuldner (K wäre Schuldner für die Zahlung des Kaufpreises). Daher bestimmt sich nach dem Wohnort des V, wo die Leistungshandlung, die hier im Übereignen und Übergeben des PKW besteht, zu erfolgen hat. K muss also nach dem Gesetz den PKW bei V abholen.

Bis hier hat § 154 keine Funktion. Erst wenn nach dem Versuch, durch **Auslegung** zu ermitteln, ob die Parteien den Vertrag vorrangig für wirksam oder unwirksam ansehen wollten, **kein eindeutiges Ergebnis** festgestellt werden kann, trifft § 154 I 1 eine Regelung: Der Vertrag ist nicht geschlossen. **§ 154 I 1 ist eine Auslegungsregel.** § 155 regelt das gleiche Problem (fehlende Einigung über **Nebenpunkte**), nur glauben die Parteien, sie hätten sich geeinigt.

IV. Folgen des Vertragsschlusses

1. Klarstellendes zur Bindungswirkung von Verträgen

Zu den Folgen eines zustande gekommenen Vertrages liest man immer wieder, dass der geschlossene Vertrag bindend sei. Bindung an den Vertrag bedeutet: Er kann nicht widerrufen werden. Aber Vorsicht! Man muss sich das genauer ansehen und zwischen den Vertragsarten unterscheiden:

Die Bindung der Vertragspartner an die einverständlich getroffene Regelung (lat.: pacta sunt servanda = Verträge sind einzuhalten) gilt bei Schuldverträgen, soweit nicht besondere Vorschriften über den Widerruf beim Verbraucherschutz anzuwenden sind (§ 355).

94

Es gibt aber noch andere Verträge: § 397 spricht vom Erlassvertrag, § 398 vom Abtretungsvertrag, §§ 873, 925 regeln die
dingliche Einigung bei der Veräußerung eines Grundstücks, § 929
betrifft die dingliche Einigung bei der Veräußerung einer beweglichen Sache; § 1408 hat den Ehevertrag, § 2274 den Erbvertrag zum Gegenstand.

Soweit das Gesetz den Vertrag ohne weitere Voraussetzungen als
Verfügungsgeschäft ausreichen lässt, tritt die unmittelbare
Veränderung eines Rechtszustandes ein. Dieser müsste dann
durch ein weiteres Rechtsgeschäft rückgängig gemacht werden.
Das ist kein Fall der Bindungswirkung, sondern es ist ein
Rechtszustand geschaffen worden, der nur durch ein
entsprechendes Verfügungsgeschäft rückgängig gemacht werden
kann.

Beispiel 18: G will dem S seine Schuld von 300 € erlassen (§ 397). Sind
sich G und S einig, erlischt die Forderung des G gegen S automatisch.
Wenn sie wieder entstehen soll, müssen G und S die Forderung neu
begründen. Ein Widerruf des Erlassvertrages ist nicht möglich.

Gleiches gilt für den *Abtretungsvertrag* (§ 398): Schließt G im
vorstehenden Beispiel mit Z einen Abtretungsvertrag, dann wird Z
allein aufgrund des Abtretungsvertrages der neue Gläubiger des
S. Ein Widerruf der Abtretung mit der Folge, dass nun wieder G
allein durch den Widerruf Gläubiger ist, ist nicht möglich, Z müsste
die Forderung an G zurück abtreten.

Auch der *Ehevertrag* ist ein Verfügungsvertrag. Allein mit dem
Abschluss tritt automatisch der neue Güterstand ein. Er kann nicht
ohne weiteres widerrufen werden. Ein bindender *Erbvertrag* kann
unter den in den §§ 2290 geregelten Voraussetzungen widerrufen
werden. Ein Widerruf kann nach den im Erbvertragsrecht
aufgestellten Regeln (z.B. § 2295) erfolgen.

Besonderes gilt für die **dingliche Einigung** bei der Verfügung von Grundstücken oder beweglichen Sachen. In diesen Fällen treten die Wirkungen der Verfügung erst ein, wenn weitere äußere Umstände (keine rechtsgeschäftlichen) hinzutreten. Bei der Veräußerung eines Grundstücks muss der Erwerber in das Grundbuch eingetragen werden, bei der Veräußerung einer beweglichen Sache muss eine Übergabe (Besitzwechsel) stattfinden. § 873 II sagt deutlich, dass allein die Einigung (der dingliche Vertrag) nicht bindend ist, sondern zur Bindungswirkung weitere Umstände hinzutreten müssen. Ohne Vorliegen dieser in § 873 II genannten Umstände kann die Einigung widerrufen werden. Gleiches gilt bei der Einigung nach § 929.

2. Das Widerrufsrecht bei Verbraucherverträgen

Für Schuldverträge gilt der Grundsatz, dass sie bindend sind, d.h. ein Vertragspartner darf nicht ohne Weiteres von dem Vertrag wieder zurücktreten, es sei denn, es greift ein gesetzliches oder vertraglich vereinbartes Rücktrittsrecht ein (pacta sunt servanda). Dieser Grundsatz wird im **Verbraucherschutz** durchbrochen. Bei einzelnen, im Schuldrecht näher aufgezählten Verträgen, §§ 312, 312 b, 474, 481, 491, 500, 501, 505, die sich durch bestimmte **Vertriebsformen** ausweisen, kann sich der Verbraucher von der Bindung an den Vertrag ohne Grund lösen.

a. Der Verbraucherbegriff

Zentraler Begriff ist der Verbraucher. Daran knüpfen die im Schuldrecht im Einzelnen zu seinem Schutz geschaffenen Regeln an z. B. § 288 II (Zinsvorschrift), 310 III (Anwendbarkeit der AGB-Vorschriften), §§ 312 (Haustürwiderrufsgeschäft), 312 b (Fernabsatzgeschäft). Wer zum Kreis der Verbraucher gehört, ist in § 13 gesetzlich festgelegt.

§ 13 kennt den Verbraucher nicht als Menschen mit besonderen Eigenschaften, sondern Verbraucher kann jeder sein, wenn er nur an dem in § 13 näher beschriebenen **Rechtsgeschäft** beteiligt ist. Der Verbraucherbegriff ist also **rechtsgeschäftsbezogen**. Ob jemand Verbraucher ist, bestimmt sich daher nur anhand eines konkret abgeschlossenen Rechtsgeschäfts[67]. Von daher kann dieselbe Person bei der Vornahme des einen Rechtsgeschäfts Verbraucher sein (Beispiel: der Bauunternehmer kauft für sich einen PKW), und bei einem anderen Geschäft Unternehmer (Beispiel: der Bauunternehmer kauft einen PKW für sein Baugeschäft).

Beispiel 19: Rechtsanwalt R wird in seiner Kanzlei von einem Vertreter der T-Fa. aufgesucht, der ihm für sein *privates* Telefon eine Flatrate anbietet. R schließt einen solchen Vertrag ab. Hat R ein Widerrufsrecht nach § 312?

Die Voraussetzungen des § 312 (Haustürwiderrufsgeschäft) liegen vor. R ist, obwohl er freiberuflich tätig ist, beim Vertragsabschluss *Verbraucher*. Denn der Vertrag zur Einrichtung einer Flatrate bezieht sich auf das privat genutzte Telefon und nicht auf das beruflich genutzte. Der Zweck dient nicht zu gewerblichen oder selbständig beruflichen Zwecken. Unerheblich ist, dass R von Berufs wegen die besonderen Gefahren des Haustürgeschäfts (Überrumpelung) kennt und sich darauf einstellen könnte, also keines besonderen Schutzes bedarf.

b. Der Widerruf

Liegen die Voraussetzungen aufgrund der besonderen Vertriebsformen vor, so gewährt § 355 ein **Widerrufsrecht**. Es ist ein Gestaltungsrecht, welches innerhalb einer in § 355 näher geregelten Frist ausgeübt wird durch eine einseitige empfangsbedürftige Willenserklärung.

---

[67] Köhler, BGB Allgemeiner Teil, 30. Aufl., § 5, Rdnr. 20.

Die Folge des wirksamen Widerrufs ist in § 357 I 1 BGB geregelt. Die Parteien sind an den geschlossenen Vertrag nicht mehr gebunden. Die vereinbarten Leistungspflichten entfallen. Soweit Leistungen vor dem Widerruf erbracht worden sind, sind sie zurückzugewähren unter Beachtung der in den §§ 357 ff. getroffenen Einzelheiten. Anspruchsgrundlagen sind §§ 357 I 1, 346 BGB. Die nähere Erörterung der Einzelheiten erfolgt im Studienbuch *Schuldrecht Allgemeiner Teil*.

Schema: Zustandekommen eines Vertrags

1. In der Fallbearbeitung ist zuerst festzulegen, in welchem Verhalten der Antrag liegen könnte.
2. Dann sind die allgemeinen Voraussetzungen für die Wirksamkeit von WE durchzuprüfen, vgl. Schema S. 76.
3. Wenn Wirksamkeit gegeben ist, erfolgt die Prüfung der besonderen Voraussetzungen des Antrags, z.B. Rechtsbindungswille, Bestimmtheit, Antrag nicht erloschen.
4. Liegt ein wirksamer Antrag vor, ist die Annahme zu prüfen. Bei fehlendem Zugang ist auf § 151 zu achten!
5. Liegen Antrag und Annahme wirksam vor, erfolgt die Prüfung der inhaltlichen Übereinstimmung in den wesentlichen Punkten. Wenn ja, ist der Vertrag zustande gekommen. Eventuell greifen §§ 154, 155.
6. Ist der Antrag verspätet, so gilt § 150 I.
7. Fehlt die Übereinstimmung, greift § 150 II.
8. Liegt § 150 vor, muss die Prüfung wieder von vorne beginnen!
9. Nach Zustandekommen des Vertrages könnte noch § 355 (Widerrufsrecht) zu prüfen sein.

▸ Literatur

Löwisch/Neumann, Allgemeiner Teil des BGB, 7. Aufl., Rdnr. 97- 145 und 149 – 157.

Leipold, BGB I Einführung und Allgemeiner Teil, 6. Aufl., § 13

Köhler, BGB Allgemeiner Teil, 36. Aufl., § 8

Rüthers/Stadler, Allgemeiner Teil des BGB, 17. Aufl., § 19

§ 8

Auslegung von Willenserklärungen[68]

> Auslegung ist die Ermittlung des rechtlich maßgeblichen Sinnes einer Willenserklärung.

I. Die Auslegung einseitiger, empfangsbedürftiger Willenserklärungen und von Verträgen

1. Grundregeln

Nur zugegangene Willenserklärungen können Gegenstand der Auslegung sein.

Die Auslegung einseitiger, empfangsbedürftiger Willenserklärungen und von Verträgen erfolgt nach folgenden Grundsätzen:

> **1. Grundregel:** Eine Falschbezeichnung schadet nicht (lat.: falsa demonstratio non nocet).

Diese Grundregel besagt, dass der wirkliche Wille gilt, unabhängig von dem, was erklärt wird, wenn Erklärender und Empfänger im Willen übereinstimmen.

Beispiel 1: K sucht für seinen PKW gebrauchte Winterreifen. V verkauft gebrauchte Reifen. K bestellt bei V, nachdem er die Reifen besichtigt hatte, die Reifen mit der Bezeichnung X/S 15/30 in der Annahme, es handele sich dabei um die besichtigten Winterreifen. In Wahrheit verbargen sich hinter dieser Bezeichnung Sommerreifen. V antwortet: Einverstanden. Er versendet die Reifen mit der Bezeichnung X/W 15/30, bei denen es sich um die von K ins Auge gefassten Winterreifen handelt, weil er davon ausging, dass K diese bestellen wollte. Wurde ein Vertrag geschlossen, wenn ja, über welche Reifen?

---

[68] Von Auslegung spricht man auch, wenn der Sinn eines Gesetzes ermittelt werden soll. Dieses Problem bleibt hier außen vor.

Nach dem Wortlaut der von den Vertragspartnern ausgetauschten Erklärungen – K erklärte Reifen X/**S** 15/30, V sagte: Einverstanden – ist ein Vertrag über die Reifen X/**S** 15/30 zu Stande gekommen. K wollte aber Winterreifen, was V erkannt hat. Für V war klar, was auch K wollte, dass die Winterreifen X/**W** 15/30 Kaufgegenstand sein sollten. Im Willen stimmten die Vertragspartner dahin überein, dass die Winterreifen X/**W** 15/30 gekauft werden sollten. Über diesen Kaufgegenstand ist der Vertrag also – trotz der Falschbezeichnung - zu Stande gekommen.

Beispiel 2: Wie wäre es, wenn V erkannt hatte, dass sich K in der Bezeichnung der Reifen geirrt hatte und er jetzt eine gute Gelegenheit sieht, die Sommerreifen, die schon alte Ladenhüter waren, an K zu verkaufen?

Wenn V erkannt hatte, was der wahre Wille des K war, so verstößt er gegen den Grundsatz der redlichen Auslegung (Auslegung nach Treu und Glauben). Wenn nämlich der Erklärungsempfänger erkennen kann, dass der Erklärende eine falsche Bezeichnung gewählt hat, muss er beim Erklärenden nachfragen. Tut er das nicht, so muss er sich behandeln lassen, als habe er den wahren Willen erkannt.

2. Grundregel: Einseitige, empfangsbedürftige Willenserklärungen und Verträge sind so auszulegen, wie ein verständiger Empfänger sie redlicher Weise unter Berücksichtigung von Treu und Glauben und der Verkehrssitte verstehen durfte, sog. **objektiver Empfängerhorizont.**

Liegt eine Übereinstimmung im Willen nicht vor, so gilt die 2. Grundregel. Maßgebend ist der **Empfängerhorizont:**

Beispiel 3: Der 18-jährige J lernt in einer Disco die ebenfalls 18-jährige M kennen. Es ist Liebe auf den ersten Blick. Nach dem ersten Kuss fragt M, die aus einem sehr behüteten und konservativem Elternhaus kommt, ob sie jetzt mit J verlobt sei. J lehnt das strikt ab.

Das Verlöbnis ist ein Vertrag. Er begründet zwar keine Pflicht zur Eingehung einer Ehe, es entstehen aber andere Rechte und Pflichten, wie nach § 1298. Hier ist also zu fragen, ob der erste Kuss aus der Sicht des

Empfängers als Verlöbnis verstanden werden kann. Es kommt nicht darauf an, wie M ihre Verhaltensweise verstanden hat, sondern wie ein verständiger Empfänger die Erklärung nach Treu und Glauben und der Verkehrssitte verstehen durfte, § 157. Auch wenn M anders erzogen wurde, wird man heute vernünftigerweise im Kuss keinen Verlöbnisvertrag sehen.

Beispiel 4: In der Mitgliederversammlung des Fußballvereins F.C. Kick and Rush e. V. soll über die Frage abgestimmt werden, ob für das Vereinslokal eine Solaranlage installiert werden soll. Dabei werden Stimmzettel ausgegeben, auf denen Kästchen für das Ja-Kreuz und ein Kästchen für das Nein-Kreuz gedruckt sind. Das Vereinsmitglied M gibt ein leeres Blatt ab. Nun tritt in der Versammlung die Frage auf, wie diese Erklärung zu verstehen ist.

Dieses Verhalten des M kann als Enthaltung ausgelegt werden. Wenn aber in der Vereinssatzung festgelegt ist, dass die Nichtabgabe der Stimme als Nein-Stimme zu werten ist, hat M sich gegen die Installation einer Solaranlage ausgesprochen. Die Satzung hat M nicht beachtet, was zu seinen Lasten geht.

Der Erklärungsempfänger darf zunächst darauf vertrauen, dass der Erklärende bei der Auswahl seiner Ausdrucksmittel (Sinn-träger) sorgfältig vorgeht. Missverständnisse gehen zunächst einmal zu Lasten des Erklärenden. Dem Erklärenden obliegt eine **Erklärungssorgfalt**. Diesen Grundsatz bestätigt auch § 119 I. Danach ist bei der Wahl eines falschen Erklärungsmittels der Vertrag gültig; er kann zwar angefochten werden, aber mit der Folge der Pflicht zum Ersatz der dem Erklärungsgegner aufgrund der Durchführung des Vertrages entstandenen Kosten.

Beispiel 5: Nennt der Erklärende seinen PKW eine „Seifenkiste" und bietet er diese zum Verkauf unter dieser Bezeichnung an, so muss er eine Seifenkiste liefern, wenn der Käufer von dem individuellen Sprach-gebrauch nichts weiß und auch nichts wissen konnte.

Der Empfänger muss eine **Auslegungssorgfalt** walten lassen. Er darf sich nicht oberflächlich auf sein momentanes Verständnis verlassen, sondern er muss alle für die Sinnermittlung einer Erklärung relevanten Umstände beachten (**Gesamtschau**).

Beispiel 6: Wusste im *Beispiel 5* der Erklärungsempfänger, was der Anbietende unter einer „Seifenkiste" verstand, muss er die Wortbedeutung des Erklärenden als geltend ansehen.

> **3. Grundregel:** Bei der Auslegung ist zunächst vom *Wortverständnis* auszugehen. Es sind aber immer alle dem Empfänger bekannten Umstände (denen die Umstände gleichstehen, die dem Empfänger bekannt sein müssen) in einer Gesamtschau zu berücksichtigen.

Beispiel 7: Der Ausländer A will sich ein Auto kaufen. Der Verkäufer V händigt ihm einen schriftlichen Vertrag aus. Allerdings spricht A nur sehr gebrochen Deutsch. A unterschreibt den Vertrag. Später beruft sich A darauf, wegen fehlender Deutschkenntnisse die rechtliche Tragweite des Vertrages nicht verstanden zu haben.
A muss sich an seiner Erklärung festhalten lassen, denn er hätte Zeit genug gehabt, sich den Text übersetzen zu lassen.

Beispiel 8: Wie *Beispiel 7,* nur A fragt, was das Wort „Gewährleistung" bedeutet, weil ein Gewährleistungsausschluss im Vertrag enthalten ist. Wenn V jetzt wortreich erklärt, A aber nur stereotyp nickt, dann muss V merken, dass A seine Erklärung nicht verstanden hat. V muss andere Mittel und Wege finden, z.B. Dolmetscher, um dem A den Begriff verständlich zu machen.

Geht es um eine **nicht sprachlich gefasste Erklärung,** nämlich um ein **konkludentes** Verhalten, so gilt zunächst nichts anderes. Auch hier muss der Empfänger aus den Gesamtumständen mit erforderlicher Sorgfalt den tatsächlichen Sinn des Verhaltens seines Gegenübers (des Erklärenden) ermitteln. Das Besondere ist hier aber, dass häufig weniger klare Anknüpfungspunkte dafür vorliegen, **ob überhaupt eine Willenserklärung abgegeben wurde**. Denn bei konkludenten Erklärungen dient das Verhalten häufig nicht unmittelbar dazu, einen Rechtsfolgewillen auszudrücken.

Beispiel 9: A bewirbt sich als Geschäftsführer bei der X-GmbH. Während der mündlichen Vertragsverhandlungen und Diskussion über die unterschiedlichen Vorstellungen hinsichtlich des Gehalts, verlässt A kopfschüttelnd den Raum. X meint, dass A damit die Verhandlungen abgebrochen hat.

Man wird dem X kaum Recht geben können. Kopfschütteln kann auch eine *allgemeine* Unmutsäußerung sein. In Verbindung mit dem Verlassen des Raumes ist das nicht anders zu sehen, da dieses Verlassen auch durch einen Gang auf die Toilette bedingt sein kann. X hätte noch weitere Indizien sammeln müssen, bis er ein eindeutiges Verständnis vom Verhalten des A hat, z. B. kann X warten, ob A zurückkehrt oder nicht.

Nach dem Gesetz sind ausdrücklich Treu und Glauben und die Verkehrssitte zu beachten. Der Grundsatz von Treu und Glauben schreibt ein *redliches Verhalten* der Beteiligten bei der Auslegung vor. Die Verkehrssitte ist keine Rechtsnorm. Vielmehr wird auf eine tatsächliche Übung der beteiligten Verkehrskreise verwiesen.

Beispiel 10: Es entspricht der allgemeinen Übung, dass die Verkaufspreise ohne entsprechende Kennzeichnung die Mehrwertsteuer mit umfassen, also zu lesen sind: „inklusive MwSt.". Es gibt aber Geschäftsbereiche, in denen die Preise auch ohne entsprechende Angabe als „exklusive MwSt." zu verstehen sind.

2. Die Auslegung formbedürftiger Erklärungen

Auch formgebundene Erklärungen sind wie andere Erklärungen auszulegen, d. h. auch hier sind neben dem primären Sinnträger Umstände, die dem Empfänger bekannt sind bzw. die für ihn erkennbar sind, für die Auslegung heranzuziehen.

Beispiel 11: E ist Eigentümer zweier Häuser. In einem Haus wohnt er. Dies nennt er „seine Hundehütte", obwohl es villenähnlich groß ist und an einem Park liegt. Das andere Haus liegt an einer Strasse und ist ganz klein. Das Haus, in dem er wohnt, will er seiner Tochter T schenken. In der notariellen Beurkundung wird als Schenkungsgegenstand das Haus als „Hundehütte" bezeichnet.

Nimmt man die urkundlich niedergelegte Bezeichnung des Schenkungsgegenstandes wörtlich, wäre die Beurkundung fehlerhaft, denn eine Hundehütte sollte nicht verschenkt werden. Doch aus der außerhalb der Urkunde liegenden Tatsache, dass E in seinem individuellen Sprachgebrauch das Haus, das er bewohnt, immer als „Hundehütte" bezeichnet hat, was T auch wusste, folgt die eindeutige Bestimmung des Schenkungsgegenstandes.

Bei der Auslegung formbedürftiger Willenserklärungen gilt auch der Grundsatz, dass eine Falschbezeichnung unschädlich ist.

Beispiel 12: E ist Eigentümer zweier Hausgrundstücke. Das eine Haus, kurz mit „a" gekennzeichnet, ist im Grundbuch mit Flurstück 23/13 gekennzeichnet, das Haus „b" mit 23/14. E will das Hausgrundstück 23/13 seiner Tochter T im Wege der vorweggenommenen Erbfolge schenken, was T akzeptiert. In der notariellen Beurkundung wird als Schenkungsgegenstand wegen eines Versehens 23/14 beurkundet. Das kommt T gelegen, weil das Grundstück 23/14 größer ist. T verlangt von E daher Auflassung des Grundstücks 23/14.

Der Anspruch der T könnte sich aus dem notariell beurkundeten Vertrag ergeben. Dann müsste der Vertrag als Kaufgegenstand das Grundstück 23/14 bestimmt haben. Doch die Auslegung ergibt, dass Kaufgegenstand das Grundstück 23/13 war. Denn auch bei formbedürftigen Rechtsgeschäften gilt der Grundsatz, dass Falschbezeichnungen unschädlich sind.

3. Die Auslegung automatisierter Willenserklärungen

Wer am Fahrkartenautomaten der Bahn-AG eine Fahrkarte kauft, tritt keinem Vertragspartner persönlich gegenüber. Der Kauf vollzieht sich aus der Sicht der Bahn automatisch und man könnte sich fragen, ob hier überhaupt eine Willenserklärung abgegeben wurde. In Wahrheit handelt es sich um Willenserklärungen und nicht um maschinelle Vorgänge. Zwar sind die Erklärungen vordergründig von Maschinen hergestellt, jedoch arbeiten diese mit von Menschen hergestellten Programmen. Deswegen gelten auch für sie die Regeln über Willenserklärungen, insbesondere die der Auslegung.

II. Die Auslegung nicht empfangsbedürftiger Willenserklärungen

Nicht empfangsbedürftige Willenserklärungen sind nach § 133 auszulegen, wobei der nicht zum Ausdruck gekommene Wille unbeachtlich ist.

Der wichtigste Fall einer nicht empfangsbedürftigen Erklärung ist das einseitige Testament. Hier ist der Kreis der Umstände, die für den nach § 133 zu ermittelnden Willen maßgebend sind, zunächst unbegrenzt. Jeder Umstand, der einen Rückschluss auf den Erblasserwillen zulässt, ist zu beachten.

Beispiel 13: E hat einen Weinkeller, den er immer „seine Bibliothek" nennt. Wenn er einen Gast hat und mit diesem einen guten Tropfen trinken möchte, sagt er: „Wir gehen in die Bibliothek". Als E gestorben ist, findet sich im Testament die Erklärung: Mein Neffe N soll meine Bibliothek bekommen. Tatsächlich hat E einen geringen Bestand an Kriminalromanen. N will wissen, ob er den Weinkeller bekommt oder die Sammlung von Kriminalromanen.

Bei der Erklärung im Testament handelt es sich um ein Vermächtnis. Anspruchsgrundlage für N wären §§ 2147, 2174. Was Gegenstand des Vermächtnisses war, ergibt die Auslegung. Hier ist nach § 133 der wirkliche Wille des E zu ermitteln. Aus dem dauernden Sprachgebrauch muss geschlossen werden, dass E den Weinkeller meinte. N kann diesen beanspruchen.

Fall: K will in seinem Haus sechs neue Wasserhähne installieren. Er holt sich verschiedene Angebote ein, von denen das Angebot der Fa. V am günstigsten ist. Die Preise entnimmt K der von V dem Angebot beigelegten Preisliste. Deswegen bestellt K bei V sechs Wasserhähne der Marke Chrom und Nickel zum Preis von 125 € das Stück. V antwortet: „Wir bedanken uns für die Bestellung. Die Lieferung erfolgt prompt zu den Preisen unserer derzeit gültigen Preisliste."

Nach Lieferung stellt V dem K sechs Wasserhähne, das Stück für 225 € = 1.350 € in Rechnung. K will nur 750 € zahlen, weil er - was zutrifft - nach der von V beigefügten Preisliste bestellt hatte. Nun merkt V, dass die Sekretärin eine alte Preisliste beigefügt hatte. V entschuldigt sich für das Versehen, meint aber, dass der Kaufvertrag über 1350 € zustande gekommen sei. Außerdem will V die gesetzliche Mehrwertsteuer in Höhe von 19 % zusätzlich von K haben. Anzumerken ist, dass in den gesamten Unterlagen, einschließlich der Vertragserklärung von Mehrwertsteuer nirgends die Rede ist. K überweist 750 €. V will wissen, ob er noch weitere Ansprüche hat.

Lösung: V meint, von K 1.350 € zuzüglich 19 % MwSt. = 1606,50 € verlangen zu können. K hat 750 € gezahlt, V möchte daher noch weitere 856,50 € von K. Hier muss zunächst beachtet werden, dass der Differenzbetrag sich aus zwei Posten zusammensetzt: zum einen aus dem unterschiedlichen Nettopreis der Wasserhähne und zum anderen aus der Mehrwertsteuer. Daher müssen zwei Punkte getrennt geprüft werden:
- die 600 € Differenz wegen der unterschiedlichen Stückpreise und
- die 19 %ige Mehrwertsteuer, die aus der Gesamtsumme geschuldet sein soll.

1. Hinsichtlich der 600 €: Als Anspruchsgrundlage kommt § 433 II in Betracht. Ein Kaufvertrag ist zustande gekommen[69].

---

[69] Diese Feststellung könnte dann noch einmal zu überprüfen sein, wenn nach der Auslegung das Ergebnis festzustellen wäre, dass sich die Erklärungen im Hinblick auf den Kaufpreis nicht decken, und daher eventuell ein Dissens über den Preis als wesentliche Regelung vorliegt, was zur Unwirksamkeit des Vertrages führen würde.

106

Es fragt sich, über welchen Kaufpreis sich die Parteien geeinigt haben. Um das festzustellen, muss zunächst der Antrag ermittelt und ausgelegt werden. Er ging von K aus, indem dieser die Wasserhähne bestellte. Die Zusendung von Preislisten, Prospekten etc. sind nur Aufforderungen zur Abgabe eines Angebots. Der Antrag des K ist dahin auszulegen, dass er die Wasserhähne zu den Preisen bestellt, wie sie in der zugesandten Preisliste ausgewiesen sind (125 € pro Wasserhahn).

In seiner Annahmeerklärung nimmt V Bezug auf die derzeit gültige Preisliste, die andere Preise enthält. Wenn die dem K zugesandte Preisliste kein Datum enthält, darf sich K darauf verlassen, dass V ihm die derzeit gültige Preisliste überlassen hat. K durfte daher die Erklärung des V im Sinne einer Annahme des Angebots des K verstehen. K hatte trotz der Formulierung des V keine Pflicht nachzufragen, ob die ihm übersandte Preisliste die derzeit gültige ist. Etwas anderes könnte sich ergeben, wenn die dem K zugeschickte Liste erkennbar (Datum!) sehr alt war. K schuldet also als Kaufpreis 6 X 125 € = 750 €.

2. Hinsichtlich der MwSt.: Die Anspruchsgrundlage für die Forderung des V auf Zahlung der Mehrwertsteuer ist ebenfalls § 433 II. Der Kaufvertrag ist zustande gekommen (s.o.). War die Mehrwertsteuer als zusätzlicher Preis geschuldet? Das setzt eine entsprechende Vereinbarung voraus. Das Angebot des K und die Annahme des V erwähnen die Mehrwertsteuer nicht. Aber trotz des insoweit scheinbar eindeutigen Wortlauts ist zu prüfen, ob sich K nicht eine eventuell bestehende *Verkehrssitte* entgegenhalten lassen muss, und zwar unabhängig davon, ob K diese Verkehrssitte kennt oder nicht. Zunächst ist zu prüfen, welchem Verkehrskreis die Geschäftspartner angehören. V gehört als Kaufmann einem anderen Geschäftskreis als K an, denn unter Kaufleuten gelten in vielerlei Hinsicht andere Gepflogenheiten. K als *Verbraucher* gehört dem allgemeinen Verkehrskreis an. Damit muss V wissen, dass das Angebot des K die Mehrwertsteuer einschließt. Die Erklärung des V ist aus der Sicht des K zu verstehen. Denn K ist Erklärungsempfänger. Daher haben sich die Parteien auf einen Kaufpreis inklusive Mehrwertsteuer geeinigt. V hat keine weiteren Ansprüche aus dem Kaufvertrag.

▶ **Literatur**

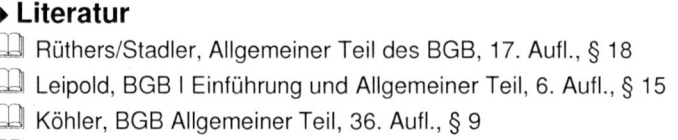

📖 Rüthers/Stadler, Allgemeiner Teil des BGB, 17. Aufl., § 18

📖 Leipold, BGB I Einführung und Allgemeiner Teil, 6. Aufl., § 15

📖 Köhler, BGB Allgemeiner Teil, 36. Aufl., § 9

📖 Löwisch/Neumann, Allgemeiner Teil des BGB, Rdnr. 135- 146

§ 9

Andere rechtserhebliche Handlungen

Das Rechtsgeschäft ist von anderen rechtserheblichen Handlungen abzugrenzen. Darunter sind Handlungen zu verstehen, die Rechtsfolgen unabhängig von dem Willen des Handelnden nach sich ziehen. Dazu gehören einmal die Realakte.

I. Realakt

> Ein Realakt ist eine Handlung, die auf einen **tatsächlichen** Erfolg gerichtet ist und an die das Gesetz Rechtsfolgen knüpft unabhängig vom Willen des Handelnden.

Beispiel 1: Besitzübertragung, Verarbeitung, Vermischung.

Auch rechtswidrige oder nicht erlaubte Handlungen sind Realakte, weil sie eine Rechtsfolge unabhängig vom Willen des Handelnden bewirken.

> Für Realakte gelten nicht die Vorschriften über verbotene oder sittenwidrige Geschäfte, Willensmängel, Geschäftsfähigkeit, Stellvertretung, Einwilligung und Genehmigung.

Beispiel 2: Die Stadt S betreibt einen Kindergarten. Die Kinder dürfen auf von S zur Verfügung gestelltem Papier malen. K malt auf einem solchen Papier ein „Gemälde". Die Eltern des K möchten das Bild im häuslichen Zimmer des K aufhängen, die Stadt weigert sich, das „Gemälde" herauszugeben, weil sie das Papier gestellt hat. Wem gehört das Bild?

Eigentümerin des Papiers war die Stadt S. K könnte das Eigentum erworben haben. Ein rechtsgeschäftlicher Erwerb des Bildes kommt nicht in Betracht. Aber K hat das Papier zu einem Bild verarbeitet. Nach § 950 ist K kraft Gesetzes Eigentümer geworden, unabhängig davon, dass K als Kindergartenkind geschäftsunfähig war.

Bei Realakten kann der Wille unter Umständen eine gewisse Rolle spielen. Dieser Wille ist kein rechtsgeschäftlich gebildeter Wille, er wird **natürlicher Wille** genannt.

Beispiel 3: Der einjährige Säugling kann greifen, aber an der ihm in die Hand gedrückten Rassel kann er keinen Besitz begründen. Das Greifen beruht auf einem mechanischen Reflex und nicht auf einem Sachherrschaftswillen[70]. Dieser muss gegeben sein. Zwar ist die Geschäftsfähigkeit keine Voraussetzung für den Besitzwillen, auch ein Sechsjähriger kann einen Besitzwillen haben[71], aber es ist ein natürlicher, kein rechtsgeschäftlicher.

II. Geschäftsähnliche Erklärungen

Geschäftsähnliche Erklärungen sind keine Willenserklärungen, weisen aber einige Ähnlichkeiten auf. Zunächst handelt es sich um eine Erklärung (wie bei der Willens*erklärung*). Sie beeinflussen ein Rechtsverhältnis, aber die Folgen treten unabhängig von einem auf die Herbeiführung einer Rechtsfolge gerichteten Willen ein.

Beispiel 4: Die Mahnung (§ 286 I), die Aufforderung nach § 108 II S. 1 oder § 177 II.

III. Die Gefälligkeit

Die Gefälligkeit ist ein unentgeltliches und uneigennütziges Handeln für einen anderen, z. B. Hilfeleistung oder Anbieten von Annehmlichkeiten. Ihr fehlt der *Rechtsbindungswille*.

Beispiel 5: G lädt zum 50. Geburtstag 50 Gäste ein. A kauft für 200 € ein eingerahmtes Bild und fährt über 20 km mit dem Taxi zu G. Dort angekommen, erfährt A, dass er unerwünscht sei. Die Einladung sei ein Versehen. A ist empört und verlangt von G Ersatz der Kosten für das Bild (200 €) und Ersatz der Taxikosten (60 €).

---

[70] Palandt/Heinrichs, § 854, Rdnr. 4.
[71] Rüthers/Stadler, Allgemeiner Teil des BGB, 14. Aufl., § 16, Rdnr. 33.

Zunächst ist zu prüfen, ob A *vertragliche* Ansprüche gegen G hat. Dann müsste zwischen G und A ein Vertrag zustande gekommen sein. Es fehlt aber ersichtlich an dem Vorliegen von Antrag und Annahme. Die Einladung erfolgt aus rein gesellschaftlichen Gründen und ist der Beurteilung durch die Rechtsordnung entzogen. Ihr fehlt der *Rechtsbindungswille.* Der Kauf des Geschenks hat allein konventionelle Gründe.

Ansprüche aus unerlaubter Handlung greifen auch nicht ein. § 823 I ist nicht einschlägig, weil kein dort genanntes absolutes Recht beeinträchtigt ist und § 823 II setzt die Verletzung eines Schutzgesetzes voraus. Hier käme der Betrugstatbestand des § 263 StGB in Frage, aber es fehlt am Vorsatz. Aus diesem Grund entfällt auch ein Anspruch aus § 826.

Allerdings ist die Rechtslage nicht immer so eindeutig zu beurteilen. Das liegt daran, dass das BGB sogenannte *Gefälligkeitsverträge* kennt. Das sind Verträge, also Rechtsgeschäfte, deren Gegenstand in der Leistung von Hilfe oder Annehmlichkeiten besteht, wie die Leihe, § 598, der Auftrag, § 662 oder die unentgeltliche Verwahrung, § 688.

> **Merke:** Eine rechtsgeschäftliche Vereinbarung wird von der reinen Gefälligkeit danach abgegrenzt, ob die Parteien einen *Rechtsbindungswillen* hatten oder nicht. Maßgebend ist dabei nicht der innere Wille, sondern der Wille, der nach den allgemeinen Grundsätzen der Auslegung festgestellt werden kann, d.h. ob aus dem Verhalten der Parteien unter Berücksichtigung aller Umstände nach Treu und Glauben mit Rücksicht auf die Verkehrssitte auf einen solchen Rechtsbindungswillen geschlossen werden kann.

Beispiel 6: E ist Eigentümer eines 8 Jahre alten PKW´s. Wert: 8.000 €. Sein Freund F will seine Mutter besuchen, die 200 km entfernt in einer anderen Stadt wohnt. Deswegen bittet er E, dass dieser ihm sein Auto „leiht", was E tut. Auf der Rückfahrt verursacht F aus alleinigem Verschulden einen Verkehrsunfall. Der PKW wird beschädigt, Reparaturkosten: 3.000 €. Nehmen Sie an, dass E sich erst nach 7 Monaten entschließt, gegen seinen Freund F vorzugehen. E verlangt von F die 3.000 €. Zu Recht?

Anspruchsgrundlage könnte § 598 i.V.m. § 280 sein. Dann müssten E und F einen Leihvertrag abgeschlossen haben. Dies setzt zwei übereinstimmende Willenserklärungen voraus mit dem Inhalt, sich rechtlich binden zu wollen. Da E den Wagen dem F bereits tatsächlich überlassen hat, er also seine „Leistungen" schon „erbracht" hat, wäre die Frage, ob sich der Rechtsbindungswille auf die Begründung von Leistungspflichten erstreckt, nicht hilfreich.

Hier stellt sich allein sinnvoll die Frage, ob E und F sich dahin binden wollten, dass F die *vertragliche Pflicht zum Schutz des entliehenen Fahrzeugs* aus einem Leihvertrag rechtsgeschäftlich übernommen hat, oder ob F anlässlich der Übernahme des Fahrzeugs lediglich die *allgemeine Pflicht* hatte, das Fahrzeug nicht schuldhaft zu beschädigen (§ 823). Im letzteren Fall bestünden nur Ansprüche aus unerlaubter Handlung, §§ 823 ff. Hier ist zu beachten, dass E und F befreundet waren und E aus Freundschaft handelte, wovon auch F ausgehen durfte. Spontan möchte man sagen, dass E dem F einen Gefallen erwiesen hat. Dann aber fehlt es an einer vertraglichen Beziehung (gleich welchen Inhalts). Liegt kein Vertrag vor, kann E nur aus § 823 I Schadensersatz verlangen.

Folgende Umstände spielen bei der Feststellung des Rechtsbindungswillens eine maßgebende Rolle und sind bei einer Fallbearbeitung entsprechend zu prüfen:

1. Die Art der Gefälligkeit

In *Beispiel 5* wird die Einladung zu einer Geburtstagsparty von jedem vernünftig denkenden Menschen als Gefälligkeit angesehen.

2. Der Wert der anvertrauten Sache

Beispiel 7: In dem in *Beispiel 6* dargestellten Fall könnte deswegen ein Vertrag geschlossen worden sein, weil E dem F seinen PKW im Wert von 8.000 € anvertraut hat, dem F wurde also ein wirtschaftlich nicht unbedeutendes Rechtsgut anvertraut. Ob allerdings dieses Kriterium gegenüber dem Argument überwiegt, dass Freunde ihre Verständigung allein als

Gefälligkeit verstehen, erscheint zweifelhaft. Deswegen hat das OLG Karlsruhe im *Beispiel 6* eine vertragliche Bindung verneint[72].

3. Das besondere Risiko, das der die Gefälligkeit Erweisende eingeht

Beispiel 8: A, B, C und D bilden eine Lottogemeinschaft. A erhält von den anderen drei je 10 €. A übernimmt es, den Lottoschein allwöchentlich abzugeben. An einem Wochenende vergisst A die Abgabe. Auf den Schein wäre ein Gewinn von 250.000 € entfallen. Liegt zwischen A sowie B, C, D ein Vertrag vor?

Ob A mit der Erklärung, er wolle allwöchentlich den Lottoschein abgeben, eine rechtliche Verpflichtung eingegangen ist und damit zwischen ihm und den anderen ein Auftragsverhältnis vorlag, hängt davon ab, ob A bei der Übernahme der Tätigkeit mit *Rechtsbindungswillen* gehandelt hat. Das ist zu verneinen: Es ging einerseits um ein Spiel, dessen Gewinnaussichten äußerst gering waren, andererseits für A aber um ein unverhältnismäßig hohes Risiko im Falle der Nichtausführung des „Auftrags". Deswegen ist hier ein Rechtsbindungswille des A zu verneinen und eine vertragliche Haftung ausgeschlossen. Der Versuch, über § 823 an den Lottogewinn zu kommen, scheitert. Es handelt sich bei dem „entgangenen" Gewinn um einen Vermögensschaden, der nur in den engen Grenzen des § 826 oder § 823 II ersatzfähig ist. § 823 II setzt die Verletzung eines Schutzgesetzes voraus. Daran fehlt es hier.

▸ Literatur

📖 Willoweit: JuS 1984, 909 und JuS 1986, 96 ff. zur Gefälligkeit

📖 Rüthers/Stadler, Allgemeiner Teil des BGB, 17. Aufl.,
§ 17, Rdnr. 14 – 22 zur Gefälligkeit

📖 Köhler, BGB Allgemeiner Teil, 36. Aufl., § 6, Rdnr. 2 zur Gefälligkeit

📖 Rüthers/Stadler, Allgemeiner Teil des BGB, 17. Aufl.,
§ 16, Rdnr. 27 zur geschäftsähnlichen Handlung und zum Realakt

📖 Köhler, BGB Allgemeiner Teil, 36. Aufl.,
§ 5, Rdnr. 7 zur geschäftsähnlichen Handlung und zum Realakt

---

[72] OLG Karlsruhe OLG-Report 2003, S. 270; Urteil vom 26.02.2003; AZ: 17 U 121/02.

§ 10

Bedingung und Befristung

I. Begriff

Bedingung ist eine Bestimmung in einem Rechtsgeschäft, nach der die gewollten Rechtsfolgen eines Rechtsgeschäfts von dem Eintritt oder Ausbleiben eines zukünftigen ungewissen Ereignisses abhängig gemacht werden.

Nach der vorstehenden Definition bezieht sich der Begriff auf eine **Bestimmung** in einem Rechtsgeschäft. Das ungewisse Ereignis selbst wird auch Bedingung genannt.

Beispiel 1: Der Elektrohändler K kauft beim Großvertrieb V 100 Fernseher, das Stück für 400 € unter der Bedingung, dass Deutschland die Runde der letzten Acht bei der Fußballeuropameisterschaft in Österreich und der Schweiz erreicht.

Der wirksame Abschluss des Kaufvertrages hat die Folge der Verpflichtungen nach § 433 I und II. In dem Beispiel will aber K noch nicht die Fernseher abnehmen und den Kaufpreis zahlen müssen, weil er nicht weiß, ob er die Fernseher auch alle weiterverkaufen kann. Wenn aber Deutschland in die Runde der letzten Acht kommt, verspricht sich K einen reißenden Absatz der Geräte. Deswegen schieben die Vertragspartner die Folgen des Kaufvertrages hinaus und machen ihren Eintritt abhängig von dem Erreichen der Runde der letzten Acht durch die Deutsche Fußballnationalmannschaft.

Beispiel 2: K möchte einen neuen Fernseher bei V für 1.699 € kaufen. Er vereinbart mit V Ratenzahlung. K und V erklären, dass der Fernseher solange im Eigentum des V bleibt, bis K alle Raten bezahlt hat. K zahlt die erste Rate von 300 € und nimmt den Fernseher mit. Beurteilen Sie die abgeschlossenen Verträge!

Zwischen V und K wurden **drei Verträge** geschlossen:

- Der **Kaufvertrag,** in dem sich V *verpflichtet* hat, dem K das Eigentum an dem Fernseher zu verschaffen und den Fernseher zu übergeben (§ 433 I) und K sich *verpflichtet* hat, den Fernseher abzunehmen und zu bezahlen (§ 433 II).
- Ferner hat K 300 € bezahlt, also das **Geld** nach § 929 **übereignet** (in welchen Scheinen oder Münzen auch immer). Die Übereignung muss durch dinglichen Vertrag (Einigung und Übergabe) erfolgen.
- Schließlich hat V mit K einen dinglichen Vertrag über den **Eigentumswechsel am Fernseher** abgeschlossen. Jedoch will V, dass K den Kaufpreis vollständig bezahlt. Erst dann soll K auch Eigentümer werden. Deswegen vereinbaren die Parteien einen Eigentumsvorbehalt, bei dem nach § 449 I die *dingliche Einigung unter der Bedingung vollständiger Kaufpreiszahlung* steht.

Beispiel 3: V will von seinem Mieter M einen höheren Mietzins haben. Er kündigt ihm mit dem Zusatz, wenn M bereit sei, monatlich 50 € mehr zu bezahlen, solle er die Kündigung als gegenstandslos betrachten.
Die Kündigung ist ein einseitiges Rechtsgeschäft. Ihre Wirkung soll hier erst eintreten, wenn M sich weigert, die Mieterhöhung zu akzeptieren.

Es ist allein Sache der Vertragsparteien (beim Vertrag) oder des Erklärenden (beim einseitigen Rechtsgeschäft), ob das Rechtsgeschäft unter eine Bedingung gestellt wird. Sinn einer Bedingung ist es, die im Zeitpunkt der Vornahme des Rechtsgeschäfts in der Zukunft liegende Ungewissheit bei der rechtsgeschäftlichen Regelung mit einzubeziehen. Mit der Bedingung kann auch ein Verhalten eines Menschen beeinflusst werden.

Bedingungen können in Verpflichtungsverträgen, in Verfügungsgeschäften oder anderen Verträgen oder in einseitigen Rechtsgeschäften aufgenommen werden.

Keine Bedingung ist die von einer Rechtsnorm aufgestellte *Voraussetzung* für eine bestimmte Rechtsfolge. Eine solche Bedingung nennt man *Rechtsbedingung.* § 929 zum Beispiel macht den Eigentumswechsel davon abhängig, dass sich Veräußerer und der Erwerber über den Eigentumswechsel einig sind und die Sache übergeben wird. Bedingung im Rechtssinne für den Eigentumswechsel ist die dingliche Einigung und die Übergabe. Ist die Wirksamkeit eines Vertrages von der Genehmigung des Vormundschaftsgerichts abhängig (§§ 1821, 1822), dann ist diese Genehmigung Wirksamkeitsvoraussetzung für den Vertrag, aber keine Bedingung im Sinne der §§ 158 ff.

Keine Bedingungen, wie sie hier interessieren, sind die einzelnen Bestandteile der vertraglichen Regelung. Diese werden auch Vertragsbedingung genannt (z. B. in Form von Allgemeinen Geschäftsbedingungen, § 305). Schließt der Verkäufer mit dem Käufer einen Kaufvertrag „unter der Bedingung" ab, dass der Käufer den Kaufgegenstand beim Verkäufer abholt, ist die Einigung über diesen Punkt Voraussetzung für den Vertragsschluss, aber keine Bedingung im Sinne der §§ 158 ff.

II. Arten der Bedingung

1. Aufschiebende und auflösende Bedingung

Hinsichtlich des (späteren oder sofortigen) Eintritts der Rechtsfolgen unterscheidet § 158 die aufschiebende und die auflösende Bedingung:

- Bei der **aufschiebenden Bedingung** nach § 158 I wird die Rechtsfolge des Rechtsgeschäfts *aufgeschoben* bis zum Eintritt oder Ausbleiben des zukünftigen ungewissen Ereignisses. Im *Beispiel 1* (Verpflichtungsvertrag) entstehen die Pflichten nach § 433, wenn das ungewisse Ereignis eintritt, in *Beispiel 2* wird K mit vollständiger

Zahlung des Kaufpreises Eigentümer nach § 929 (Verfügungsgeschäft). In *Beispiel 3* ist die Kündigungswirkung aufgeschoben, bis M eine Mieterhöhung ablehnt. Aber trotz aufgeschobener Rechtsfolgen sind die Rechtsgeschäfte nicht ohne Rechtswirkung.

- Steht das Rechtsgeschäft unter einer **auflösenden Bedingung,** sollen die Rechtfolgen des Rechtsgeschäfts sofort eintreten, durch den Eintritt oder das Ausbleiben eines ungewissen Ereignisses aber soll *die Wirkung* des Rechtsgeschäfts *enden* und der frühere Zustand wieder hergestellt werden, § 158 II.

Beispiel 4: Der Vater V schenkt und übereignet seiner Tochter T, die V pflegt, sein Grundstück. In dem Schenkungsvertrag vereinbaren V und T, dass das Grundstück an V zurückfallen soll, wenn T ins Ausland geht (eine solche Vereinbarung soll einerseits der den V pflegenden T eine Belohnung geben, andererseits bei nicht erbrachter Pflege dem V das Grundstück erhalten).

In diesem Beispiel haben die Vertragspartner einen Schenkungsvertrag geschlossen, dessen Rechtsfolgen unmittelbar, das heißt mit Abschluss des Rechtsgeschäfts, eingetreten sind. Sie haben aber auch vereinbart, dass bei Eintritt eines Ereignisses, nämlich bei Auswandern der T die Rechtsfolgen des Vertrages wegfallen.

Anmerkung: Die Übereignung selbst ist wegen § 925 II von der Bedingung nicht betroffen.

Durchblick: Folgen des Bedingungseintritts

Wie § 158 II anordnet, tritt der frühere Zustand wieder ein. Dies ist im Falle eines schuldrechtlichen Vertrages wie im vorliegenden *Beispiel 4* missverständlich. Denn die Leistung (Eigentumsübertragung) ist bereits erbracht. Für einen schuldrechtlichen Vertrag gilt daher, dass die erbrachten Leistungen zurückzugewähren sind. Es entsteht also ein *Rückabwicklungsverhältnis.*

Als Anspruchsgrundlage für die Vertragspartner könnte § 812 I S. 2 in Betracht kommen. Der Rechtsgrund der Leistung, der Schenkungsvertrag, ist durch den Bedingungseintritt weggefallen. Als Anspruchsgrundlage könnte auch die Nebenbestimmung zum Kaufvertrag in Betracht kommen. Mit der Vereinbarung der Bedingung haben die Vertragspartner stillschweigend geregelt, dass bei Bedingungseintritt die gewährten Leistungen zurückzugewähren sind.

Aus diesem Grund ist die auflösende Bedingung nicht immer klar von einem Rücktrittsvorbehalt abzugrenzen. Sieht man in dem vorstehenden Beispiel keine Vereinbarung über eine auflösende Bedingung, sondern einen Rücktrittsvorbehalt, müsste V, um den Rückgabeanspruch zu begründen, den *Rücktritt erklären*.

Anders ist dies bei einem bedingten Verfügungsgeschäft:

Beispiel 5: S hat sich von der B-Bank einen Kredit über 10.000 € geben lassen. Zur Sicherheit, dass die B-Bank das Geld auch zurückbekommt, übereignet S der B-Bank seinen PKW mit der Abrede, dass das Auto unmittelbar wieder dem S gehören soll, wenn S das Darlehen zurückbezahlt hat.
Die Eigentumsübertragung, genauer die nach § 929 erforderliche dingliche Einigung des S mit B dahin, dass B Eigentümer des PKW werden soll, steht unter der auflösenden Bedingung. Wenn S den Kredit zurückzahlt, verliert die dingliche Einigung ihre Wirksamkeit. S ist dann (wieder) automatisch Eigentümer.

2. Zufallsbedingung und Potestativbedingung

Bedingungen können auch dadurch gekennzeichnet sein, dass der Eintritt des ungewissen Ereignisses von unterschiedlichen Umständen abhängig ist. Der Eintritt des Ereignisses kann vom **Zufall** abhängig sein, von einer Handlung, deren Vornahme im **Belieben** eines der Beteiligten am Rechtsgeschäft (Postestativbedingung) steht. Die Gültigkeit des Rechtsgeschäfts kann aber auch von dem Wollen eines Beteiligten abhängen (Wollensbedingung):

- **Zufallsbedingung**: Es handelt sich um ein Ereignis, dessen Eintritt oder Ausbleiben nicht von einem der Beteiligten beeinflusst werden kann, z. B. Naturereignisse oder Handlungen eines Dritten. In *Beispiel 1* ist das ungewisse Ereignis eine solche Zufallsbedingung, weil weder V noch K es bewirken können, dass die deutsche Fußballnationalmannschaft bei der Europameisterschaft die Runde der letzten Acht erreicht.

- **Potestativbedingung**: Haben die Parteien eine so genannte Potestativbedingung (lat.: potestas: Macht) vereinbart, so ist das ungewisse Ereignis ein bestimmtes Verhalten eines der am Rechtsgeschäft Beteiligten (dieser hat die Macht, dass die Bedingung eintritt oder ausbleibt). In *Beispiel 2* steht es allein in der Macht des K, Eigentümer zu werden, indem er die Kaufpreisraten pünktlich bezahlt. In *Beispiel 3* ist die Wirkung der Kündigung allein von der Entscheidung des Mieters abhängig, daher liegt eine Potestativbedingung vor.

III. Zulässigkeit der Bedingung

Grundsätzlich kann jedes Rechtsgeschäft unter eine Bedingung gestellt werden. In bestimmten Fällen untersagt das Gesetz ausdrücklich, dass eine Bedingung eingefügt wird. Ein solches *bedingungsfeindliches* Rechtsgeschäft ist die Auflassung nach § 925. Hier ist das öffentliche Interesse an einer Klarheit der Rechtslage (weil Grundstücke eine überragende Rolle im Rechtsleben spielen) stärker als das Belieben der Parteien. Eine Auflassung unter einer Bedingung ist unwirksam. Sie wird nicht etwa ohne Bedingung aufrechterhalten.

Beispiel 6: V hat K ein Grundstück für 250.000 € verkauft. V möchte aber sicher gehen, dass er das Eigentum so lange behält, bis K den vollständigen Kaufpreis bezahlt. Er erklärt daher, dass er mit dem Wechsel des Eigentums am Grundstück erst einverstanden ist, wenn K den Kaufpreis vollständig auf das Konto des V überwiesen hat. Ist die Auflassung wirksam?

Die Auflassung ist nach § 925 II unwirksam. Sie ist unter der Bedingung erklärt, dass K den Kaufpreis vollständig bezahlt. Ein Eigentumsvorbehalt wie bei beweglichen Sachen kann bei Grundstücken nicht vereinbart werden.

Auch der das Schließen der **Ehe** ist bedingungsfeindlich (§ 1311 S. 2).

Einseitige Rechtsgeschäfte können grundsätzlich eine Bedingung enthalten. Beispielsweise kann eine Vollmacht unter eine Bedingung gestellt werden. Andererseits hat der Erklärungsgegner ein Interesse an der Klarheit der Rechtslage bei der einseitigen **Ausübung von Gestaltungsrechten**. Deswegen erklärt das Gesetz die Aufrechnungserklärung für bedingungsfeindlich, § 388 S. 2, ebenso die Ausschlagung einer Erbschaft, § 1947.

Es gibt noch weitere einseitig gestaltende Rechtsgeschäfte, wie die Kündigung, den Rücktritt oder den Widerruf. Nehmen wir die Kündigung und überlegen uns, was es beispielsweise für den Mieter bedeutet, wenn ihm gekündigt wird unter der Bedingung, dass der Vermieter am Wochenende 6 Richtige im Lotto hat. Soll er sich jetzt auf die Beendigung des Mietvertrages einstellen oder erst einmal abwarten? Hier hat der Gesetzgeber zwar keine ausdrückliche Bestimmung über die Bedingungsfeindlichkeit getroffen. Einseitig gestaltende Rechtsgeschäfte sind aber grundsätzlich bedingungsfeindlich.

Doch keine Regel ohne **Ausnahme**: Eine Ungewissheit liegt nicht vor bei einer Potestativbedingung, wenn der Eintritt oder das Ausbleiben des ungewissen Ereignisses vom *Willen des Erklärungsgegners* abhängt. Daher ist die Kündigung in *Beispiel 3,* obwohl sie als einseitig gestaltendes Rechtsgeschäft unter einer Bedingung steht, wirksam. Denn der Mieter hat es in der Hand, zu entscheiden, ob er die Mieterhöhung akzeptiert oder ausziehen will. Daher gilt:

Einseitig gestaltende Rechtsgeschäfte dürfen grundsätzlich nicht unter eine Bedingung gestellt werden. Sie sind sonst unwirksam. Eine Ausnahme bildet lediglich die Potestativbedingung.

IV. Der Rechtszustand nach Abschluss des Rechtsgeschäfts, aber vor Eintritt der Bedingung

Die wirksame Einbeziehung einer Bedingung in ein Rechtsgeschäft und damit der Eintritt der mit der Bedingung beabsichtigten Folge setzt voraus, dass ein vollwirksames Rechtsgeschäft vorliegt. Es müssen also sämtliche Voraussetzungen für ein wirksames Rechtsgeschäft **im Zeitpunkt seiner Vornahme** gegeben sein.

Beispiel 7: Der 17-jährige M kauft ohne Wissen seiner Eltern einen Fernseher, den er in zwei Raten zu je 500 € bezahlen will, unter der Bedingung, dass die deutsche Fußballnationalmannschaft die Vorrunde bei der Europameisterschaft übersteht. Verweigern die Eltern die Genehmigung, als sie von dem Geschäft hören, so ist der Vertrag unwirksam, auch wenn Deutschland tatsächlich unter die letzten Acht kommt.

1. Der Schwebezustand

Das vollwirksame unter einer Bedingung geschlossene Rechtsgeschäft befindet sich in einem *Schwebezustand*. Entweder ist die Rechtsfolge noch nicht eingetreten (aufschiebende Bedingung) oder das Rechtsgeschäft ist noch vollwirksam, aber kann noch unwirksam werden.

Die Bindungswirkung

Während des Schwebezustandes sind die Geschäftspartner *gebunden*. Das bedeutet, dass auch bei einem aufschiebend bedingten Rechtsgeschäft dieses nicht mehr einseitig widerrufen werden kann.

Beispiel 8: In *Beispiel 2* hat K dem V den Fernseher zur Reparatur gebracht. V nutzt die Gelegenheit und veräußert den Fernseher an D. K wird durch § 161 I geschützt. Die Veräußerung an D ist nach § 161 I unwirksam. Man muss aber auf § 161 III achten! Es wurde schon erklärt, dass das BGB die Leichtigkeit des Güterumsatzes fördert: Wenn D nichts von der bedingten Übereignung an K wusste, gehört ihm der Fernseher.

Beispiel 9: M aus Bremen will einen 3-monatigen Fortbildungslehrgang in Berlin besuchen. Es ist jedoch nicht sicher, ob M auch zugelassen wird. M mietet sich aber vorsichtshalber bei V eine kleine Wohnung unter der Bedingung, dass er zu dem Lehrgang zugelassen wird. Als M die Zusage erhält und dies dem V mitteilt, erklärt dieser, er habe die Wohnung für die fragliche Zeit an D vermietet.

Die Weitervermietung an D verstieß gegen den zwischen M und V geschlossenen Mietvertrag. Allerdings nutzt es M nichts, von V die Überlassung der Wohnung zu verlangen. Denn V kann sie nicht überlassen, da D rechtmäßig Mieter ist. M hat aber einen Schadensersatzanspruch aus § 160.

> **Merke:** Der aus einer bedingten Verfügung Berechtigte hat bereits eine Vermögensposition erlangt, die nach der Rechtsprechung ein dingliches Recht begründet. Dieses Recht wird *Anwartschaftsrecht* genannt[73].

2. Die Bedingung tritt ein

Die Bedingung tritt ein, wenn das vereinbarte Ereignis eintritt oder ausbleibt. Dabei ist genau zu ermitteln, welches Ereignis nach dem Willen der Parteien als Bedingung vereinbart worden ist.

Steht schon während des Schwebezustandes fest, dass die Bedingung nicht eintreten kann, sie also ausgefallen ist, endet der Schwebezustand. Das auflösend bedingte Rechtsgeschäft ist endgültig wirksam. Das aufschiebend bedingte Rechtsgeschäft ist endgültig unwirksam.

Nach § 162 gilt die Bedingung als eingetreten, wenn der Eintritt der Bedingung von der Partei, die einen Nachteil aus dem Eintritt hätte, wider Treu und Glauben verhindert wird. Für die auflösende Bedingung gilt nach § 162 II Entsprechendes.

Beispiel 10: V hat K sein Grundstück geschenkt. Im Vertrag haben sie vereinbart, dass K dem V 50.000 € zusätzlich bezahlt, wenn K das Grundstück vor dem 31.03. an Dritte verkauft. Am 27.03. unterbreitet D dem K ein Kaufangebot, an das er sich bis 31.03. gebunden hält. Daraufhin vereinbart K mit D, dass dieser bis zum 01.04. mit der Annahme durch K zuwartet.

Erklärt K am 01.04. die Annahme, sind die Voraussetzungen der Zahlungspflicht über 50.000 € nicht gegeben. Das wäre anders gewesen, wenn K am 31.03. den Verkauf an D perfekt gemacht hätte. Hier hat K sich gegenüber V durch die Verschiebung der Annahme um einen Tag arglistig verhalten, denn er hat durch die Vereinbarung mit D die Zahlungspflicht verhindert. Nach § 162 muss K dennoch zahlen.

---

[73] Siehe dazu auch die Ausführungen auf S. 27.

V. Die Befristung, § 163

Die Befristung, § 163, ist die rechtsgeschäftlich vereinbarte Abhängigkeit der Wirkung eines Rechtsgeschäfts von einem Zeitablauf bzw. einem zukünftigen *gewissen* Ereignis.

Beispiel 11: Vermieter V kündigt dem Mieter M die Wohnung zum 30.09. Das bedeutet, dass der Rückgabeanspruch des § 546 erst entsteht mit Ablauf des 30.09.

In diesem Beispiel treten die Wirkungen des Rechtsgeschäfts, der Kündigung mit Ablauf der Kündigungsfrist ein (Anfangstermin). Dies ist vergleichbar mit einer aufschiebenden Bedingung.

Beispiel 12: V und M haben einen Mietvertrag bis zum 30.04.2009 abgeschlossen. Mit Ablauf des 30.04.2009 endet das Mietverhältnis (Endtermin).

In *Beispiel 12* löst der Endtermin den Mietvertrag auf. Dies ist vergleichbar mit einer auflösenden Bedingung. Deswegen ordnet § 163 an, dass die Vorschriften über die aufschiebende und auflösende Bedingung entsprechend anwendbar sind.

Ein gewisses Ereignis ist auch der Tod. Schenkt der Vater seinem Sohn ein Auto mit der Abrede, dass der Sohn erst Eigentümer werden soll, wenn der Vater gestorben ist, wird der Sohn mit Gewissheit Eigentümer, ungewiss ist nur, wann.

▸ Literatur

Rüthers/Stadler, Allgemeiner Teil des BGB, 17. Aufl., § 20

Köhler, BGB Allgemeiner Teil, 36. Aufl., § 14, Rdnr. 16 – 24

Löwisch/Neumann, Allgemeiner Teil des BGB, 7. Aufl., Rdnr. 126 - 134

Kapitel 3

Fehlerhafte Geschäfte

§ 11

Geschäfte nicht voll Geschäftsfähiger

Die Rechtsordnung verhilft nur dem Willen zur Geltung, der von einer Person gebildet wurde, die nach ihrer geistigen Reife und Willenskraft dazu in der Lage ist. § 104 nennt das die Geschäftsfähigkeit. Die Regeln über die Geschäftsfähigkeit bezwecken daher den *Schutz des nicht unbeschränkt Geschäftsfähigen* im rechtsgeschäftlichen Verkehr.

> **Geschäftsfähigkeit** ist die Fähigkeit, selbst Willenserklärungen wirksam abzugeben oder in Empfang zu nehmen.

Davon sind andere „Fähigkeiten" zu unterscheiden:

- **Rechtsfähigkeit** ist die Fähigkeit, Träger von Rechten und Pflichten sein zu können

- **Testierfähigkeit** ist eine Unterart der Geschäftsfähigkeit und bezieht sich allein auf die Frage, wer eine letztwillige Verfügung errichten kann

- **Ehefähigkeit** oder Ehemündigkeit ist ebenfalls eine Unterart der Geschäftsfähigkeit, geregelt in §§ 1303, 1304

- **Deliktsfähigkeit** ist die Fähigkeit, für unerlaubte Handlungen (§§ 823 ff.) zur Verantwortung gezogen werden zu können. Während die Geschäftsfähigkeit nur für Rechtsgeschäfte gilt, ist bei Realakten gegebenenfalls die Deliktsfähigkeit Voraussetzung für ein verantwortliches Handeln.

- **Religionsfähigkeit** ist die Fähigkeit, eigenverantwortlich seine Religion wählen zu können (ab 14 Jahre[74]),

Das Gesetz unterscheidet:

1. Die Geschäftsunfähigkeit ➜ § 104
2. Die beschränkte Geschäftsfähigkeit ➜ §§ 106 ff.
3. Die unbeschränkte Geschäftsfähigkeit, meist nur genannt: Geschäftsfähigkeit

---

Merke: Wer das 18. Lebensjahr vollendet hat, gilt solange als geschäftsfähig, bis das Gegenteil festgestellt ist.

Wer sich also auf Geschäftsunfähigkeit beruft, muss sie beweisen.

Willenserklärungen eines nicht Geschäftsfähigen sind unheilbar nichtig! Willenserklärungen eines beschränkt Geschäftsfähigen sind nur unter besonderen Voraussetzungen wirksam!

I. Die Geschäftsunfähigkeit

1. Voraussetzungen

Nach § 104 kann Geschäftsunfähigkeit unter zwei Voraussetzungen bestehen: Entweder der Mensch hat ein bestimmtes Alter noch nicht erreicht oder er ist wegen Geistesstörung nicht in der Lage, seinen Willen frei zu bestimmen.

a. Geschäftsunfähigkeit aufgrund des Alters (§ 104 Nr. 1)

Ein **Kind** ist geschäftsunfähig von seiner Geburt an, bis es seinen 7. Geburtstag erreicht hat. Am Tag des 7. Geburtstags beginnt die (beschränkte) Geschäftsfähigkeit um 0 Uhr, unabhängig von der tatsächlichen Geburtsstunde. Dies folgt aus §§ 187 II 2, 188 II

---

[74] Palandt/Diederichsen, § 1626, Rdnr. 11.

letzte Alternative. Da das Kind rechtsfähig, aber nicht geschäftsfähig ist, muss es einen gesetzlichen Vertreter haben, der für das
Kind rechtsgeschäftlich handeln kann. Das sind in erster Linie die
Eltern oder ein Elternteil, der die elterliche Sorge (allein) hat, oder
der Vormund.

b. Wegen Geistesstörung (§ 104 Nr. 2)

Die Feststellung, ob jemand an einem Zustand **krankhafter
Störung der Geistestätigkeit** leidet, kann nur mit Hilfe eines
Mediziners (Neurologen) festgestellt werden. Insoweit handelt es
sich um einen medizinischen Begriff, der hier nicht näher erläutert
werden kann. Dieser medizinische Zustand darf *nicht nur ein
vorübergehender* sein. Die Störung muss ihrer Natur nach so
beschaffen sein, dass sie auf Dauer angelegt ist. Ist sie nicht auf
Dauer angelegt, sondern nur vorübergehend, so kann § 105 II
eingreifen. Unter die Geistesstörung fällt auch die *Geistesschwäche.*

Auf Dauer angelegt heißt nicht durchgehend. Das medizinische
Krankheitsbild lässt es zu, dass jemand, der unter einer Geistes-
störung leidet, sogenannte **lichte Momente** hat, in denen der
Betreffende geschäftsfähig ist (spielt in der Praxis eine große
Rolle!).

Der Zustand der krankhaften Geistesstörung muss zur Folge
haben, dass er die *freie Willensbestimmung* ausschließt. Dies ist
der Fall, wenn jemand nicht imstande ist, seinen Willen frei und
unbeeinflusst von der vorliegenden Geistesstörung zu bilden und
nach den zutreffend gewonnenen Einsichten zu handeln[75]. Es sind
also zwei Gesichtspunkte zu beachten: Die Fähigkeit der Willens-
bildung und die Fähigkeit, *danach zu handeln.*

---

[75] BGH NJW 1996, 918.

Beispiel 1: Der unter erheblicher Minderbegabung und Analphabetismus leidende A ist Mitglied einer Sekte. Dort steht er ganz unter dem Einfluss des Sektenführers F. F drängt A, dem viele Häuser gehören, dazu, einen Kredit für die Sekte bei der B-Bank aufzunehmen.

Eine Geisteskrankheit liegt nicht vor, aber wegen der erheblichen Minderbegabung und des Analphabetismus eine Geistesschwäche. Einen freien Willen zu bilden, ist A nicht imstande, wenn er so unter dem Einfluss des F steht, dass er nicht in der Lage ist, seine Entscheidung von vernünftigen Erwägungen abhängig zu machen. Diese Unfreiheit des Willens ist auf die Geistesschwäche zurückzuführen. Die Folge ist, dass der Kreditvertrag nichtig ist, § 105 I.

Beispiel 2: Die Frau des A hat sich von diesem scheiden lassen. A empfindet das Urteil und die daran geknüpften Folgeentscheidungen wegen krankhafter Eifersucht als ungerecht. Er entwickelt nun eine regelrechte Prozesswut, die er durch ständige Prozesse, Beschwerden und Eingaben „auslebt". Hat dieser Querulantenwahn krankhafte Ausmaße angenommen (nicht jeder Querulant ist im Sinne des § 104 Nr. 2 geistig gestört!), so kann er zum Ausschluss einer freien Willensbildung führen. Die Folge ist *die partielle Geschäftsunfähigkeit*, die zur Nichtigkeit der auf *diesem Gebiet* getätigten Rechtsgeschäfte führt.

Von der partiellen Geschäftsunfähigkeit ist die *relative* Geschäftsunfähigkeit zu unterscheiden. Davon spricht man, wenn sich die Geistesstörung nicht auf bestimmte *Arten* von Geschäften bezieht, sondern bei schwierigen und komplizierten Rechtsgeschäften auftritt. Hier ist also allein der *Schwierigkeitsgrad* eines Rechtsgeschäfts Grund dafür, dass ein Wille nicht fehlerfrei gebildet werden kann. Diese Art der Geschäftsunfähigkeit wird jedoch von der Rechtsprechung nicht anerkannt. Hier könnte gegebenenfalls § 138 helfen[76].

---

[76] Näheres Leipold, BGB I Einführung und Allgemeiner Teil, 4. Aufl., § 11, Rdnr. 17.

2. Die Folgen der Geschäftsunfähigkeit

Rechtsgeschäfte eines Geschäftsunfähigen sind nichtig, § 105 I. Dies gilt für Verpflichtungs- und Verfügungsgeschäfte, sowie für einseitige Rechtsgeschäfte. Ob der Geschäftspartner erkennt, dass der Erklärende geschäftsunfähig ist, ist unerheblich. Auch die Rechtsgeschäfte des unerkannt Geisteskranken sind nichtig. Ein Vertrauensschutz in die Geschäftsfähigkeit des Geschäftspartners besteht nicht.

Merke: Der gute Glaube an die Geschäftsfähigkeit ist nicht geschützt!

Die Folgen der Nichtigkeit sind: Die mit dem Verpflichtungs-geschäft gewollten Rechte und Pflichten entstehen nicht. Sind Leistungen erbracht, sind sie nach § 812 I S. 1 zurückzugewähren. Verfügungsgeschäfte, die wegen § 105 I nichtig sind, führen die beabsichtigte Rechtsänderung nicht herbei.

Beispiel 3: V verkauft unter Mitwirkung des Notars sein unbebautes Grundstück an K für 300.000 €. K und V erklären die Auflassung und K wird als Eigentümer in das Grundbuch eingetragen. K baut auf dem Grundstück ein Haus. Nach drei Jahren meint V, er sei beim Vertrags-schluss geschäftsunfähig gewesen. Er verlangt das Grundstück mit Haus von K heraus. K ist erstaunt: Weder er noch der Notar haben Anzeichen einer fehlenden Geschäftsfähigkeit erkennen können. Er weigert sich daher, das Grundstück herauszugeben.
Unterstellt werden soll, dass Geschäftsunfähigkeit vorlag (nicht selten ist das Vorbringen, man sei geschäftsunfähig gewesen, eine Schutzbe-hauptung, um Kaufreue zu zeigen!). Die Folge der (unterstellten) Geschäftsunfähigkeit ist, dass die zwischen V und K getätigten Rechtsgeschäfte unwirksam sind:
- Der Kaufvertrag ist nichtig, § 105 I. Das bedeutet, dass die ge-wollten Rechte und Pflichten aus § 433 nicht entstanden sind. Also: Weder musste V das Grundstück übereignen, noch übergeben. K war nicht verpflichtet, den Kaufpreis zu zahlen und das Grundstück anzunehmen.

- Auch die zwischen V und K erfolgte dingliche Einigung (Auflassung, § 925) ist nichtig. K kann nicht einwenden, er habe die Geschäftsunfähigkeit des V nicht erkennen können.
- Hätte K bar die 300.000 € bezahlt, wäre das eine Übereignung nach § 929, die aber auch nichtig wäre. Geht man von normaler Zahlungsweise durch Überweisung aus, so liegt das Geld auf dem Konto des K. Er hat die Überweisung vorgenommen. Sie ist nicht wegen § 105 I nichtig.

V ist also Eigentümer des Grundstücks geblieben. Aber auch das Haus gehört ihm, §§ 93, 94! V kann daher von K nach § 985 Herausgabe des Grundstücks samt Haus verlangen. Das Geld muss V nach § 812 I S. 1 1. Alt. an K zurückzahlen. Er muss dem K aber auch für das Haus Wertersatz leisten (§ 996[77]).

Beispiel 4: Der millionenschwere und geschäftsunfähige *von A.* kauft sich ein belegtes Brötchen, fliegt mit dem Flugzeug von Berlin nach München, fährt mit der S-Bahn in die Innenstadt und lässt sich dort für 12 € die Haare schneiden. Sind diese Rechtsgeschäfte wirksam?

- Der Kauf des *belegten Brötchens* ist ein Geschäft des täglichen Lebens, was mit geringwertigen Mitteln bewirkt werden kann. Hier regelt § 105 a, dass der Vertrag mit dem Geschäftsunfähigen nicht rückabgewickelt werden muss. So verhindert das Gesetz, dass bei Geschäften des täglichen Lebens der Betroffene seine Geschäftsunfähigkeit offenbaren muss.

- Das kann man vom *Flug* nicht sagen. Auch wenn *von A.* das Ticket bar bezahlt, weil er so viel Bargeld zur Verfügung hat, handelt es sich nicht um ein Geschäft des täglichen Lebens. § 105 a greift nicht ein, weil hier der Geschäftsunfähige geschützt werden muss. Die Verkehrsanschauung sieht in dem Flug eine Besonderheit der Fortbewegung. Deswegen ist der Vertrag zwischen der Fluggesellschaft und *von A.* nichtig und muss rückabgewickelt werden.

- Die *Fahrt mit der S-Bahn* ist wiederum ein Geschäft des täglichen Lebens. Dies gilt auch für den *Frisörbesuch*.

---

[77] Im Einzelnen streitig, vgl. Palandt/Bassenge, § 994, Rdnr. 4.

II. Vorübergehende Störung der Geistestätigkeit, § 105 II

Ist der Zustand der Geistesstörung nur ein *vorübergehender,* kann das Rechtsgeschäft zwar nichtig sein, aber es besteht keine Geschäftsunfähigkeit, § 105 II.

Beispiel 5: A ist bei der Gemeinde G angestellt. Als A nach dem Vatertag zu spät zur Arbeit erscheint, will G dem A kündigen. A und G schließen eine Auflösungsvereinbarung für den Arbeitsvertrag. Später macht A geltend, dass er nach durchzechter Nacht in einem alkoholisierten Zustand mit mehr als 3,0 Promille die Vereinbarung getroffen habe. Die Auflösungsvereinbarung sei nichtig. Hat A Recht?

Nicht jeder „Alkoholrausch" führt zu einem in § 105 II beschriebenen Zustand. Es muss sich um eine hochgradige Bewusstseinstrübung handeln, die das Erkennen von Inhalt und Wesen der Handlung ganz oder in eine bestimmte Richtung ausschließt (Filmriss!). Das ist in der Regel bei mehr als 3 Promille Blutalkohol oder übermäßigem Drogenkonsum der Fall[78]. Letztlich müsste ein medizinisches Gutachten über den Geisteszustand des A entscheiden. Im Prozess müsste A die Wahrheit seiner Behauptung beweisen.

III. Die beschränkte Geschäftsfähigkeit

Die beschränkte Geschäftsfähigkeit besteht nur in der Altersstufe zwischen dem vollendeten siebten Lebensjahr bis zum vollendeten 18. Lebensjahr, § 106. Unbeschränkt geschäftsfähig wird der Mensch also mit dem Tag um 0 Uhr, an dem er seinen 18. Geburtstag feiert (§ 2). Andere Gründe, die zur beschränkten Geschäftsfähigkeit führen, gibt es nicht (mehr).

Der beschränkt Geschäftsfähige kann selbst eine Willenserklärung abgeben. Diese kann unter drei stufenweise zu prüfenden Voraussetzungen wirksam sein:

---

[78] Palandt/Heinrichs, § 105 BGB , Rdnr. 2.

- **1. Stufe:** Das Geschäft ist für den beschränkt Geschäftsfähigen **lediglich rechtlich vorteilhaft**.

- **2. Stufe:** Ist die 1. Stufe zu verneinen, muss der gesetzliche Vertreter in das Geschäft **eingewilligt** haben.

- **3. Stufe:** Sind die erste und zweite Stufe verneint, muss der gesetzliche Vertreter das Geschäft **genehmigt** haben. Dies folgt aus §§ 107, 108.

Einwilligung ist die *vorherige* Zustimmung (§ 183 S. 1), **Genehmigung** die *nachträgliche* Zustimmung (§ 184 I).

---

1. Lediglich rechtlich vorteilhafte Geschäfte

Lediglich rechtlich vorteilhaft sind Geschäfte, die dem beschränkt Geschäftsfähigen - der Gesetzgeber nennt ihn den Minderjährigen, obwohl auch Kinder unter sieben Jahren minderjährig sind - keine Nachteile auf der *Rechtsfolgenseite* bringen. Es kommt auf einen *rechtlichen* Nachteil an, *nicht auf die wirtschaftlichen Folgen*. Es erfolgt also keine Abwägung von Leistung und Gegenleistung.

Beispiel 6: Der minderjährige M kauft ein Grundstück mit Haus für 1 €. Stimmt der gesetzliche Vertreter dem Vertrag nicht zu, so ist er nichtig, auch wenn die Leistung, die M erhält (Übereignung eines Grundstücks mit Haus) weit mehr wert ist als 1 €. Kaufverträge sind wegen der Verpflichtung zur Kaufpreiszahlung für den Minderjährigen immer rechtlich nachteilig.

Bei Schuldverträgen bringt nur **die Schenkung** dem Minderjährigen einen ausschließlich rechtlichen Vorteil, wenn er der Beschenkte ist. Nachteile, die sich aufgrund der Eigenschaft des Schenkungsgegenstandes ergeben können, bleiben grundsätzlich außer Betracht.

Beispiel 7: Der Patenonkel P schenkt seinem 17-jährigen Neffen N einen PKW. N müsste Kfz-Steuer zahlen. Doch dieser Nachteil ist bei der Prüfung des § 107 nicht relevant. Einen Versicherungsvertrag könnte N nicht abschließen.

Verfügungen: Verfügungen sind dann für den beschränkt Geschäftsfähigen lediglich rechtlich vorteilhaft, wenn die Rechtsänderung **zu Gunsten des Minderjährigen** erfolgt. Zum Beispiel, wenn der Minderjährige Eigentum erwirbt oder ihm eine Forderung erlassen oder abgetreten wird.

Beispiel 8: Der Patenonkel O des M schenkt dem 15-jährigen M zu Weihnachten eine Play-Station.

Hier sind zwei Verträge geschlossen worden, die getrennt beurteilt werden müssen:

- Zunächst wurde ein schuldrechtlicher Vertrag, ein Verpflichtungsvertrag geschlossen. Es handelt sich um einen Schenkungsvertrag nach § 516. Dieser Vertrag ist wirksam. Die Schenkung an M bringt diesem einen ausschließlich rechtlichen Vorteil, weil er einen Anspruch auf Übereignung der Play-Station erwirbt, ohne seinerseits eine vertragliche Verpflichtung zu übernehmen.
- Die Übereignung (§ 929) führt zum Eigentumserwerb des M. Dessen rechtliche Situation verbessert sich also. M erwirbt mit Rechtsgrund Eigentum an dem Geschenk. Die Eltern können hier den Rechtserwerb nicht verhindern, auch wenn sie dagegen sind.

Beispiel 7 ist nach Übereignung des PKW genau so zu beurteilen.

Beispiel 9: Die Patentante T des 16-jährigen M will diesem ein Grundstück schenken. Hier schließen M und T vor dem Notar einen Schenkungsvertrag und erklären die Auflassung. Die Eltern des M fragen an, ob M Eigentümer ist, wenn er in das Grundbuch eingetragen ist. Sie bezweifeln das, weil er ja auch Grundsteuer zahlen muss.

M und T haben zwei Verträge geschlossen: Diese Verträge müssen unter dem Maßstab des § 107 *getrennt beurteilt werden*[79]:
- Zunächst wurde ein schuldrechtlicher Vertrag, ein Verpflichtungsvertrag geschlossen. Es handelt sich um einen Schenkungsvertrag nach § 516. Dieser Vertrag ist wirksam. Die

---

[79] BGH NJW 2005, 415.

Schenkung an M bringt diesem nur einen rechtlichen Vorteil, weil er einen Anspruch auf Übereignung des Grundstücks erhält, ohne seinerseits vertragliche Verpflichtungen zu übernehmen.

- Eigentümer wird M durch die Auflassung als dinglichen Vertrag und die Eintragung. Ob M die Auflassung selbst wirksam erklären kann, könnte fraglich sein, weil M zwar das Eigentum am Grundstück (nach Eintragung) erwirbt. Ob er jedoch rechtlich besser dasteht als vorher, hängt davon ab, wie man die Belastung mit den öffentlichen Lasten, wie Grundsteuer usw. beurteilt. Die herrschende Meinung hält die Auflassung eines Grundstücks für ein lediglich rechtlich vorteilhaftes Geschäft. M könnte also die Auflassung selbst erklären und benötigt nicht die Zustimmung seines gesetzlichen Vertreters. Öffentlichen Lasten auf einem Grundstück bringen keine *zusätzliche* persönliche Haftung des Minderjährigen, wie auch in *Beispiel 7* hinsichtlich der KfZ-Steuer. Der Minderjährige müsste letztlich nur das geschenkte Grundstück hergeben, wenn die Steuer nicht bezahlt werden kann.[80].

Beispiele für **einseitige Rechtsgeschäfte,** die lediglich rechtlich vorteilhaft sind, sind die Kündigung eines zinslosen Darlehens, wenn der beschränkt Geschäftsfähige Darlehensgeber ist, oder der Fall, dass der beschränkt Geschäftsfähige als Verleiher einen Leihvertrag kündigt.

Rechtlich **neutrale Geschäfte,** die also weder rechtliche Vor- noch Nachteile bringen, gelten (trotz des Wortlauts des § 107) nach ganz h.M. als lediglich rechtlich vorteilhaft. Hier geht es um Fälle, in denen der beschränkt Geschäftsfähige über einen Gegenstand verfügt, der im Eigentum eines Dritten steht.

Beispiel 10: Der 17-jährige M leiht sich von seinem Onkel O eine mobile Festplatte aus. Als M dringend Geld benötigt, verkauft und übereignet er die Festplatte des O an den volljährigen X. Die Übereignung an X ist für M rechtlich neutral, da sie ihm keinen Vor- oder Nachteil bringt.

---

[80] BGH NJW 2005, 415, 416.

2. Die Einwilligung des gesetzlichen Vertreters

Erst wenn feststeht, dass das vom Minderjährigen abgeschlossene Rechtsgeschäft nicht lediglich vorteilhaft ist, ist zu prüfen, ob der gesetzliche Vertreter in das Rechtsgeschäft eingewilligt hat. Die Einwilligung ist eine einseitige, empfangsbedürftige Willenserklärung. Sie kann ausdrücklich oder konkludent erteilt werden. Sie hat zum Inhalt die Zustimmung zur Vornahme des Rechtsgeschäfts durch den Minderjährigen, § 182. Sie kann bis zur Vornahme des Rechtsgeschäfts grundsätzlich widerrufen werden, § 183 S. 1.

Die Einwilligung kann sich auf ein konkretes Rechtsgeschäft beziehen, sog. *Spezialeinwilligung.*

Beispiel 11: Die 14-jährige M will sich ein bestimmtes Fahrrad zum Preis von 250 € kaufen. Ihre Eltern geben ihr darauf hin 250 €, M kauft das Fahrrad bei V, bezahlt es und nimmt es mit. Sind die geschlossenen Rechtsgeschäfte wirksam?

Es wurden **drei Verträge** abgeschlossen:
- Der Kaufvertrag ist nicht lediglich rechtlich vorteilhaft für M, denn er verpflichtet die M, 250 € zu zahlen. Aber die Eltern der M waren vorher mit dem Kauf einverstanden. Das Einverständnis haben die Eltern konkludent erklärt, indem sie der M das Geld zum Erwerb gegeben haben. Der Kaufvertrag ist nach § 107 BGB wirksam geschlossen.
- M hat 250 € bezahlt, sie hat damit das Geld nach § 929 übereignet (beispielsweise einen 200-Euroschein und einen 50-Euroschein). Da M damit ihr Eigentum an den Scheinen verliert, ist der dingliche Übereignungsvertrag nicht lediglich rechtlich vorteilhaft. Da er aber mit Einwilligung der gesetzlichen Vertreter geschlossen worden ist, ist er nach § 107 BGB wirksam.
- Die in Vollzug des Kaufvertrages erfolgte Übereignung des Fahrrades (§ 929) ist für M lediglich rechtlich vorteilhaft. Auf die Zustimmung der Eltern als gesetzliche Vertreter kommt es nicht an. M erwirbt Eigentum am Fahrrad.

- Weiterhin ist zu überlegen, ob der Verkäufer V wirksam die Verpflichtung, die er mit dem Kaufvertrag eingegangen ist, nämlich Übereignung und Übergabe des Fahrrades, erfüllt hat und damit diese Verpflichtung erloschen ist, § 362. Die Annahme eines Gegenstandes zum Zweck der Erfüllung bietet dem Minderjährigen keinen rechtlichen Vorteil, denn seine Forderung erlischt, er verliert also ein Recht. Aber die Einwilligung der Eltern als gesetzliche Vertreter in den Kauf umfasst auch die Annahme des Fahrrades als Erfüllung. Der Kauf ist damit perfekt abgewickelt.

Die Einwilligung wäre in *Beispiel 11* nicht erteilt, wenn M statt des Fahrrades für 250 € ein gebrauchtes Mofa für 200 € erwirbt. Entscheidend ist also immer, ob der Erwerb vom Einverständnis der Eltern gedeckt ist.

Beispiel 12: Der 16-jährige M will sich einen Fußball kaufen. Seine Eltern sind damit einverstanden und geben ihm dafür 50 €. M geht in das Sportgeschäft des V, sucht einen Fußball aus, bezahlt 30 € und nimmt ihn mit.

Der Erwerb des Fußballs ist, weil vom Einverständnis der Eltern gedeckt, wirksam. Denn als Willenserklärung kann die Einwilligung ausgelegt werden. Die Überlassung der 50 € bedeutet das Einverständnis zum Erwerb eines Fußballs, den sich M aussuchen kann und dessen Preis 50 € nicht übersteigt. Wenn M einen qualitätsmäßig minderwertigen Ball aussucht, wäre auch dieser Erwerb vom Einverständnis gedeckt, es sei denn, die Eltern hätten eine entsprechende Einschränkung erklärt.

Die Einwilligung kann von dem gesetzlichen Vertreter auch generell für eine unbestimmte Anzahl von Geschäften erteilt werden (Generaleinwilligung). Sie kann aber nicht für sämtliche Geschäfte des beschränkt Geschäftsfähigen erteilt werden. Sonst würde das Korrektiv des elterlichen Einverständnisses umgangen werden können.

Die Generaleinwilligung ist daher eingeschränkt: Kein Einverständnis durch Generaleinwilligung besteht bei Rechtsgeschäften, die der gesetzliche Vertreter ausdrücklich oder konkludent vorher ausgenommen hat.

Beispiel 13: Die Eltern des 16-jährigen M erlauben ihm, mit dem Rucksack durch Deutschland zu wandern mit der ausdrücklichen Mahnung, das Rotlichtmilieu zu meiden. Die Erlaubnis erstreckt sich auf alle Rechtsgeschäfte, die M während der Wanderung abschließt und die für die Durchführung der Reise erforderlich sind. Dazu gehört das Mieten einer Unterkunft, der käufliche Erwerb von Speisen und Getränken usw. Allerdings gilt die Einwilligung nicht für ausgenommene Geschäfte, wie den Besuch in einer Nachtbar o.ä.

Beispiel 14: Auf der Wanderschaft will M das Geld für eine Busfahrt sparen. Er wird erwischt und muss 40 € zahlen. Die Eltern verweigern die Genehmigung der Busfahrt. Muss M zahlen?

Es ist bei jedem Geschäft zu fragen, ob es aus der Sicht vernünftiger Eltern noch von der Zustimmung erfasst ist. Wenn M ein öffentliches Verkehrsmittel benutzt, aber nicht bezahlt (Schwarzfahrt), so ist dies auch nicht durch die Generaleinwilligung gedeckt. Die Verweigerung der Genehmigung hat zur Folge, dass M ohne Rechtsgrund den Bus benutzt hat. Er muss den Wert der Fahrt nach § 812 I S. 1 ersetzen.

Keine Einwilligung ist zu solchen Geschäften erteilt, die generell dem *erzieherischen Konzept* des gesetzlichen Vertreters widersprechen.

Beispiel 15: In dem vorstehenden Beispiel kauft sich der M eine Flasche Bier und eine Luftdruckpistole. Die Eltern des M sind strikte Alkoholgegner und gegen jede Gewalt. Sie haben M auch ganz in diesem Sinne erzogen. In diesem Fall kann die Generaleinwilligung durch Auslegung dahin eingeschränkt werden: Der Kauf von alkoholischen Getränken oder Waffen ist von der Einwilligung ausgenommen, auch wenn diese Ausnahme nicht ausdrücklich erklärt ist.

Der wichtigste Fall einer konkludent erteilten Generaleinwilligung ist der sogenannte **Taschengeldparagraph** des § 110.

136

§ 110 hat folgende Voraussetzungen:

---

1. Vertragsschluss mit einem Minderjährigen.

2. Überlassung von **Mitteln** von seinem gesetzlichen Vertreter
oder von Dritten mit Zustimmung des gesetzlichen Vertreters.

3. Das Mittel ist entweder zu einem **bestimmten Zweck** dem
Minderjährigen überlassen **oder** zur **freien Verfügung.** Den
Zweck bestimmt der, der dem Minderjährigen die Mittel zu-
wendet, also entweder der gesetzliche Vertreter oder der
Dritte. Ist der Zweck bestimmt, ist die Einwilligung entsprechend
eingeschränkt.

4. § 110 verlangt schließlich, dass die **Leistung**, zu der sich der
Minderjährige verpflichtet hat, auch **bewirkt**, also tatsächlich
erbracht wird.

Beispiel 16: Die Patentante schenkt mit Zustimmung der Eltern ihrer
Nichte (15 Jahre) 500 €. Später schenkt sie der Nichte ein Jahreslos der
staatlichen Lotterie. Kann die Nichte damit machen, was sie will?

Unter Mittel ist jeder Vermögensgegenstand zu verstehen. Natürlich ist in
erster Linie an Geld gedacht. Es muss sich aber nicht um Taschengeld im
engeren Sinne handeln. Jedes Einkommen, das dem Minderjährigen mit
Einverständnis des gesetzlichen Vertreters verbleibt, gehört dazu.
Gewinnt die Nichte 20.000 € in der Lotterie, sind das Mittel im Sinne des
§ 110. Wie weit die Nichte mit den 20.000 € machen kann, was sie will,
hängt davon ab, ob bei der Schenkung des Loses bestimmte Hinweise
von der Tante gegeben wurden. Die Frage, ob das Mittel zu einem
bestimmten Zweck überlassen ist, entscheidet die Auslegung.

Zwar kann ein Dritter die Mittel überlassen. Jedoch müssen stets die Eltern damit einverstanden sein. Sie können also nicht übergangen werden.

Beispiel 17: Der 16-jährige M kauft sich von seinem Taschengeld (das sind 50 € monatlich) ein Los für 1 €. Auf sein Los entfällt ein Gewinn von 10.000 €. Von dem Geld kauf sich M einen PC, ein iPhone, ein Motorrad und unternimmt eine Weltreise. Damit ist das Geld aufgebraucht. Wurden diese Verträge mit Einwilligung des gesetzlichen Vertreters geschlossen?

Zunächst ist der Loskauf von der Überlassung des Taschengeldes gedeckt und daher wirksam. Der Kauf des PC und des iPhone mit dem Lotteriegewinn dürfte von der Einwilligung umfasst sein. Zwar hat M die Geräte nicht mit dem Taschengeld erworben, sondern mit dessen Ersatz, aber man kann die Einwilligung auslegen und sie auch auf den Erwerb aus dem Gewinn erstrecken, soweit die Anschaffung aus der Sicht der Eltern sinnvoll erscheint. Das allerdings lässt sich vom Kauf des Motor- rades nicht mehr sagen: M hat noch keinen Führerschein. Das Fahrzeug muss untergestellt werden und steht ungenutzt, bis M es fahren kann. Die Weltreise ist mit hohen Kosten verbunden und sollte besonderen An- lässen, wie gemeinsamer Urlaub oder als besondere Belohnung, vorbehalten bleiben.

„Zur freien Verfügung" heißt nicht unbeschränkte Generaleinwilli- gung. Das widerspräche dem Zweck des § 110, nämlich Er- ziehung zum verantwortlichen Umgang mit Geld und Vermögen.

Beispiel 18: Der 16-jährige M kauft sich von den 500 €, die er von seiner Patentante zum Geburtstag geschenkt bekommen hat, einen Fernseher. Die Eltern des M haben keinen Fernseher und lehnen ein solches Gerät als „geisttötend" ab. Ihr Ziel war es immer, was sie dem M auch erklärt haben, dass M Zeitung lesen oder Radio hören soll.

Die Eltern haben deutlich gemacht, mit dem Erwerb eines Fernsehers nicht einverstanden zu sein. Damit ist der Kauf des Fernsehers von der Einwilligung nicht gedeckt.

Beispiel 19: Der 16-jährige M will sich einen PC bei V kaufen, den er mit seinem angesparten Taschengeld bezahlen will. M hat nur 300 € angespart, der PC kostet aber 900 €. V ist mit einer Ratenzahlung von monatlich 50 € einverstanden. Die Eltern des M sind empört über das Geschäft. Kann V von M die restlichen Raten verlangen?

Als Grundlage für den Anspruch des V kommt § 433 II in Betracht. Dann müssten M und V einen wirksamen Kaufvertrag geschlossen haben. M ist minderjährig und daher in seiner Geschäftsfähigkeit beschränkt. Der von ihm abgeschlossene Vertrag ist nur wirksam, wenn die Voraussetzungen des § 107 vorliegen. Da der Kaufvertrag als gegenseitiger Vertrag nicht lediglich rechtlich vorteilhaft ist, kommt nur eine Einwilligung des gesetzlichen Vertreters in Betracht. Diese könnte hier gemäß § 110 erteilt sein.

Das Taschengeld ist ein zur freien Verfügung gestelltes Mittel. Indes ist der Vertrag nur wirksam, wenn M auch mit dem Taschengeld den gesamten Kaufpreis bezahlt hat. Das ist nicht der Fall. Damit ist der Kaufvertrag nicht wirksam geschlossen worden, V hat keinen Anspruch auf Zahlung der restlichen Raten.

Für V wird es noch unangenehmer: Der Vertrag ist auch nicht insoweit teilweise wirksam, als die Leistungen, Übereignung des PC und Zahlung der 300 €, erbracht worden sind. Denn die Leistung des V ist nicht teilbar. Weil der ganze Vertrag nicht wirksam ist, sind die bereits erbrachten Leistungen (Übereignung des PC und Zahlung der 300 €) ohne Rechtsgrund erfolgt, § 812 I 1 1. Alternative. V muss dem M die 300 € zurückzahlen, bekommt dafür aber auch den PC zurück. Es war ein „Luftgeschäft".

Beispiel 20: Der 17-jährige M will sich einen PC bei V für 600 € kaufen. Seine Eltern geben ihm dafür die 600 € mit dem Hinweis, M solle sich den ausgesuchten PC von dem Geld kaufen. M bestellt bei V, der den PC nicht vorrätig hat, den Rechner. Als M in der Stadt bei X den gleichen PC, den er bei V erwerben wollte, sieht, kauft er diesen PC und bezahlt ihn sofort mit den 600 €, die ihm die Eltern zur Verfügung gestellt haben. Als V bei M anruft und erklärt, der PC sei eingetroffen, erklären die Eltern, dass M den PC schon erworben habe. Für einen zweiten bestehe kein Bedarf. V besteht auf Abnahme und Bezahlung. Zu Recht?

Anspruchsgrundlage ist § 433 II. Ist ein Kaufvertrag zustande gekommen? M war minderjährig, deswegen richtet sich die Wirksamkeit des Kaufvertrages nach § 107. Der Kaufvertrag war nicht lediglich vorteilhaft. Die Eltern könnten in den Abschluss des Vertrages nach § 107 eingewilligt haben. Die Einwilligung könnte darin liegen, dass die Eltern dem M das Geld zur Verfügung gestellt haben mit der Bemerkung, er solle sich den ausgesuchten PC kaufen (siehe *Beispiel 11,* S. 133). Das hat M auch getan. Doch er hat nicht gleich bezahlt, das war klug, denn Vorkasse hätte für M ein erhöhtes Risiko bedeutet. Wäre das erste Geschäft bei V durch die Einwilligung der Eltern wirksam gewesen, dann wäre der zweite Kauf von der Einwilligung, die ja nicht mehr existierte (verbraucht ist), nicht mehr umfasst und damit unwirksam, auch wenn M den PC sofort bezahlt hat.

Werden dem Minderjährigen Mittel überlassen, so wird die darin liegende Einwilligung entsprechend dem Zweck des § 110, Kreditgeschäfte zu vermeiden, dahin eingeschränkt, dass die Einwilligung nur den Barkauf meint. Im vorliegenden Beispiel ist daher der erste Kauf nicht von der Einwilligung gedeckt, so dass der zweite Kauf wirksam ist[81]. Das Merkmal „ohne Zustimmung" wird dann wie folgt zu lesen sein: „ohne ausdrückliche Zustimmung"[82].

Schema für § 110

1. Wurde ein Vertrag geschlossen, wenn ja

2. Gab es eine Mittelüberlassung, wenn ja

a) erfolgte diese zu einem bestimmten Zweck, wenn ja:
entsprechende Einschränkung der Einwilligung
oder
b) erfolgte die Mittelüberlassung zur freien Verfügung, wenn ja:
deckt sich das bestimmte Geschäft mit der elterlichen
Erziehungskonzeption, wenn ja:

3. Hat der Minderjährige seine Leistung bewirkt, § 362?

---

[81] Köhler, BGB Allgemeiner Teil, 30. Aufl., § 10, Rdnr. 25.
[82] Palandt/Heinrichs, § 110, Rdnr. 1.

3. Die Genehmigung

Liegen die Voraussetzungen des § 107 nicht vor, ist also das Rechtsgeschäft des beschränkt Geschäftsfähigen nicht lediglich rechtlich vorteilhaft und liegt auch keine Einwilligung vor, so muss getrennt werden:

- War das vom beschränkt Geschäftsfähigen getätigte Rechtsgeschäft **ein Vertrag**, dann gilt § 108. Der Vertrag ist unwirksam, aber er kann noch wirksam werden. Dieser Schwebezustand wird *schwebende Unwirksamkeit* genannt.

Nach § 108 I BGB ist ein nicht lediglich rechtlich vorteilhafter Vertrag, den ein Minderjähriger ohne Einwilligung seines gesetzlichen Vertreters geschlossen hat, *schwebend unwirksam.*

Der gesetzliche Vertreter hat jetzt die Wahl, ob er dem Vertrag zustimmt oder ihn „platzen" lässt und seine Zustimmung verweigert. Der Vertrag wird wirksam, wenn der gesetzliche Vertreter ihn genehmigt. Bis zur Genehmigung sind die Vertragsparteien an den Vertrag gebunden. Sie können ihn also nicht widerrufen oder sonst ignorieren. Die Genehmigung ist eine einseitige empfangsbedürftige Willenserklärung, die ausdrücklich oder konkludent erklärt werden kann, § 184. Erklärungsempfänger kann der Minderjährige oder der andere Vertragsteil sein.

Die Genehmigung hat die nachträgliche Zustimmung des gesetzlichen Vertreters mit dem Vertragsschluss durch den Minderjährigen zum Inhalt. Sie bewirkt, dass das Rechtsgeschäft von Anfang als gültig zu betrachten ist, § 184 I.

Beispiel 21: Der 17-jährige M bestellt ein Jahresabonnement für die Zeitung Bravo, ohne dass seine Eltern davon wissen. Als sie erfahren, warum für M jede Woche eine von ihnen nicht bestellte Zeitung im Briefkasten liegt, erklärt M ihnen alles. Die Eltern erklären, das habe M gut gemacht.

Die Erklärung der Eltern ist eine Genehmigung nach § 108. Der Vertrag war somit von Anfang an wirksam. Die Genehmigung konnten die Eltern auch dem M gegenüber erklären. Die Eltern hätten die Genehmigung verweigern können, dann wäre der Vertrag endgültig unwirksam. M müsste die bereits gelieferten Exemplare der Zeitschrift zurückgeben, bekäme aber das bereits bezahlte Geld zurück. Die Eltern können frei entscheiden. Weder können M noch der Zeitschriftenhändler die Genehmigung rechtlich erzwingen. Allerdings könnte der Zeitschriftenlieferant nach § 108 II vorgehen. Bis zur Entscheidung über die Genehmigung sind die Vertragspartner gebunden.

- War das vom beschränkt Geschäftsfähigen getätigte Rechtsgeschäft hingegen ein **einseitiges Rechtsgeschäft**, dann gilt § 111. Einseitige, **nicht empfangsbedürftige** Rechtsgeschäfte (Auslobung nach § 657, Eigentumsaufgabe, § 959) sind endgültig unwirksam, § 111 S. 1.

Beispiel 22: Wirft der Minderjährige M ohne Einwilligung seiner Eltern sein Radio auf den Sperrmüll, dann ist damit das Eigentum nicht aufgegeben[83]. Eine nachträgliche Zustimmung des gesetzlichen Vertreters kann daran nichts ändern.

Einseitige, zugangsbedürftige Rechtsgeschäfte sind ebenfalls grundsätzlich endgültig unwirksam.

---

[83] Beim Testament gelten besondere Vorschriften, § 2229.

Beispiel 23: Der 17-Jährige M hat mit Einverständnis der Eltern ein Zimmer von V für 200 € monatlich gemietet. Er kündigt den Mietvertrag fristlos, weil der Zustand des Zimmers gesundheitsgefährdend sei (§ 569 I 1). V akzeptiert die Kündigung nicht. Kann V von M auch weiterhin die Miete verlangen?

V könnte weiterhin aus § 535 den Mietzins verlangen, wenn die Kündigung unwirksam wäre. Die Kündigung hat M erklärt, fraglich ist, ob sie nach § 107 wirksam ist. Einen lediglich rechtlichen Vorteil bietet die Kündigung nicht, da durch die Kündigung ein Rückabwicklungsverhältnis entsteht, aus dem M beispielsweise zur Rückgabe der Mietsache (§ 546) verpflichtet ist.

Die Kündigung könnte aber mit Einwilligung der Eltern als gesetzliche Vertreter erfolgt sein. Eine ausdrückliche Einwilligung liegt nach dem Sachverhalt nicht vor. Es könnte aber eine Einwilligung darin liegen, dass die Eltern dem Mietvertrag zugestimmt haben. Es ist durch Auslegung zu ermitteln, ob die erklärte Einwilligung auch die Auflösung des Mietverhältnisses umfasst. Es kann aber nicht dem erkennbaren Willen der Eltern entsprechen, dass sie das Gegenteil ihrer Einwilligung in das Mietverhältnis wollten. Deswegen ist die Kündigung nicht von der Einwilligung zum Abschluss des Mietvertrages gedeckt. M hat ohne Einwilligung des gesetzlichen Vertreters gekündigt. Die Kündigung ist eine einseitige, empfangsbedürftige Willenserklärung. Sie ist nach § 111 S. 1 unheilbar unwirksam.

Beispiel 24: Der 17-Jährige M hat sich, ohne dass seine Eltern etwas davon wissen, einen gebrauchten PKW für 1.000 € von V gekauft. Er hat 300 € aus eigener Tasche angezahlt. Die restlichen 700 € zahlt er in monatlichen Raten von 50 €. 4 Monate nach dem Kauf wird M volljährig. Es stehen noch 200 € des Kaufpreises aus, als die Eltern des M von dem Kauf erfahren. Sie sind empört und verweigern die Genehmigung. M zahlt auch die nächste Rate. V will wissen, ob der Kaufvertrag Bestand hat.

Die Beantwortung hängt von der Frage ab, ob die Verweigerung der Genehmigung durch die Eltern erheblich ist. Das wäre der Fall, wenn im Zeitpunkt ihrer Erklärung der Kaufvertrag noch schwebend unwirksam war und die Eltern noch die Genehmigung verweigern konnten, auch wenn M volljährig geworden ist. Im Zeitpunkt des Eintritts des M in die Volljährigkeit, war der Kaufvertrag schwebend unwirksam.

Weil es ein Kreditgeschäft war, und der Kaufpreis noch nicht vollständig bezahlt war, hat der M einen nicht lediglich rechtlich vorteilhaften Vertrag ohne Einwilligung des gesetzlichen Vertreters abgeschlossen. Aber die Eltern hatte keine Befugnis mehr, über den Vertrag zu entscheiden. Nach § 108 III geht diese Befugnis nämlich auf den volljährig gewordenen M über. Er hat mit seiner Ratenzahlung nach Erreichen der Volljährigkeit den Vertrag konkludent genehmigt.

Bei Rechtsgeschäften zwischen Eltern und nicht voll geschäftsfähigen Kindern hat das Gesetz Kontrollen eingebaut: §§ 1629 II S. 1 mit § 1795 und §§ 1643 I und II, 1821, 1822.

IV. Teilgeschäftsfähigkeit

Der gesetzliche Vertreter kann den beschränkt Geschäftsfähigen ermächtigen, eine selbständige Tätigkeit berufsmäßig auszuüben, § 112, sogenannte **Handelsmündigkeit**. Durch die Herabsetzung des Volljährigkeitsalters auf 18 Jahre sind Fälle, die diese Vorschrift betreffen, aber kaum noch zu finden.

Die Folge einer solchen Ermächtigung ist, dass der beschränkt Geschäftsfähige für alle Rechtsgeschäfte, die diese Tätigkeit mit sich bringt, in seiner Geschäftsfähigkeit nicht beschränkt ist. Insoweit ist der beschränkt Geschäftsfähige auch prozessfähig, §§ 51, 52 ZPO.

Ermächtigt der gesetzliche Vertreter den beschränkt Geschäftsfähigen, in Dienst und Arbeit zu treten, § 113, sog. **Arbeitsmündigkeit**, so kann der Minderjährige selbständig, also insoweit voll geschäftsfähig, alle Rechtsgeschäfte vornehmen, die die Eingehung oder Aufhebung von Dienst- oder Arbeitsverhältnissen betreffen.

Beispiel 25: Der 16-jährige M tritt mit Zustimmung seiner Eltern am 01.03. bei der Fa. A als Lagerarbeiter ein. Er mietet sich ein Zimmer, tritt der Gewerkschaft bei und nimmt zum Autokauf ein Darlehen über 4.000 € auf. Sind die Verträge wirksam?

144

Die Ermächtigung der Eltern des M umfasst die Eingehung eines Mietvertrages, wenn die Arbeitsstelle außerhalb der Ortschaft liegt, in der M
bei seinen Eltern wohnte. Gedeckt ist auch der Gewerkschaftsbeitritt, da
dies dem M die Möglichkeit gibt, auf den Inhalt seines Arbeitsverhält-
nisses einzuwirken. Nicht gedeckt ist aber das Darlehen, denn M benötigt
als Lagerarbeiter kein Auto.

Übersicht: Prüfung der Willenserklärung eines Minderjährigen

Minderjähriger	Geschäftsfähigkeit	Willenserklärung
bis 6 Jahre einschließ-lich	nein	nichtig
von 7 bis 17 Jahren einschließlich, § 104 Nr. 2 liegt vor	nein	nichtig
von 7 bis 17 Jahren einschließlich, § 104 Nr. 2 liegt *nicht* vor	beschränkt geschäftsfähig	wirksam, wenn ledig-lich rechtlich vorteil-haft, § 107
von 7 bis 17 Jahren einschließlich, § 104 Nr. 2 liegt *nicht* vor	beschränkt geschäftsfähig	nicht lediglich rechtlich vorteilhaft → mit Einwilligung ist Vertrag wirksam,§ 107
von 7 bis 17 Jahren einschließlich, § 104 Nr. 2 liegt *nicht* vor	beschränkt geschäftsfähig	nicht lediglich rechtlich vorteilhaft → ohne Einwilligung ist Vertrag schwebend unwirksam → mit Genehmigung wird er wirksam, § 108 → mit Verweigerung der Genehmigung endgültig unwirksam

▶ Literatur

📖 Rüthers/Stadler, Allgemeiner Teil des BGB, 17. Aufl., § 23

📖 Leipold, BGB I Einführung und Allgemeiner Teil, 6. Aufl., § 11

📖 Köhler, BGB Allgemeiner Teil, 36. Aufl., § 10

📖 Löwisch/Neumann, Allgemeiner Teil des BGB, 7. Aufl.,
Rdnr. 345 – 381

📖 Weth, JuS 1998, 795 (zur Schwarzfahrt Minderjähriger)

📖 Heim, JuS 2003, 141 (zu § 105 a)

§ 12

Formnichtige Geschäfte

I. Die Bedeutung der Form

Zu unterscheiden sind gesetzliche Formerfordernisse und vereinbarte Formerfordernisse.

Rechtsgeschäfte sind von Gesetzes wegen grundsätzlich formfrei. Der Grundsatz der Formfreiheit gehört zu den drei Säulen der Vertragsfreiheit im BGB. Er dient der Leichtigkeit der Abwicklung des Güterverkehrs. Das bedeutet, dass der Erklärende seinen rechtserheblichen Willen in beliebiger Art und Weise äußern kann. Er kann dies schriftlich, mit gesprochenen Worten oder durch Gestik tun. Die damit verbundene Gefahr unklarer Erklärungen, auch bei komplizierten und wirtschaftlich bedeutenden Geschäften, nimmt der Gesetzgeber in Kauf. Er überlässt es grundsätzlich den Parteien, ob sie eine Form für erforderlich halten.

Beispiel 1: K bestellt bei V eine von diesem selbstgefertigte Maschine speziell für den Betrieb des K zum Preis von 250.000 €. V und K vereinbaren aber alles nur mündlich.

Der Vertrag ist zustande gekommen, wenn zwei übereinstimmende Willenserklärungen vorliegen. Diese sind nicht formgebunden, auch wenn es sich um ein hochwertiges Gut handelt und Herstellung sowie weitere Fragen wie Pflichtenheft, Wartung, Einbau, Betriebsanleitung oder die Vertragsabwicklung kompliziert sind. Wenn die Parteien Klarheit haben wollen, können sie von sich aus eine Form vereinbaren.

Für Rechtsgeschäfte von **rechtlich besonderer Tragweite** hat der Gesetzgeber bestimmte Formerfordernisse aufgestellt (gesetzliches Formerfordernis). Sie finden sich überall im BGB, weniger im Schuldrecht, mehr im Sachen-, Familien- und Erbrecht.

Im Allgemeinen Teil ist, von wenigen Ausnahmen abgesehen, nicht geregelt, *welche* Rechtsgeschäfte formbedürftig sind. Der Allgemeine Teil regelt nur die Voraussetzungen für die Einhaltung von bestimmten Formen.

Beispiele für Vorschriften, in denen der Gesetzgeber Rechtsgeschäfte für formbedürftig hält: Die *Verpflichtung* zum Erwerb und/oder Veräußerung von Grundstücken (§ 311 b I); der dingliche Vertrag über die Veräußerung eines Grundstücks (Auflassung) ist im Hinblick auf eine bestimmte Form in § 925 geregelt; das Schenkungsversprechen (§ 518); der Ehevertrag (§ 1410); der Erbvertrag (§ 2276); das Verbraucherdarlehen (§ 492); das Bürgschaftsversprechen (§ 766); der Mietvertrag unter den besonderen Voraussetzungen des § 550; die Kündigung des Mietverhältnisses über Wohnraum (§ 568 I); die Kündigung eines Arbeitsvertrages (§ 623); das Testament (§ 2247).

II. Zweck der Form

Die Formbedürftigkeit kann verschiedene Absichten verfolgen. Dabei können auch mehrere Zwecke verfolgt werden:

1. Beratungszweck

Verlangt beispielsweise das Gesetz in § 311 b I die notarielle Beurkundung, so soll damit sichergestellt werden, dass die Vertragsparteien über die Tragweite des Rechtsgeschäfts von einem neutralen und kundigen Dritten beraten werden.

2. Warnzweck

Das Formerfordernis der notariellen Beurkundung will den „verlierenden Teil" auch vor übereiltem Handeln warnen. Der Bürge soll gut überlegen, bevor er das Bürgschaftsversprechen eingeht. Deswegen muss er die Bürgschaft schriftlich erklären, § 766.

3. Beweiszweck

Die Schriftform der §§ 550, 568 oder 623, aber auch die notarielle Beurkundung, wollen Klarheit und damit Beweisbarkeit dessen, was geregelt wurde. Die besondere Form des Testaments in § 2247 will den Nachweis sichern, dass die letztwillige Verfügung auch vom Erblasser stammt.

Der Zweck der Formschrift ist maßgebend dafür, in welchem Umfang Abreden von der Form erfasst werden.

III. Arten der Form und die vom Gesetzgeber aufgestellten Erfordernisse zur ihrer Erfüllung

1. Notarielle Beurkundung

Da die notarielle Beurkundung unterschiedliche Zwecke verfolgt und damit von besonderer Bedeutung ist, werden auch weitgehende Förmlichkeiten verlangt. Sie sind im **Beurkundungsgesetz** im Einzelnen geregelt.

2. Schriftform, § 126 BGB

a. Urkunde

Die Erklärung muss in einer Urkunde enthalten sein (**Festhaltefunktion; lateinisch: Perpetuierungsfunktion**), d.h. schriftlich verkörpert werden. Das Material der Urkunde ist unerheblich. Es muss aber in der Lage sein, die Schriftzeichen dauernd zu binden. Ein Bürgschaftsversprechen kann daher auch auf einem Bierdeckel festgehalten oder in Stein gemeißelt sein. Dateien genügen, solange sie sich auf dem Bildschirm befinden, nicht den Anforderungen einer schriftlichen Verkörperung. Erst nach Abspeicherung auf einen Datenträger, von dem aus dann die Erklärung ausgedruckt werden kann, ist die Festhaltefunktion erfüllt.

b. Namensunterschrift

Die Urkunde muss **von dem Aussteller eigenhändig durch Namensunterschrift unterzeichnet** werden. „Von dem Aussteller" bedeutet, dass der Erklärende die Unterschrift leistet. Im Falle der Stellvertretung ist Erklärender der Vertreter und nicht der Vertretene.

Beispiel 2: Der weitbekannte Schlagerstar Ernst Müller tritt nur unter dem Namen *Enzo Cari* auf. Ihm gehören zwei Wohnungen. Eine Wohnung vermietet er an Martin Meier. Den Mietvertrag hat der Vermieter mit *Enzo Cari* unterschrieben. Ist der Mietvertrag formwirksam abgeschlossen?

Die Unterschrift soll sicherstellen, dass die über der Unterschrift stehenden Erklärungen vom Aussteller der Urkunde stammen. Enzo Cari ist das Pseudonym von Ernst Müller. Damit ist die Person eindeutig identifizierbar. Die Unterschrift ist gültig.

„Eigenhändig" bedeutet, dass der Unterzeichnende mit seiner Hand die Schriftzeichen setzt. Dabei kann ein anderer Schreibhilfe leisten. Diese darf aber über eine bloße Unterstützung (Arm halten) nicht hinausgehen. Deswegen ist die Schriftform bei Faksimileunterschriften nicht eingehalten.

> Empfangsbedürftige Willenserklärungen, die formbedürftig sind, müssen nicht nur formgerecht abgefasst sein, sie müssen auch in der vorgeschriebenen Form dem Empfänger zugehen.

Beispiel 3: S hat bei G Schulden. G verlangt, dass S einen Bürgen stellt. B erklärt sich bereit und faxt dem G seine Bürgschaftserklärung, die G annimmt, § 765. Als B aus der Bürgschaft in Anspruch genommen werden soll, beruft sich dieser auf die Nichtigkeit wegen Formmangels. Zu Recht?

§ 766 verlangt, dass das Versprechen des Bürgen schriftlich erfolgt. In Schriftform muss sie daher dem Gläubiger zugehen. Die Schriftform ist nicht gewahrt. Denn die von B geleistete Unterschrift ist dem G nicht zugegangen. Nur eine Kopie hat G erhalten. Gleiches gilt auch für eingescannnte Unterschriften.

150

„**Unter**zeichnet" bedeutet räumlicher **Abschluss**. Die Unterschrift muss unter dem Text stehen. Eine *Ober- oder Überschrift* genügt nicht.

Bei einem **Vertrag** muss die Unterzeichnung der Parteien auf einer Urkunde erfolgen, § 126 II S.1. Damit genügt ein Vertrag nicht der Schriftform, dessen Angebot und Annahme jeweils vom Erklärenden unterzeichnet sind.

Beispiel 4: V hat seine Wohnung an M für zwei Jahre vermietet. Der Mietvertrag kam zustande, indem V ein Exemplar mit allen Bedingungen urkundlich aufgesetzt hat und von ihm unterschrieben an M geschickt hat. M hat schriftlich mit Unterschrift geantwortet: „Alles o.k. Ich bin mit allem einverstanden." Als M nach zwei Jahren nicht auszieht, verlangt V die Räumung. Zu Recht?

Ein Zeitmietvertrag über eine Wohnung, der über ein Jahr hinausgeht, muss schriftlich abgeschlossen sein, § 550. Anderenfalls läuft er auf unbestimmte Zeit. Hier ist fraglich, ob die Vertragsparteien die Anforderungen des § 126 II erfüllt haben. Ersichtlich wurde § 126 II S. 1 nicht beachtet. Die Unterschriften sind auf verschiedenen Urkunden gesetzt. Der Mietvertrag ist auf unbestimmte Zeit geschlossen worden, § 550 S. 1.

3. Die elektronische Form, § 126 a

Die elektronische Form kann die Schriftform ersetzen, § 126 III. In manchen Vorschriften ist aber die Ersetzung ausgeschlossen, z.B. beim Verbraucherdarlehen, § 492 I 2.

Wenn die Schriftform wirksam durch die elektronische Form ersetzt werden soll, müssen die Voraussetzungen des § 126 a I erfüllt werden. Bei der elektronischen Form fehlt zwar die Unterschrift, aber durch die qualifizierte Signatur nach dem Signaturgesetz und dem Hinzufügen des Namens des Ausstellers zu dem Dokument wird die Echtheit und Unverfälschtheit der Erklärung gesichert. Die Einzelheiten zur qualifizierten Signatur stehen im Signaturgesetz.

4. Die Textform, § 126 b

Der Textform genügt bereits die E-Mail. Auch hier fehlt die eigenhändige Unterschrift. Eine qualifizierte Signatur ist nicht erforderlich. Von daher lässt der Gesetzgeber nur dort die Textform ausreichen, wo es vorrangig um die dauerhafte Fixierung der Erklärung geht. Textform genügt bei der Widerrufsbelehrung nach § 355 I 2. Wenn § 126 b eine Nachbildung der Unterschrift verlangt, dann verzichtet er auf die Eigenhändigkeit der Unterschrift.

5. Öffentliche Beglaubigung, § 129

Die Erklärung muss schriftlich abgefasst sein und vom Notar beglaubigt werden. Das Verfahren richtet sich auch hier nach dem Beurkundungsgesetz, speziell nach §§ 39 ff. BeurkG. Die öffentliche Beglaubigung wird häufig bei Erklärungen und Anträgen gegenüber Behörden verlangt, z. B. die Anmeldung zum Vereinsregister oder die Ausschlagung der Erbschaft.

6. Andere Formen im BGB

Im BGB finden sich auch andere Form-Arten, wie z.B. § 925: die gleichzeitige Anwesenheit (**heißt nicht persönliche**) vor dem Notar; nach § 2247 muss der gesamte Text eigenhändig geschrieben sein, es reicht nicht die eigenhändige Unterschrift aus.

IV. Der Umfang der Form

Es gilt der **Grundsatz der Gesamtbeurkundung**.

Merke: Alles, was gesetzlich geregelt werden muss oder *nach dem Willen der Parteien* in dem Rechtsgeschäft geregelt werden soll, ist formgebunden.

Beispiel 5: V verkaufte mit notariellem Kaufvertrag sein Grundstück an K. V hatte sich außerdem verpflichtet, auf seinem Grundstück zunächst ein Haus zu bauen. Den Vertrag darüber haben V und K schriftlich mit allen Einzelheiten niedergelegt. Als V sich weigert, das Haus zu bauen, erklärt K den Grundstückskaufvertrag für „null und nichtig". V meint, K müsse das Grundstück abnehmen und den Kaufpreis bezahlen. Stimmt das?

Eine Pflicht des K zur Zahlung und Abnahme bestünde nach § 433 II nur, wenn die Parteien einen wirksamen Kaufvertrag abgeschlossen haben. Der Kaufvertrag über das Grundstück wurde zwar notariell beurkundet, aber nach dem Willen der Parteien sollten noch darüber hinaus gehende Pflichten begründet werden, nämlich der Hausbau. Damit verstößt der Vertrag gegen das Erfordernis der Gesamtbeurkundung. Er ist nichtig, § 125.

Beachte: Eine unvollständige Beurkundung liegt auch dann vor, wenn zwar alle erforderlichen Erklärungen beurkundet sind, aber die Hauptpflicht nicht bestimmt genug ist.

Beispiel 6: S hat bei vielen Gläubigern Schulden, auch bei G. B und S kommen überein, dass B sich für die Schuld des S gegenüber G verbürgen soll. B erklärt schriftlich: „Ich verbürge mich für die Schulden des S." Diese Erklärung erfüllt nicht die Anforderung an die Bestimmtheit der Hauptpflicht, nämlich der Bürgenhaftung. Denn der Gläubiger des Hauptschuldners ist nicht genannt.

V. Folgen eines Formverstoßes

1. Nichtigkeit

§ 125 ordnet an, dass das Rechtsgeschäft, das nicht die gesetzlich vorgeschriebene Form eingehalten hat, nichtig ist. Diese Folge ist grundsätzlich unausweichlich. Die gesetzlichen Formvorschriften sind zwingend. Sie können von den Parteien nicht durch Vereinbarung aufgehoben werden. Wer ein Grundstück verkauft, muss zum Notar. Wer sich verbürgt, muss sein Versprechen schriftlich erklären (Ausnahme: der Kaufmann, § 350 I HGB).

Die Folgen der Nichtigkeit bedeuten: Aus einem **Verpflichtungs-vertrag,** der formbedürftig ist und der die Form nicht eingehalten hat, erwachsen *keine vertraglichen* Ansprüche. Sind aufgrund eines wegen Nichteinhaltung der Form unwirksamen Verpflich-tungsvertrages die Leistungen teilweise oder vollständig erfolgt, entsteht ein Rückgewähranspruch nach § 812 I 1 1. Alt.

Verstößt ein **Verfügungsvertrag** gegen die Form (z.B. § 925), so tritt die mit der Verfügung gewollte Rechtsänderung nicht ein. Eine unter Formverstoß erklärte Auflassung bewirkt keinen Eigentums-wechsel am Grundstück.

Ein **einseitiges Rechtsgeschäft,** das die Form nicht einhält, be-wirkt keine Rechtsfolge. Ist die Kündigung eines Wohnraummiet-verhältnisses formunwirksam erklärt, dann ist das Mietverhältnis nicht aufgehoben. § 542 I greift nicht ein.

Bei manchen Verträgen mildert das Gesetz die Rechtsfolge der Nichtigkeit durch **Heilung** ab: Der Vertrag wird gültig, so bei Grundstücksverträgen, § 311 b I S. 2 BGB; oder bei der Schenk-ung, § 518 II BGB. Aber nur der Formmangel wird geheilt. Das heißt, dass die Erklärungen im Übrigen alle Erfordernisse eines gültigen Rechtsgeschäfts erfüllen müssen.

Beispiel 7: Wie *Beispiel 5,* nur bevor es zum Streit kommt, wurde K als Eigentümer eingetragen. Nach § 311 b I S. 2 ist der Mangel der Form geheilt. Der Vertrag war von Anfang an gültig. Damit sind aber auch die außerhalb der Urkunde festgehaltenen Pflichten begründet. V muss das Haus bauen.

2. Andere Folgen

Das Gesetz sieht ausnahmsweise auch andere Folgen vor: Bei manchen Verträgen tritt keine Nichtigkeit ein, sondern der Vertrag wird inhaltlich **umgestaltet:** § 550 BGB bestimmt, dass der Miet-vertrag nunmehr auf unbestimmte Zeit abgeschlossen ist. Dies verdeutlicht *Beispiel 4.*

VI. Sonderfall: Die durch Rechtsgeschäft bestimmte Form

Aus dem Grundsatz der Vertragsfreiheit folgt, dass die Parteien für die Vornahme eines Rechtsgeschäfts eine bestimmte Form vereinbaren können. Dabei sind sie frei in der Wahl, sie können jede rechtlich zulässige Form wählen (insbesondere gesetzliche Formvorschriften dürfen dem nicht entgegenstehen), sie können auch eigene Anforderungen an die Wahrung der Form stellen, z.B. Schriftform, Einschreiben als Zugangsform.

§ 127 I stellt klar, dass, wenn die Parteien eine in den §§ 126 – 126 b aufgeführte gesetzliche Form vereinbaren, im Zweifel auch die Voraussetzungen dieser Vorschriften für die Einhaltung der Form vereinbart sind (Auslegungsregel). Darüber hinaus enthalten die §§ 127 II und III für bestimmte Fälle Formerleichterungen.

Verstößt das Rechtsgeschäft gegen die **vereinbarte** Form, so bestimmt § 125 S. 2, dass nur *im Zweifel* Nichtigkeit eintritt. Wollten die Parteien auch bei Nichteinhaltung der Form das Geschäft gelten lassen, dann folgt aus dem Formverstoß keine Nichtigkeit. In diesen Fällen haben die Parteien die Einhaltung einer bestimmten Form für das Rechtsgeschäft nur zu *Beweiszwecken* vereinbart. Es kommt also darauf an, was die Parteien gewollt haben. Dieser Wille ist durch **Auslegung** festzustellen.

Nur wenn nach der Auslegung ein eindeutiger Wille nicht feststellbar ist (= „im Zweifel"), ist das Rechtsgeschäft wegen Formmangels nichtig. Soll die Einhaltung der vereinbarten Form Gültigkeitsvoraussetzung für das Rechtsgeschäft sein, dann spricht man von einer **konstitutiven Form**. Soll die Form nicht Gültigkeitsvoraussetzung sein, dann wird diese Form **deklaratorische Form** genannt.

Beispiel 8: Wie *Beispiel 1.* K und V kommen bei den Vorgesprächen überein, dass man die Leistungen schriftlich fixieren wolle. K setzt daraufhin ein ausführliches Angebot mit allen Einzelheiten auf. V antwortet mit einer kurzen schriftlichen und unterschriebenen Erklärung: Einverstanden. Nachdem der Vertrag abgewickelt worden ist, treten Mängel auf. V beruft sich darauf, dass der Vertrag wegen Formverstoßes nichtig sei.

Die Parteien haben eine Schriftform vereinbart. Die gesetzlichen Anforderungen wurden zwar nicht eingehalten, die Parteien begnügten sich aber mit ihrer Art der Schriftform, die Leistungen sollten schriftlich fixiert werden. § 127 I lässt das zu.

Beispiel 9: V vermietet an M eine Lagerhalle zum Mietzins von 1.000 € monatlich. In dem Mietvertrag haben sie festgehalten, dass Änderungen des schriftlichen Vertrages der Schriftform bedürfen. Nach 6 Monaten erklärt V mündlich, dass er 100 € Miete monatlich mehr haben will. Dem stimmt M mündlich zu. 6 Monate zahlt M die 1.100 €, dann beruft er sich auf den Mietvertrag und die Formwidrigkeit der mündlichen Vereinbarung.

Den Parteien eines Vertrages ist es aus Gründen der Vertragsfreiheit unbenommen, besondere Formen ihrer Willenserklärungen zu vereinbaren. Sie können diese Vereinbarungen aber auch wieder aufheben. Diese Aufhebungsvereinbarung ist nicht an die vereinbarte Form gebunden. Deswegen haben V und M mündlich das Formerfordernis aufgehoben und eine wirksame mündliche Mieterhöhung vereinbart.

▸ Literatur

📖 Rüthers/Stadler, Allgemeiner Teil des BGB, 17. Aufl., § 24

📖 Leipold, BGB I Einführung und Allgemeiner Teil, 6. Aufl., § 16

📖 Köhler, BGB Allgemeiner Teil, 36. Aufl., § 12

📖 Löwisch/Neumann, Allgemeiner Teil des BGB, 7. Aufl., Rdnr. 173 - 194

📖 Hähnchen, NJW 2001, 2831ff.

📖 Hoeren, NJW 2000, 188 ff:

§ 13

Verbotene Rechtsgeschäfte

Nach § 134 ist ein Rechtsgeschäft nichtig, wenn es gegen ein gesetzliches Verbot verstößt, es sei denn, aus dem Gesetz ergibt sich etwas anderes.

I. Die Bedeutung des § 134

Um sich die Bedeutung des § 134 klar zu machen, gehen wir für einen Moment davon aus, es gäbe diese Vorschrift nicht. Wir stellen uns folgenden Sachverhalt vor und überlegen uns die Rechtslage:

Beispiel 1: A bittet den arbeitslosen Anstreicher D, dass dieser seine Wohnung tapeziert. Auf eine Rechnung verzichtet er. Als D mit der Arbeit fertig ist, weigert sich A, dem D das vereinbarte Entgelt zu zahlen mit dem Hinweis, es habe sich um ein verbotenes Geschäft über Schwarzarbeit gehandelt.

Nach dem Gesetz zur Bekämpfung der Schwarzarbeit ist diese verboten. Deswegen könnten A und D unter Umständen bestraft werden oder sie müssten eine Geldbuße bezahlen. Aber das interessiert hier nicht. Was ist mit dem Lohn der Arbeit? Da – wir blenden ja § 134 aus – es keine Rechtsnorm gibt, die für diesen Fall gilt - ob § 138 Anwendung findet, ist höchst zweifelhaft - müsste, da das Gesetz über die Schwarzarbeit über die zivilrechtlichen Folgen nichts aussagt, der Werkvertrag zwischen A und D wirksam sein, D also sein Geld bekommen. Ein strafrechtliches oder in anderen Rechtsnormen aufgestelltes Verbot muss nicht zwingend die Nichtigkeit des Rechtsgeschäfts nach sich ziehen. Da es aber § 134 gibt, wäre zu prüfen, ob diese Norm hier eingreift.

Beispiel 2: In der Stadt S existiert eine Polizeiverordnung, die bei Androhung eines Bußgeldes Gastwirten verbietet, nach 24 Uhr Alkohol auszuschenken. G bedient noch um 0 Uhr 30 seine Gäste mit Bier. A weigert sich, die Zeche zu zahlen, weil G mit dem Ausschenken gegen die Polizeiverordnung verstoßen hat.

Vom Rechtsgefühl her können wir dem A nicht beipflichten. Die Polizeistunde verbietet den Ausschank nicht, um späten Gästen den Genuss von kostenlosem Bier zu ermöglichen. Aber § 134 könnte hier eingreifen. Wäre das der Fall, müsste A nicht bezahlen (aber nach § 812 I S. 1 den Wert des Bieres ersetzen).

Beispiel 3: A annonciert in der Tageszeitung unter der Rubrik „Kontakte": „Biete dem Herren erotische Entspannungsmassagen und mehr". § 120 des Gesetzes über Ordnungswidrigkeiten droht dem ein Bußgeld an, der gegen Entgelt Gelegenheiten zu sexuellen Handlungen anbietet. Ist damit die Annonce zu bezahlen, auch wenn im Gesetz das Aufsetzen von Annoncen nicht ausdrücklich untersagt ist?

Es gibt zahlreiche Vorschriften, die bestimmte Verhaltensweisen gesetzlich verbieten. Als erstes ist dabei an das Strafrecht zu denken. Aber auch zahlreiche andere Gesetze, wie das Gesetz über Ordnungswidrigkeiten (OwiG), Polizeiverordnungen usw. stellen Handlungen unter ein Verbot.

Hat dieses Gesetz selbst bestimmt, dass die Vornahme eines Rechtsgeschäfts auch unter das verbotene Verhalten fällt und dass ein solches Rechtsgeschäft nichtig ist, wäre § 134 überflüssig.

Beispiel 5: Stünde in *Beispiel 3* in § 120 OwiG, dass auch das Schalten einer Annonce darunter fällt und dieses Rechtsgeschäft nichtig sei, dann könnte auf § 134 verzichtet werden.

Da aber Verbote ein bestimmtes **Verhalten** betreffen und nicht unmittelbar auf die Vornahme eines Rechtsgeschäfts abzielen, ist immer zu prüfen, ob unter dieses Verhalten auch die Vornahme eines Rechtsgeschäfts fällt. § 134 nun ordnet die Nichtigkeit des Rechtsgeschäfts an, wenn dieses von dem Gesetz verboten ist. Damit stellt § 134 die Einheit der Rechtsordnung her[84].

---

[84] Rüthers/Stadler, Allgemeiner Teil des BGB, 14. Aufl., § 26, Rdnr. 2.

II. Das Verbotsgesetz

Es muss ein Verbotsgesetz vorliegen. Gesetz im Sinne des § 134 ist jede Rechtsnorm im materiellen Sinn, Art. 2 EGBGB. Also gehören dazu neben den Gesetzen im formellen Sinn auch Rechtsverordnungen. Es ist unerheblich, aus welchem Rechtsgebiet die Norm stammt.

Ein Verbotsgesetz liegt nur dann vor, wenn ein bestimmtes Verhalten untersagt ist. Dies ist nicht der Fall, wenn das Gesetz nur eine „Soll-Vorschrift" ist, wie § 58. Auch hier ist auf das Strafgesetzbuch zu verweisen. Die Normen, wie die Bestrafung von Mord, Totschlag oder Körperverletzung, sind eindeutig Verbotsgesetze.

III. Das Verbotsgesetz muss die Vornahme eines Rechtsgeschäfts verbieten

Die Rechtsnorm, gegen deren Verbot verstoßen wurde, muss die Vornahme eines Rechtsgeschäfts verbieten. Da dies nicht ausdrücklich ausgesprochen ist, muss das Verbotsgesetz dahin geprüft werden, ob das Verhalten auch die Vornahme des Rechtsgeschäfts meint. Dies richtet sich, wenn es nicht ausdrücklich bestimmt ist, nach dem Zweck des Verbotsgesetzes.

Beispiel 5: Nach § 259 StGB ist die Hehlerei strafbar. Wollte man die Vornahme eines Rechtsgeschäfts, beispielsweise den Ankauf gestohlener Ware, nicht unter den Begriff der Hehlerei bringen, wäre § 259 StGB ein ziemlich „stumpfes Schwert".

Beispiel 6: In *Beispiel 1* umfasst das Gesetz zur Bekämpfung der Schwarzarbeit auch und gerade den Abschluss des Vertrages. Anderenfalls wäre das Gesetz so gut wie überflüssig.

IV. Die Ausnahme: „Wenn sich aus dem Gesetz nichts anderes ergibt"

Hat man sich in den unter 2. und 3. geschilderten Schritten vergewissert, dass das Rechtsgeschäft aufgrund des Verbotsgesetzes verboten ist, so ist das Rechtsgeschäft grundsätzlich nichtig, § 134. Aber § 134 verlangt vor der endgültigen Feststellung dieser Folge, dass geprüft wird, ob sich aus dem Gesetz nicht etwas anderes ergibt.

Man muss also das **Verbotsgesetz** fragen, ob es auch tatsächlich die *Nichtigkeitsfolge* will. Das könnte deswegen fraglich sein, weil die Nichtigkeitsfolge im Einzelfall wegen der besonderen Art des Verbots zu seiner Durchsetzung möglicherweise nicht erforderlich ist.

Beispiel 7: Betrachten wir das *Beispiel 2,* so richtet sich die Polizeistunde nicht an den Gast, sondern es ist Sache des Gastwirts, sie einzuhalten.

Beispiel 8: Ein Blick auf § 259 StGB lässt keinen Zweifel, dass der Verkauf gestohlener Waren von der Nichtigkeitsfolge erfasst sein soll.

Es muss also bei § 134 die Prüfung des einzelnen Falles erfolgen, ob die Nichtigkeitsfolge dem Zweck des Verbotsgesetzes entspricht. Anhaltspunkte sind:

- **Strafnormen** bezwecken regelmäßig die Nichtigkeit des verbotenen Rechtsgeschäfts.
- Richtet sich das Verbot nur an den **einen** der am Rechtsgeschäft **Beteiligten**, ist eine Nichtigkeitsfolge eher nicht beabsichtigt, es sei denn, überwiegende Belange der Allgemeinheit stehen dem entgegen.

Beispiel 9: P ist krank und sucht seinen Hausarzt A auf. Dieser hat inzwischen die Einziehung der Honorarforderungen einem Inkassobüro überlassen. Als P die Arztrechnung vom Inkassobüro I erhält, fragt er, ob I dazu berechtigt ist.

160

Das Überlassen des Einzugs der Honorarforderungen stellt sich rechtlich als Abtretung der Forderung nach § 398 dar. Dies geschieht durch Vertrag und führt dazu, dass der Arzt Informationen über seinen Patienten an das Inkassobüro weiter gibt. Hier hat also I von A Daten über P erhalten. Das verstößt gegen die ärztliche Schweigepflicht. § 203 I Nr. 1 StGB stellt den Verstoß gegen die berufliche Schweigepflicht unter Strafe. Obwohl Adressat des Verbots nur der Arzt ist, muss § 203 StGB als Verbotsgesetz im Sinn des § 134 angesehen werden mit der Folge, dass die Abtretung an I nichtig ist. Deswegen lassen sich die Ärzte heute die Zustimmung ihrer Patienten zur Abtretung geben. Dann liegt keine Verletzung der ärztlichen Schweigepflicht vor.

Beispiel 10: Die Rechtsfolge in *Beispiel 1* unter Berücksichtigung des § 134 könnte durchaus zweifelhaft sein. Der BGH hat aber entschieden, dass der Vertrag nichtig ist, wenn der Auftraggeber weiß, dass es sich um Schwarzarbeit handelt[85].

Beispiel 11: In *Beispiel 2* ist einhellige Ansicht, dass sich das Verbot nur gegen die äußeren Umstände des Rechtsgeschäfts richtet und daher § 134 nicht eingreift.

Beispiel 12: Nach Auffassung des BGH ist der Vertrag über die Schaltung einer Annonce, wie im *Beispiel 3* gezeigt, nichtig[86].

V. Die Nichtigkeitsfolgen im Einzelnen

Die Nichtigkeit des Rechtsgeschäfts nach § 134 führt dazu, dass die gewollten Rechtsfolgen nicht eintreten. Dies betrifft zunächst das Verpflichtungsgeschäft. Die beabsichtigten Pflichten entstehen nicht. Das Verfügungsgeschäft ist nur unwirksam, wenn es auch unter das Verbotsgesetz fällt (Abstraktionsgrundsatz[87]). Dies ist beispielsweise bei der Hehlerei der Fall.

---

[85] Zum beidseitigen Verstoß BGH NJW 1990, 2542; zum einseitigen Verstoß BGH NJW 1985, 2403; Rüthers/Stadler, Allgemeiner Teil des BGB, 14. Aufl., § 26, Rdnr. 9.

[86] BGH NJW 1992, 2557, inzwischen wegen der geänderten Gesetzeslage (Prostitutionsgesetz) fraglich.

[87] Siehe hierzu die Ausführungen auf S. 48 ff.

Schema: Verstoß gegen ein gesetzliches Verbot, § 134

1. Liegt ein Verbotsgesetz vor? Wenn ja:
2. Fällt die Vornahme des Rechtsgeschäfts unter das verbotene Verhalten?
3. Wenn ja, dann ist das Rechtsgeschäft **grundsätzlich nichtig.** Aber es muss geprüft werden, ob die Rechtsfolge der Nichtigkeit **ausnahmsweise** doch nicht vom Verbotsgesetz bezweckt ist.

§ 14

Sittenwidrige Rechtsgeschäfte

Vorbemerkung: Nach § 138 I BGB ist ein Rechtsgeschäft nichtig, das gegen die guten Sitten verstößt. Es handelt sich um einen Einwand gegen die Folgen, die jemand aus einem Rechtsgeschäft geltend macht.

Wer § 138 I prüfen und anwenden will, wird erkennen, dass der Begriff der *guten Sitten* nur schwer zu erfassen ist, weil er sehr viele Deutungsmöglichkeiten eröffnet. Dagegen sind in § 138 II einzelne Merkmale konkreter umschrieben.

§ 138 II ist daher die speziellere Vorschrift und deswegen in der Fallprüfung *vor* § 138 I zu prüfen[88].

In der folgenden Darstellung wird zunächst der Begriff der Sittenwidrigkeit dargestellt, weil er weit über den in § 138 II umschriebenen konkreten Tatbestand hinausgeht. Es folgt die Darstellung der allgemeinen Voraussetzungen, die gleichermaßen für die Anwendbarkeit der §§ 138 I und II gelten. Schließlich werden dann einzelne Fallgruppen aufgezeigt.

---

[88] BGH NJW 2003, 1860.

I. Der Begriff der Sittenwidrigkeit

1. Von den Verständnisschwierigkeiten

Beispiel 1: V hat F und M eine Zweizimmerwohnung vermietet. F und M haben sich zunächst als verheiratetes Ehepaar ausgegeben. Nach Abschluss des Mietvertrages erfährt V, dass M und F nicht verheiratet sind. Er hält den Mietvertrag für null und nichtig. Zu Recht?

Dieser Fall war (abgewandelt) Gegenstand einer Entscheidung des Amtsgerichts Emden (NJW 1975, 1383). Heute schmunzeln wir eher darüber und legen ihn in die Mottenkiste verstaubter Moral. Das Amtsgericht hat aber Sittenwidrigkeit angenommen, weil der Vertrag den außerehelichen Geschlechtsverkehr fördere. Im Streitfall würde der Richter heute allerdings wohl anders entscheiden als seinerzeit das Amtsgericht Emden.

Beispiel 2: M ist verheiratet, aber oft auf Geschäftsreisen, auch mit anderen Damen. Als seine Ehefrau das erfährt, will sie sich scheiden lassen. M will jedoch (um jeden Preis) an der Ehe festhalten. Seine Ehefrau ist schließlich bereit, mit ihm die Ehe fortzusetzen, die Eheleute vereinbaren jedoch, dass M sich verpflichtet, die Geschäftsreisen nur noch alleine zu unternehmen. Für jeden Fall der Zuwiderhandlung vereinbaren sie, dass M 5.000 € als Vertragsstrafe an F zahlt. M kann es nicht lassen, seine Ehefrau verlangt 5.000 €.

Jeder würde in diesem Fall der Frau die Vertragsstrafe nicht zusprechen. Das Verhalten, zu dem F ihren Mann vertraglich anhalten wollte, und das wir unterstützen, kann F nicht rechtlich erzwingen. M ist hier in seiner persönlichen Handlungsfreiheit im Umgang mit seiner Ehefrau übermäßig eingeschränkt. Der Vertrag ist sittenwidrig. F muss sich etwas anderes überlegen, um M zur Treue anzuhalten.

Beispiel 3: Der junge und gesunde J fährt im Linienbus der Stadtwerke S. Es sind alle Plätze belegt als die 86-jährige G einsteigt. Der Fahrer F fordert J auf, G Platz zu machen, was J ablehnt.

J kann *rechtlich* nicht zum Aufstehen gezwungen werden. Dass man alten Menschen im Bus Platz macht, wenn man jung und gesund ist, folgt nicht aus Rechtsnormen. Und ein Verstoß dagegen wird nicht von der Rechtsordnung sanktioniert. Allgemein übliche *Konventionen* sind nicht Bestandteil der Sittenordnung.

Wegen der unterschiedlichen Auffassungen zum Begriff der Sittenwidrigkeit in Rechtsprechung und Literatur sollte man sich als Definition und damit als Formulierung für den Einstieg in die Fallprüfung die von der Rechtsprechung gebrauchte Formulierung merken:

Ein Rechtsgeschäft verstößt gegen die guten Sitten, wenn sein Gesamtcharakter, der sich aus der Zusammenfassung von Inhalt, Beweggrund und Zweck ergibt, gegen das *Anstandsgefühl aller billig und gerecht Denkenden verstößt.*

Leider ist auch diese Bestimmung wenig konkret (Anstands*gefühl)* und lässt den Anwender bei der Prüfung des Rechtsgeschäfts auf Sittenwidrigkeit ziemlich allein. Aus ihr ergeben sich zunächst aber zwei wichtige Folgerungen. Sonderanschauungen von Moralaposteln oder „Freigeistern" sind nicht maßgebend. Ebenso darf der Anwender (im Streitfall der Richter) nicht von *seinem persönlichen* Anstandsgefühl ausgehen. Auch hat das Anstandsgefühl nichts mit Benehmen zu tun. Für die Einhaltung allgemeiner Benimmregeln ist die Rechtsordnung nicht zuständig.

Das Anstandsgefühl aller billig und gerecht Denkenden wird im Wesentlichen von den allgemein anerkannten Grundsätzen der Rechtsethik und Sozialmoral geprägt.

Diese finden sich in erster Linie in den den Grundrechten zugrunde liegenden Wertentscheidungen, weshalb man von einer *mittelbaren Drittwirkung der Grundrechte* spricht.

2. Zur Wandelbarkeit der geltenden Rechts- und Sozialmoral

Das *Beispiel 1* hat gezeigt, dass die Grundsätze der Rechts- und Sozialmoral einem Wandel unterliegen. Dies wird insbesondere deutlich in der Sexualmoral. Seit der sog. sexuellen Revolution sind die Anschauungen auf diesem Gebiet wesentlich liberaler geworden. Auch in anderen Bereichen kam es zu einem Wechsel in der Beurteilung der Sittenwidrigkeit.

Beispiel 4: Rechtsanwalt R will nach erfolgreicher Tätigkeit in den Ruhestand gehen. Er verkauft seine Kanzlei einschließlich des Mandantenstammes an K für einen angemessenen Preis.

Früher war die Rechtsprechung der Ansicht, die Veräußerung einer Rechtsanwalts- oder Arztpraxis verstoße gegen das Anstandsgefühl aller billig und gerecht Denkenden, weil die Anwaltspraxis keine Grundlage für den Erwerb sei, sondern dem Recht diene; außerdem bestehe zwischen Rechtsanwalt (Arzt) und Mandant (Patient) ein besonderes Vertrauensverhältnis, sodass eine Veräußerung der Praxis anstößig erscheine[89]. Der Bundesgerichtshof[90] hat schon früh eine andere Meinung vertreten und zutreffend erkannt, dass die Führung einer Rechtsanwaltspraxis oder Arztpraxis durchaus dem Gelderwerb dient und dienen darf. Die besondere Vertrauensbeziehung zwischen Anwalt und Mandant oder Arzt und Patient rechtfertige es nicht, dem Rechtsanwalt oder Arzt die Möglichkeit zu nehmen, durch den Verkauf einer Praxis den Erfolg einer erfolgreichen beruflichen Tätigkeit zu "versilbern". Auch hier zeigt sich der Wandel in dem Verständnis des Begriffs „Sittenwidrigkeit".

Hinweis: Nur ergänzend sei darauf hingewiesen, dass die Weitergabe des Mandantenstammes (Patientenstammes) aber gegen die Pflicht des Anwalts (Arztes) zur Verschwiegenheit verstoßen kann. Dann würde die Weitergabe wegen § 134 nichtig sein[91].

---

[89] RGZ 153, 280 ff., wo aber bereits Ausnahmen von dem strikten Grundsatz zugelassen werden.
[90] BGHZ 43, 477.
[91] Siehe hierzu das *Beispiel 9* auf S. 159.

II. Allgemeines zur Feststellung der Sittenwidrigkeit

1. Beurteilungsgegenstand

Zu unterscheiden sind **Inhaltssittenwidrigkeit** und **Umstands-sittenwidrigkeit.**

- **Inhaltssittenwidrigkeit bedeutet**: Ein Rechtsgeschäft kann allein aufgrund seines Inhalts gegen die guten Sitten verstoßen.

Beispiel 5: R und S führen gemeinsam eine Rechtsanwaltssozietät (Gesellschaft des Bürgerlichen Rechts – GbR – nach §§ 705 ff.). S will ausscheiden. R und S vereinbaren, dass S in der Stadt, in der die Kanzlei geführt wird, nie wieder als Anwalt tätig sein darf. Ist diese Vereinbarung wirksam?

Bei der Vereinbarung handelt es sich um eine sog. Konkurrenzklausel (Wettbewerbsklausel). Sie verbietet dem S, in Konkurrenz zu R Wettbewerb zu treiben. Eine solche Klausel ist unwirksam, weil sie die wirtschaftliche Handlungsfreiheit des S *auf Dauer* einschränkt und damit sittlich anstößig ist. Diese Beurteilung folgt bereits aus dem Inhalt der getroffenen Vereinbarung (Inhaltssittenwidrigkeit). Motive oder der verfolgte Zweck ändern daran nichts. Es ist also gleichgültig, ob R in bester Absicht gehandelt hat.

- **Umstandssittenwidrigkeit:** Für den Abschluss eines Rechtsgeschäfts spielen aber darüber hinaus Beweggründe und verfolgte Ziele eine Rolle, die oft nicht Inhalt des Rechtsgeschäfts geworden sind.

Inhalt

Umstände
(Motivation, Ziel, Verhalten)

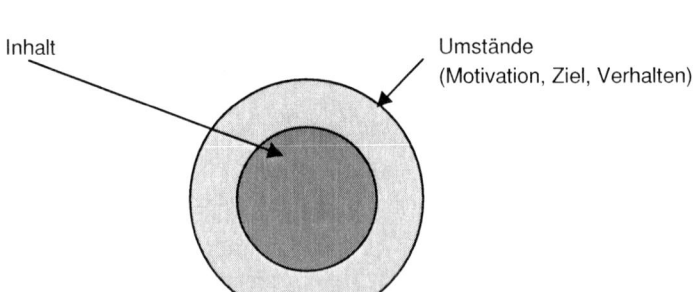

Beispiel 6: A kauft, ausgewiesen durch einen gültigen Waffenschein, bei B ein Gewehr zum Preis von 1.000 €.

Der Inhalt des Rechtsgeschäfts ist festgelegt. Die Parteien schulden einander, was § 433 I und II bestimmt. Bezüglich einer etwaigen Sittenwidrigkeit ist hier nichts Verdächtiges zu erkennen.

Das stellt sich anders dar, wenn A und B davon ausgehen, dass A mit dem Gewehr seinen Nebenbuhler erschießen will. Hier bekommt der Kauf durch die Motivation des A und den von A verfolgten Zweck, den B kennt, einen besonderen Gesamtcharakter. Der Inhalt verändert sich nicht. Dass die Rechtsordnung einen solchen Vertrag nicht als wirksam gelten lassen kann, ist evident. Hier folgt die Sittenwidrigkeit des Rechtsgeschäfts aus den nicht zum Inhalt zu zählenden Umständen, nämlich dem verfolgten Zweck.

2. Beurteilungszeitpunkt

Wenn die für die Sittenwidrigkeit maßgebenden rechtsethischen und sozialmoralischen Anschauungen einem Wandel unterliegen, so stellt sich die Frage, welche Anschauung maßgebend ist: Die im Zeitpunkt der Vornahme des Rechtsgeschäfts geltende, oder die, die im Zeitpunkt der Feststellung gültig ist[92]. Dies soll anhand der folgenden Beispiele erörtert werden:

Beispiel 7: In *Beispiel 1* wurde der Vertrag 1975 geschlossen. Nehmen Sie an, im Jahr 2007 steht der Vertrag zur Beurteilung an.

Beispiel 8: Der in *Beispiel 5* abgeschlossene Vertrag über den Verkauf der Praxis stammt aus dem Jahr 1942, zu beurteilen ist der Kaufvertrag 1987.

---

[92] Bei der Frage, ob ein Testament sittenwidrig ist, kommt als dritter Beurteilungszeitpunkt der Tod des Erblassers in Betracht.

> Maßgebende Anschauung für die Frage, ob ein Rechtsgeschäft gegen die guten Sitten verstößt, ist die im Zeitpunkt *der Vornahme des Rechtsgeschäfts* herrschende.

Einen Wertewandel zwischen dem Zeitpunkt der Vornahme des Rechtsgeschäfts und dem Zeitpunkt der Entscheidung hat daher der Richter nicht zu berücksichtigen. Er muss sich in die Zeit der Vornahme des Rechtsgeschäfts hinein versetzen, um eine Bewertung vornehmen zu können. Ist das unter dem Gesichtspunkt der geänderten Anschauungen seiner Zeit sittenwidrige Rechtsgeschäft heute nicht mehr sittenwidrig, bleibt das Rechtsgeschäft nichtig. Dies hat zur Konsequenz, dass die Leistungen, die aufgrund eines sittenwidrigen Vertrages erbracht wurden, ohne Rechtsgrund erfolgten und daher (Verjährungsproblematik einmal beiseite gelassen) zurückgefordert werden können (§ 812 I 1 S. 1 1. Alt.). Die damit verbundenen Schwierigkeiten wegen des zeitlichen Abstands müssen außer Betracht bleiben.

Umgekehrt gilt, dass ein nach heutigen Maßstäben sittenwidriges Rechtsgeschäft als gültig zu behandeln ist, wenn es im Zeitpunkt der Vornahme den guten Sitten entsprach. Eine rückwirkende Sittenwidrigkeit würde dem Gebot der Rechtssicherheit widersprechen.

Bei der Änderung der tatsächlichen Umstände gilt nichts anderes.

Beispiel 9: Die B-Bank gewährt dem S im Jahr 2004 ein verzinsliches Darlehen zu 12 %. Der marktübliche Zins beträgt im Zeitpunkt des Vertragsschlusses 5 %. Dieser Darlehensvertrag verstößt gegen die guten Sitten[93]. Wenn im Jahr 2012 der marktübliche Zins auf 7,5 % steigt, besteht zwischen Leistung und Gegenleistung kein auffälliges Missverhältnis mehr. Der Vertrag bleibt aber sittenwidrig.

---

[93] Siehe sogleich Beispiel 12.

III. Subjektive Voraussetzungen

1. Inhaltssittenwidrigkeit

Ist das Rechtsgeschäft bereits seinem Inhalt nach sittenwidrig, bedarf es weiterer subjektiver Voraussetzungen nicht. Denn der Inhalt wird vom Willen der Parteien bestimmt und damit sind besondere Kenntnisse nicht erforderlich. Eine besondere sittenwidrige Gesinnung oder eine Schädigungsabsicht sind nicht Voraussetzung. Auch ein *Bewusstsein der Sittenwidrigkeit* ist nicht erforderlich. Verstößt ein Rechtsgeschäft bereits aufgrund seines Inhalts gegen die guten Sitten, so führt auch die beste Absicht nicht zu einer Anerkennung des Rechtsgeschäfts.

2. Umstandssittenwidrigkeit

Beruht die Feststellung der Sittenwidrigkeit auf den weiteren Umständen, die den objektiven Inhalt des Rechtsgeschäfts begleiten, so ist von Fall zu Fall auf die besonderen subjektiven Voraussetzungen einzugehen. Wenn beispielsweise der verfolgte Zweck die Sittenwidrigkeit begründet (*Beispiel 6*), ergibt sich bereits daraus das Erfordernis einer subjektiven Einstellung. Im Übrigen verlangt die Rechtsprechung Kenntnis von den Umständen, die die Sittenwidrigkeit begründen. In manchen Entscheidungen hat der Bundesgerichtshof dies mit einer **verwerflichen Gesinnung** gleichgesetzt.

Beispiel 10: In *Beispiel 9* muss die Bank Kenntnis von dem marktüblichen Zins haben. Da S der Übervorteilte ist, kommt es auf seine Kenntnis nicht an. Wenn die Sittenwidrigkeit darin liegt, dass Dritte geschädigt werden, dann müssen beide Vertragspartner Kenntnis von den die Sittenwidrigkeit begründenden Umständen haben.

IV. Anwendungsbereich

§ 138 dient der Inhaltskontrolle von *Rechtsgeschäften*. Darunter fallen einseitige Rechtsgeschäfte, Verträge und Beschlüsse. Nicht nur Verpflichtungsverträge, auch Verfügungen können sittenwidrig sein.

Nicht von § 138 erfasst werden tatsächliche Handlungen (Realakte). Hier kommen Ansprüche auf Schadensersatz aus § 826 (vorsätzliche sittenwidrige Schädigung) oder auf Unterlassung bzw. Schadensersatz aus § 1 UWG (sittenwidriger Wettbewerb) in Betracht. Der Begriff der Sittenwidrigkeit in § 138 ist nicht identisch mit dem in § 826 bzw. § 1 UWG.

V. Fallgruppen

Prüfungsschritt

Ist ein Rechtsgeschäft auf eine eventuelle Sittenwidrigkeit zu prüfen, kann, wenn Anhaltspunkte vorliegen, die Prüfung mit dem § 138 II beginnen. Diese Vorschrift hat ihre Voraussetzungen so konkret umschrieben, dass eine Subsumtion ohne weiteres möglich ist. Liegen nicht alle Voraussetzungen des § 138 II vor, oder gibt der Sachverhalt für ein wucherisches Geschäft nichts her, steht aber dennoch die Frage der Sittenwidrigkeit im Raum, so muss § 138 I geprüft werden. Wegen der Offenheit des Begriffs der *Sittenwidrigkeit* können die Voraussetzungen des § 138 I nicht mit der gebotenen Eindeutigkeit allgemein umschrieben werden.

Daher haben sich **zur Konkretisierung** des § 138 I **Fallgruppen** herausgebildet. Diese führen zu einem besseren Verständnis und zu annähernd berechenbarer Anwendung. Diese Fallgruppen können daher bei der Bearbeitung eines Falles als weiterer Obersatz verwendet werden. Begonnen wird hier mit dem gesetzlich umschriebenen Spezialfall des § 138 II und einer ihm sehr ähnlichen Fallgruppe, dem *wucherähnlichen Geschäft*.

1. Wucher

Das **Wuchergeschäft** nach § 138 II ist in § 291 StGB unter Strafe gestellt. Daher ist in der praktischen Anwendung die Vorschrift des § 138 II durch den § 291 StGB im Wesentlichen überflüssig geworden. Die Nichtigkeit folgt aus § 134. Dennoch kann auf eine ausführliche Darstellung des § 138 II nicht verzichtet werden. Einmal ist sie für die Prüfung der §§ 134 BGB, 291 StGB relevant, zum anderen für das Verständnis des wucherähnlichen Geschäfts unerlässlich.

a. Der objektive Tatbestand des § 138 II

aa. Gegenseitiger Vertrag

Die erste Voraussetzung ist das Vorliegen eines gegenseitigen Vertrages. Denn § 138 II verlangt ein auffälliges Missverhältnis von Leistung und Gegenleistung. Ein solches Missverhältnis gibt es nur in gegenseitigen Verträgen.

Beispiel 11: Kaufverträge, Mietverträge, Dienstverträge, Werkverträge, Tauschverträge, verzinsliche Darlehen. Charakteristisch ist bei diesen Verträgen, dass ein Vertragspartner eine Leistung erbringt, um die Leistung des anderen Vertragspartners zu erhalten.

Nicht zu den gegenseitigen Verträgen zählen die zweiseitig verpflichtenden Verträge. Sie fallen wegen der fehlenden Gegenleistung nicht unter § 138 II, ebenso nicht die einseitig verpflichtenden (Beispiel: Schenkung).

Beispiele für zweiseitig verpflichtende Verträge: Leihe (§ 598), unentgeltliche Verwahrung (§ 688), zinsloses Darlehen, (§ 488).

bb. Auffälliges Missverhältnis

Die zweite Voraussetzung ist ein **auffälliges** Missverhältnis zwischen den Leistungen. Es genügt nicht allein ein (einfaches) Missverhältnis, denn die Bewertung der Leistungen gebührt zunächst allein den Vertragspartnern. Dies folgt aus der Privatautonomie. Der besonders Geschäftstüchtige, der einen Vorteil aus dem Vertrag zieht, soll nicht „bestraft" werden. Das Missverhältnis muss vielmehr deutlich ins Auge springen. Wann ein Missverhältnis so deutlich ist, dass es auffällt, lässt sich allgemeingültig kaum beschreiben. Immer ist die *Gesamtheit der Leistungspflichten* zu berücksichtigen.

Die Feststellung eines auffälligen Missverhältnisses setzt eine Bewertung der Leistungen voraus, die verglichen werden müssen.

Beispiel 12: G gewährt dem S ein Darlehen über 50.000 € mit einem Zinssatz von 12% jährlich. Ist der Darlehensvertrag wirksam, wenn angenommen wird, dass der marktübliche Zins (zu erfahren bei der Deutschen Bundesbank) sich im Zeitpunkt des Vertragsschlusses auf 5 % beläuft?

Bei Kreditverträgen hat der Bundesgerichtshof ein auffälliges Missverhältnis angenommen, wenn der Vertragszins den marktüblichen um 12 %-Punkte absolut oder um mehr als 100 % relativ übersteigt. Letzteres ist hier der Fall. Subjektiv muss die Bank den marktüblichen Zins kennen. Dann ist der Darlehensvertrag gemäß § 138 II nichtig.

Beispiel 13: V vermietet in seinem Haus *Bettstellen* für Ausländer. In jedem Zimmer stehen 6 Betten. Toilette und Waschgelegenheiten (Waschbecken, keine Dusche) befinden sich auf dem Flur. Pro Bettstelle verlangt V 600 € Miete. Ist der Mietvertrag wirksam?

Den Wert eines vermieteten Gegenstandes bestimmt der Marktpreis, wenn es sich um marktgängige Sachen handelt. Zwar ist eine Bettstelle marktgängig, aber in Deutschland wird man kaum dafür einen Mieter finden, allenfalls zu einem geringfügigen Preis. 600 € stehen dazu „in keinem Verhältnis", d. h. es liegt ein auffälliges, ja krasses Missverhältnis vor.

Beispiel 14: V verkauft an K ein echtes Gemälde des zeitgenössischen Künstlers van Mir für 28.000 €. Als K dem Kunstverständigen S das Bild zeigt, meint dieser, das Bild sei nur 10.000,00 € wert. K meint, der Vertrag sei wegen eines auffälligen Missverhältnisses unwirksam. Hat K Recht?

Die Schwierigkeit in diesem Fall besteht darin, dass es für ein Unikat keinen Marktpreis gibt. Deswegen wird es K kaum gelingen, den Richter von dem auffälligen Missverhältnis zu überzeugen.

Der Bundesgerichtshof hat ein auffälliges Missverhältnis bei mehr als 50 Prozent über dem Wert des Miet- oder Kaufgegenstandes angenommen[94].

cc. Die Schwächesituation des Bewucherten

(1) Die Zwangslage

> Eine **Zwangslage** besteht, wenn wegen einer gegenwärtigen Bedrängnis ein zwingendes Bedürfnis nach der Leistung besteht. Die Bedrängnis kann auf wirtschaftlichen, gesundheitlichen, politischen oder anderen Umständen beruhen.

Beispiel 15: E, 23-jährige Studentin, hat eine Studentenbude in Mainz gemietet. Die Vermieterin wohnt in Berlin. Als E den Mülleimer nachts hinaus bringt, fällt die Wohnungstür ins Schloss. Der Schlüssel liegt in der Wohnung. E sieht keine andere Möglichkeit, wieder in ihre Wohnung zu gelangen: Sie bestellt den Schlüsseldienst (S), da gerade Winter ist und Nachtfrost herrscht. S öffnet die Tür und verlangt 560 €. Objektiv (Zeitaufwand, Stundenlohn, Nachtzuschlag, eingesetztes Material) ist die Leistung nicht mehr als 200 € wert.

Ein *auffälliges Missverhältnis* zwischen der Leistung der E (560 €) und der des S ist gegeben. E hat fast das Dreifache des Werts der Leistung des S gezahlt. E ist in einer gegenwärtigen Bedrängnis, weil ihr gesundheitliche Schäden drohen; außerdem ist sie als junge Studentin nachts allein in einer psychischen Zwangslage. Dass E aus Unachtsamkeit diese Zwangslage selbst verschuldet hat, spielt keine Rolle.

---

[94] BGH NJW 2001, 1127.

Wenn S der E entgegenhält, sie hätte bei einer Freundin in der Nähe übernachten können, könnte es auf die Frage ankommen, ob es sich um eine tatsächliche gegenwärtige Zwangslage oder nur um eine angenommene handelt. Wäre letzteres der Fall, so wird eine Zwangslage verneint, weil diese objektiv vorliegen muss.

(2) Unerfahrenheit

> Unerfahrenheit meint den *allgemeinen* Mangel an Lebenserfahrung oder allgemein in geschäftlichen Dingen.

Fehlende Kenntnisse auf bestimmten Gebieten (z. B. technischer Art) sind keine allgemeine Unerfahrenheit. Wer sich also einen PC kauft und dafür einen überhöhten Preis zahlt, weil er sich technisch nicht hinreichend auskennt, kann sich nicht auf eine Unerfahrenheit i. S. d. § 138 II berufen. Eine allgemeine Unerfahrenheit in zumindest geschäftlichen Dingen kann vorliegen bei Jugendlichen, Aussiedlern oder Bewohnern der DDR in den ersten Jahren nach der Wiedervereinigung.

(3) Mangel an Urteilsvermögen

> Ein Mangel an Urteilsvermögen liegt vor, wenn der Betroffene unfähig ist, die Vor- und Nachteile des konkreten Geschäfts vernünftig zu beurteilen[95].

Dies kann z.B. bei Menschen mit einer Verstandesschwäche oder bei Jugendlichen oder sehr alten Menschen gegeben sein.

(4) Erhebliche Willensschwäche

> Der Bewucherte kann hier seine zutreffende Erkenntnis über Umfang und Bedeutung des Geschäfts nicht umsetzen und sein Verhalten danach ausrichten[96].

---

[95] Köhler, BGB Allgemeiner Teil, 30. Aufl., § 13, Rdnr. 37.

Er hat zwar verstanden, was das Geschäft bedeutet, kann aber nicht danach handeln, wie es bei geistig Beschränkten, Alkoholikern oder Drogensüchtigen vorkommen kann. Labilität gegenüber geschickter Werbung genügt nicht (z.b. im Rahmen sogenannter Kaffeefahrten)[97].

b. Der subjektive Tatbestand beim Wucherer

Bei dem Wucherer muss das Tatbestandsmerkmal der **Ausbeutung** vorliegen.

> Ausbeutung liegt vor, wenn der Wucherer weiß, dass sich sein Vertragspartner in einer der in § 138 II umschriebenen Notlagen befindet und er diese Situation bewusst ausnutzt.

Hinzu muss die Kenntnis des Wucherers kommen, dass der Bewucherte auf die Leistung zur Behebung seiner Zwangslage angewiesen ist.

Beispiel 16: M und F sind verheiratet. Während der Ehe bekommt F ein Kind von einem Asylbewerber (A). Als A abgeschoben werden soll, will F ihn heiraten, um zu erreichen, dass A hier bleibt. M und F sind sich einig und wollen sich scheiden lassen. M kauft im Rahmen dieser Einigung von F deren Grundstück, der Kaufpreis liegt etwa 2/3 unter dem Wert des Grundstücks. Hat M eine Notlage der F ausgebeutet?

Eine Sittenwidrigkeit wegen Wuchers nach § 138 II liegt nicht vor. Das Tatbestandsmerkmal der Ausbeutung ist nicht erfüllt. Zwar ist das Wertverhältnis zwischen Kaufpreis und Grundstückswert auffällig, da das Grundstück den dreifachen Wert des Kaufpreises hat. Hier fehlt jedoch, selbst wenn man der F eine emotionale Zwangslage zubilligt, das Tatbestandsmerkmal der Ausbeutung. F ist auf die Leistung ihres Mannes, nämlich die Zahlung des Kaufpreises, nicht angewiesen, um ihre Notlage (die emotionale Beziehung zum Asylbewerber) zu beheben.

---

[96] Köhler, wie Fußnote 98.
[97] Palandt/Heinrichs, § 138 BGB, Rndr 73.

Dies kann sie nur, wenn sie A heiratet. Allerdings könnte sich die Sittenwidrigkeit aus § 138 I ergeben.

Voraussetzung ist weiter die *Kenntnis des Wucherers von den Umständen, aus denen sich das auffällige Missverhältnis ergibt.*

2. Wucherähnliche Geschäfte

Wie vorstehend schon angedeutet, kann ein Rechtsgeschäft auch sittenwidrig sein, aber dann nach § 138 I, wenn ein Tatbestandsmerkmal des § 138 II nicht gegeben ist. Häufig nämlich gelingt es dem, der sich auf Wucher beruft, nicht, den Richter davon zu überzeugen, dass die Schwächesituation des Benachteiligten oder die subjektiven Voraussetzungen beim Wucherer (Ausbeutung) vorliegen. Dann kann nach § 138 I das Rechtsgeschäft sittenwidrig sein (*wucherähnliche* Rechtsgeschäfte). Daher ist die Prüfung, wenn § 138 II verneint wird, mit § 138 I fortzusetzen.

Wucherähnliche Rechtsgeschäfte sind sittenwidrig, wenn zwischen Leistung und Gegenleistung ein auffälliges Missverhältnis besteht und *weitere Umstände* hinzutreten (Gesamtcharakter), die das Rechtsgeschäft als sittlich anstößig erscheinen lassen.

Ein solcher Umstand ist in sehr häufigen Fällen die verwerfliche Gesinnung.

Eine **verwerfliche Gesinnung** liegt vor, wenn der Wucherer die aus wirtschaftlichen oder aus sonstigen Gründen schwächere Lage des anderen Teils (die aber noch nicht den Grad der in Absatz II aufgeführten Merkmale erreicht hat) bewusst zu seinem Vorteil ausnutzt oder sich zumindest leichtfertig der Erkenntnis verschließt, dass sich der andere Teil nur wegen seiner schwächeren wirtschaftlichen Lage auf das Geschäft einlässt.

Liegt ein **besonders auffälliges Missverhältnis** vor, z. B. wenn dem Bevorteilten knapp das Doppelte seiner eigenen Leistung versprochen wird, dann spricht die tatsächliche Vermutung für eine verwerfliche Gesinnung, d.h. dem Benachteiligten wird der Nachweis der verwerflichen Gesinnung erlassen, der Bevorteilte muss darlegen und beweisen, dass er nicht aus verwerflicher Gesinnung den Vertrag abgeschlossen hat. Dieser Grundsatz gilt z. B. bei einem außergewöhnlichen Risikogeschäft (insbesondere bei Krediten).

Beispiel 17 für Ratenkreditverträge: In *Beispiel 12* könnte es dem Kreditnehmer nicht gelingen, zu beweisen, dass bei ihm eine Schwächesituation vorhanden war. Aber das Verhältnis von Leistung und Gegenleistung ist allein im Vergleich der Zinssätze auffällig ungleich. Während der Geldmarkt die Kapitalüberlassung mit 5 % bewertet, lässt sich der Kreditgeber dafür 12 % geben, also mehr als das Doppelte.

Nicht nur die auffällige Differenz der Zinssätze – der Vertragszins ist als effektiver Jahreszins zu berechnen – kann das auffällige Missverhältnis begründen. Es können **andere Vertragsbedingungen** hinzukommen, die eine noch nicht auffällige Differenz bei einer Gesamtbeurteilung zu einem auffälligen Missverhältnis machen. So beispielsweise hohe Bearbeitungsgebühren, hohe Verzugszinsen, Vertragsstrafen usw.

Beispiel 18 für andere Austauschverträge: In *Beispiel 16* wird das Tatbestandsmerkmal der Ausbeutung verneint. Dennoch kann das Rechtsgeschäft sittenwidrig sein. Ein auffälliges Missverhältnis, ja ein krasses liegt vor. F bekommt für ihr Grundstück nur ein Drittel des Wertes des Grundstücks. Die verwerfliche Gesinnung wird bei einer Differenz der Leistungen von knapp dem Doppelten vermutet. Hier muss M daher Umstände darlegen und gegebenenfalls beweisen, warum ausnahmsweise keine verwerfliche Gesinnung anzunehmen ist.

Als weiterer Umstand für ein wucherähnliches Geschäft kommt die **Ausnutzung einer Monopolstellung** in Betracht.

Beispiel 19: Gaslieferant Gasprompt verkauft sein Gas an den End-verbraucher E für 13,41 % über seinem Bezugspreis. Der BGH hat diese Preisspanne für sittenwidrig überhöht angesehen.

Wer eine wirtschaftliche Machtstellung ausnutzt, um sich unan-gemessene Vorteile versprechen zu lassen, handelt sittenwidrig. Für eine Monopolstellung genügt eine tatsächliche wirtschaftliche Machtstellung.

3. Weitere Fallgruppen

a. Knebelungsverträge

> Knebelung liegt vor, wenn eine Vertragspartei die wirtschaftliche Bewegungsfreiheit der anderen Partei im Ganzen oder zu einem wesentlichen Teil so lähmt, dass sie ihre Selbständigkeit fast völlig verliert.

Beispiel 20: Der Kaufmann K hat große finanzielle Probleme. Sein Einzelhandelsgeschäft wirft nur noch ganz geringen Gewinn ab. Mit ihm kann er kaum seinen notwendigen Lebensunterhalt bestreiten. Die B-Bank bietet dem K einen Kredit an unter der Bedingung, dass die Führung des Geschäfts ausschließlich auf Weisung der B-Bank zu erfolgen hat. K darf ohne Zustimmung der B-Bank kein Geld aus dem Geschäft ziehen und keine Gegenstände veräußern. Greift § 138 I ein?

Außer dass K formell Inhaber des Geschäfts ist, bleibt ihm faktisch nichts von seinem Laden. Da sich hier die Sittenwidrigkeit bereits aus dem *Inhalt des Vertrages* ergibt, sind weitere subjektive Voraussetzungen für die Anwendbarkeit des § 138 I nicht erforderlich.

Beispiel 21: Gastwirt G hat von der Brauerei B zur Einrichtung seiner Gastwirtschaft ein Darlehen von 150.000 € zu marktüblichen Beding-ungen bekommen. Gleichzeitig hat sich G verpflichtet, für 50 Jahre Bier und nicht alkoholische Getränke ausschließlich von B zu beziehen. Greift § 138 I ein?

Durch eine so lange dauernde Bindung ist G nicht in der Lage, auf Veränderungen der Marktsituation zu reagieren. Die Bezugsbindung von länger als 30 Jahren ist sittenwidrig. Weitere Umstände müssen nicht hinzukommen, insbesondere sind keine weiteren subjektiven Voraussetzungen zu fordern.

Ebenfalls als Knebelungsvertrag anzusehen ist ein *vertragliches Wettbewerbsverbot* (vgl. dazu *Beispiel 5, S. 166*).

b. Die Bürgschaftsübernahme

Beispiel 22: S benötigt für sein Geschäft einen Kredit. Die B-Bank (B) gewährt dem S zu marktüblichen Konditionen ein Darlehen von 100.000 €. B verlangt aber, dass S einen Bürgen zur Sicherung ihres Rückforderungsanspruchs (§ 488 I 2) stellt. Die Tochter T des S, 21 Jahre, unverheiratet mit einem Kind und arbeitslos, stellt sich als Bürgin zur Verfügung. Der Angestellte der B erklärt der T, als diese auf ihre besondere Situation hinweist: „Das macht nichts", sie (die T) gehe keine große Verpflichtung ein, die Unterschrift sei nur für die Akten. Ist der Bürgschaftsvertrag wirksam?

Ein Bürgschaftsversprechen (§ 765 verlangt einen Vertrag) ist sittlich indifferent. Der Bürge weiß, worauf er sich einlässt, insbesondere erhält er keine Gegenleistung, er verpflichtet sich nur, für die Schulden eines anderen, des Hauptschuldners (hier S) einzutreten. Deswegen ist die Bürgschaftsverpflichtung ein äußerst riskantes Geschäft, weil der Bürge nicht weiß, ob er das Geld vom Hauptschuldner zurückbekommt.

Vorliegend kommen aber Umstände hinzu, die den Bürgschaftsvertrag sittenwidrig machen. T wird, wenn ihr Vater nicht zahlen kann, eine Verpflichtung eingehen, die sie *überfordert*. Denn sie wird nicht einmal die laufenden Zinsen (sie hat ja kein eigenes Einkommen) bezahlen können, d.h. ihre Schulden werden mit der Zeit immer höher steigen. Sie hat diese finanzielle Überforderung auf sich genommen, um ihrem Vater zu helfen und um dessen wirtschaftliche Existenz zu sichern *(emotionale Bindung)*. Schließlich *verharmlost* der Angestellte die Bedeutung der Verpflichtungserklärung in einem unverantwortlichen Maße. Diese Umstände zusammen führen zur Sittenwidrigkeit des Bürgschaftsvertrages.

Subjektiv muss für Sittenwidrigkeit *Kenntnis des Gläubigers von den tatsächlichen Umständen* vorliegen, denn daraus ist der Schluss gerechtfertigt, die Bank wolle zu ihrem eigenen Vorteil den Bürgen (hier T) wirtschaftlich überfordern. Bei entsprechender Kenntnis der B ist der Bürgschaftsvertrag also sittenwidrig.

Anmerkung: Das Argument, es ginge den Banken darum, Vermögensverschiebungen zu verhindern (Beispiel: S überträgt sein pfändbares Vermögen in großem Stil an T) lässt der BGH nur gelten (d. h. es entfällt die verwerfliche Gesinnung), wenn der Vertrag mit dem Bürgen ausdrücklich die Verpflichtung auf diesen Fall beschränkt.

c. Gläubigergefährdung

Beispiel 23: Die V-Bank (V) gewährt der Baufirma B einen Kredit über 200.000 €. Zur Sicherung ihres Rückzahlungsanspruchs lässt sie sich sämtliche Forderungen, die B gegen ihre Besteller hat, abtreten. Ist die Abtretung wirksam?

Diese Abtretung (§ 398) ist sittenwidrig. Sie nimmt der B sämtliche Einnahmen aus ihrer Tätigkeit. Da die Abtretung (es genügt ja ein Vertrag, ohne dass davon Dritte Kenntnis nehmen können) für Dritte nicht erkennbar ist, wissen andere Gläubiger der B nicht, dass die Einnahmen aus Bauvorhaben nicht dem B, sondern V zustehen. Diese Gläubiger werden kaum Haftungsvermögen bei B finden. Die Sittenwidrigkeit kann dann entfallen, wenn in dem Vertrag über die Abtretung an die V-Bank eine sogenannte *Freigabe-Klausel* eingefügt ist, d.h. mit Tilgungsfortschritt wird auch der Umfang der abgetretenen Forderungen reduziert.

In diesen Fällen richtet sich das sittenwidrige Verhalten nicht gegen den Vertragspartner, sondern gegen außen stehende Dritte, und zwar meist gegen den oder die Gläubiger. Beide Vertragspartner müssen die die Sittenwidrigkeit begründenden Umstände kennen.

d. Ehe- und familienbezogene Verträge

Beispiel 24: Frau A kann keine Kinder bekommen. Sie ist sich deshalb mit ihrem Mann einig, dass ein Kind von einer sogenannten Leihmutter ausgetragen werden soll. Die Leihmutter verpflichtet sich, das Kind nach der Geburt der Frau A und ihrem Mann zu überlassen.

Hier beruht die Sittenwidrigkeit darauf, dass ein ungeborenes Kind zum Gegenstand rechtsgeschäftlicher Vereinbarungen wurde.

e. Verträge über sexuelle Dienstleistungen

Sittenwidrigkeit bedeutet nicht Unsittlichkeit. Aber ein Verstoß gegen die Sexualanschauungen kann ein Rechtsgeschäft sittenwidrig machen. Früher waren Verträge, nach denen sexuelle Handlungen gegen Entgelt versprochen wurden, sittenwidrig. Dagegen bestimmt § 1 des Prostitutionsgesetzes, dass ein solcher Vertrag eine rechtswirksame Forderung begründet. Daraus könnte man schließen, dass solche Verträge nicht (mehr) sittenwidrig sind[98].

Beispiel 25: Verträge über den Erwerb von Telefonsex-Karten waren nach Ansicht des BGH sittenwidrig[99], indes stellt eine spätere Entscheidung[100] diese Auffassung grundsätzlich in Frage.

▸ Literatur zu § 13 und § 14

📖 Rüthers/Stadler, Allgemeiner Teil des BGB, 17. Aufl., § 26

📖 Leipold, BGB I Einführung und Allgemeiner Teil, 6. Aufl., § 20

📖 Köhler, BGB Allgemeiner Teil, 36. Aufl., § 13

📖 Coester-Waltjen, JuS 1987, 193 (zum Leihmuttervertrag)

---

[98] BGH NJW 2002, 361; allerdings umstritten: siehe Palandt/Heinrichs, Anh. zu 138, Rnr. 3 mit weiteren Nachweisen.

[99] BGH NJW 1998, 2895.

[100] BGH NJW 2002, 361.

§ 15

Fehler, die auf Willensmängeln beruhen

Bei der Auslegung wurde bereits erläutert, dass in manchen Fällen die Auslegung einen anderen Inhalt zur Geltung bringt, als es der Erklärende wollte. Dies beruht darauf, dass die Auslegung vom *Empfängerhorizont* aus erfolgt. Das Auseinanderfallen von Wille und Erklärung wird *Willensmangel* genannt.

Ein Willensmangel liegt nur dann vor, wenn nach der Auslegung das gilt, was nicht dem Willen des Erklärenden entspricht.

I. Der bewusste Willensmangel

Das BGB unterscheidet in den §§ 116 ff. den bewussten und den unbewussten Willensmangel. Bewusst ist der Willensmangel, wenn der Erklärende wissentlich etwas anderes erklärt, als er will. Bestes Beispiel hierfür ist der § 116. Diese Vorschrift regelt eine Selbstverständlichkeit: **Wenn der Wille nicht geäußert wird, bleibt er unbeachtlich.** Wer einen Kaufvertrag schließt, insgeheim aber den Kaufpreis nicht zahlen will, entgeht der Zahlungspflicht aus § 433 II daher nicht.

In Ausbildung und Praxis wichtig und im Verständnis nicht einfach ist der § 117, das Scheingeschäft.

Ein **Scheingeschäft** liegt vor, wenn die Geschäftspartner ein Rechtsgeschäft nur zum Schein abschließen. Sie wollen also das Rechtsgeschäft gar nicht, sondern nur den äußeren Schein eines Rechtsgeschäfts setzen.

Beispiel 1: Der Vorstand des Mietervereins V ist sich nicht sicher, bei der kommenden Wahl wieder gewählt zu werden. Um sich einer Mehrheit sicher zu sein, „wirbt" er willfährige „Mitglieder". A erklärt sich bereit, wobei für ihn und die Vorstandsmitglieder klar ist, dass A nicht förmlich Mitglied werden soll, auch keinen Mitgliedsbeitrag leisten muss, sondern dass A nur bei der Jahreshauptversammlung anwesend sein soll, um abzustimmen. In dieser Absicht unterzeichnet er seine Beitritts- und Aufnahmeerklärung. Darf A bei der Vorstandswahl mitstimmen?

A darf nur mitstimmen, wenn er Mitglied des Vereins geworden ist. Die „Aufnahme" des A in den Verein ist jedoch wegen § 117 I nichtig. Beide, A und der Vorstand wollten nicht, dass A Mitglied des Vereins wird. Sie wollten mit der Unterzeichnung der Erklärungen nur nach außen einen Scheinbeitritt dokumentieren. Da A nicht Vereinsmitglied geworden ist, darf er nicht mitstimmen. Tut er es dennoch, ist seine Stimmabgabe unwirksam.

Kein Scheingeschäft liegt vor, wenn die Parteien einen Vertrag abschließen, um einen Erfolg herbeizuführen, durch den aber ein Dritter getäuscht werden soll.

Beispiel 2: S ist aufgrund rechtskräftigen Urteils zur Zahlung von 40.000 € verurteilt worden. Er bezahlt aber nicht. Als die Zwangsvollstreckung droht, will er seinen Oldtimer vor dem Zugriff durch den Gerichtsvollzieher in Sicherheit bringen. Deswegen übereignet er den Oldtimer seiner Frau F, die in den Plan des S eingeweiht ist.

Hier wollten S und F, dass der Oldtimer nicht mehr zum Vermögen des S gehört. Es liegt nicht nur der Schein einer Eigentumsübertragung vor, sondern eine rechtlich gewollte Übereignung. Denn ohne eine rechtswirksame Übereignung könnte der Gerichtsvollzieher den Oldtimer pfänden.

§ 117 II greift bei dem in der Praxis häufig vorkommenden Fall der Falschbeurkundung des Kaufpreises beim Grundstückskauf ein.

Beispiel 3 (ein wichtiger Fall, der zur juristischen Allgemeinbildung gehört): V verkauft an K sein Grundstück. Beide sind sich einig, dass K dafür 250.000 € bezahlen soll. Um dem Finanzamt nicht den wahren Kaufpreis „unter die Nase zu binden" (um also Steuern zu sparen), lassen sie als Kaufpreis 190.000 € notariell beurkunden. Bevor K in das Grundbuch als Eigentümer eingetragen wird, verlangt V von K Zahlung von 250.000 €. K hält den Kaufvertrag für unwirksam und weigert sich zu zahlen. Kann V Bezahlung der 250.000 € von K verlangen?

Als Anspruchsgrundlage kommt § 433 II in Betracht. Das setzt den Abschluss eines gültigen Kaufvertrages voraus. Der Vertragsschluss liegt in der notariellen Beurkundung. Dort wurde ein falscher Kaufpreis festgehalten. Das ist ein Scheingeschäft nach § 117 I. Denn nach dem Willen der Vertragsparteien wollten sie einen Kaufvertrag über ein Grundstück zum Preis von 250.000 €, erklärt haben sie aber (nämlich um das Finanzamt zu hintergehen) den Kauf eines Grundstücks gegen Bezahlung von 190.000 €. Hier verdeckt der beurkundete Vertag einen anderen Vertrag. Deswegen gilt § 117 II. Es gilt der Kaufvertrag über 250.000 €. Aber diese Abrede ist nicht beurkundet worden und daher nichtig gemäß §§ 311 b I, 125.

Fazit: Das Beurkundete ist nicht gewollt, das Gewollte nicht beurkundet!

Keine Scheingeschäfte sind Treuhandgeschäfte oder Strohmanngeschäfte[101].

II. Die rechtliche Behandlung des Irrtums

Irrtum ist die unbewusste Fehlvorstellung von der Wirklichkeit.

Es handelt sich also bei dem Irrtum um einen **unbewussten Willensmangel**. Nicht jeder Irrtum wird vom Gesetz beachtet. Wir unterscheiden den beachtlichen vom unbeachtlichen Irrtum. Der beachtliche Irrtum berechtigt regelmäßig zur Anfechtung[102].

---

[101] Hierzu Köhler, BGB Allgemeiner Teil, 30. Aufl., § 7, Rdnr. 10; Leipold, BGB I Einführung und Allgemeiner Teil, 4. Aufl., § 17 Rdnr. 8.

[102] Die hier zu behandelnde Anfechtung hat nichts mit der Anfechtung im Insolvenzrecht zu tun.

Grundsätzlich *unbeachtlich* ist der **Motivirrtum**.

Unter einem Motivirrtum versteht man die Fehlvorstellung über tatsächliche Umstände, die nicht zur Willenserklärung selbst gehören, sondern *Grundlage für die Willensbildung* sind. Dieser Irrtum ist in der Praxis der häufigste Irrtum.

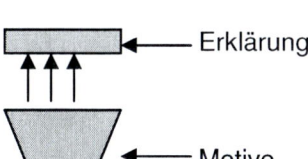

Erklärung

Motive

Beispiel 4: K betreibt einen Einzelhandel. Er kauft für das Weihnachtsgeschäft beim Großhändler G bestimmten Christbaumschmuck in der festen Überzeugung, das sei „der Renner". Tatsächlich wird der Christbaumschmuck zum „Ladenhüter". Liegt ein beachtlicher Irrtum bei K vor?

Die Erwartung, dass Kunden sich besonders für den von K eingekauften Schmuck interessieren, ist nur Anstoß (Motiv) für K, bei G den Schmuck einzukaufen. Könnte der K jetzt, nachdem seine Erwartungen unerfüllt blieben, anfechten mit der Folge des § 142, so würde dem G das Absatzrisiko des K aufgebürdet werden. Dass dies nicht sein kann, leuchtet unmittelbar ein. Es liegt also ein unbeachtlicher Motivirrtum des K vor.

Die §§ 119 II und 2078 werden als Fälle eines ausnahmsweise beachtlichen Motivirrtums angesehen.

> Unterscheide: Anfechtungs*recht* - Anfechtungs*erklärung* - Anfechtungs*wirkung!*

Der beachtliche Irrtum liefert einen **Anfechtungsgrund**. Dieser räumt dem Irrenden ein **Anfechtungsrecht** ein. Die **Nichtigkeit** eines **angefochtenen Rechtsgeschäfts** ergibt sich aus § 142 I BGB.

1. Das Anfechtungsrecht (Anfechtungsgrund)

Anfechtungsgründe des Allgemeinen Teils, die also für alle Rechtsgeschäfte gelten, sind in den §§ 119, 120, 123 geregelt. Weitere wichtige Anfechtungsgründe finden sich in den §§ 2078, 2079, die für letztwillige Verfügungen, also Testament und Erbvertrag, gelten.

Bevor ein Anfechtungsgrund festgestellt wird, ist durch Auslegung zu ermitteln, welcher Erklärungsinhalt gilt.

> Es gilt der Grundsatz: Auslegung geht vor Anfechtung!

Also: Erst ist der Erklärungsinhalt durch Auslegung festzustellen, dann ist zu fragen, welcher Wille sollte gelten, dann erst ist die Möglichkeit der Anfechtung ins Auge zu fassen.

a. Der Erklärungs- und Inhaltsirrtum, § 119 I

Der **Erklärungsirrtum** erfasst die Fälle des Verschreibens, Versprechens, Vergreifens und der fehlerhaften Übermittlung nach § 120. Der Wille ist zutreffend und irrtumsfrei gebildet. Bei der Setzung des äußeren Erklärungszeichens unterläuft dem Erklärenden aber ein Fehler.

Beispiel 5: V will seinen gebrauchten PKW zum Preis von 10.000 € verkaufen. In seinem schriftlichen Angebot an K verschreibt sich V und bietet
den PKW für 1.000 € an. K ist über das „Schnäppchen" begeistert und
nimmt das Angebot schriftlich an. Nun bemerkt V seinen Irrtum und will
den PKW nicht für 1.000 € verkaufen. K besteht auf Übereignung des
PKW gegen Bezahlung von 1.000 €. Zu Recht?

K könnte die Übereignung des PKW gegen Bezahlung von 1.000 € nach
§ 433 I verlangen, wenn ein Kaufvertrag mit diesen Bedingungen zustande gekommen ist. Es liegen zwei übereinstimmende Willenserklärungen vor. Anhaltspunkte dafür, dass K den Irrtum des V erkannt hat,
liegen nicht vor. Der Anspruch des K ist entstanden. V kann sich der aus
§ 433 I begründeten Pflicht nur entziehen, wenn er seine Willenserklärung
(den Antrag/das Angebot) wegen Erklärungsirrtums anficht. Ein Erklärungsirrtum liegt vor. Sind auch die weiteren Voraussetzungen der
Anfechtung gegeben, dann könnte V durch Anfechtung den Vertrag
„vernichtet" haben. Er müsste dann den PKW nicht liefern.

Beim **Inhaltsirrtum** irrt sich der Erklärende über die Bedeutung
seiner Erklärung. Er misst seinen Worten einen anderen Inhalt bei,
als den, der aufgrund der Auslegung aus der Sicht des Empfängers der Erklärung zukommt.

Beispiel 6[103]: Die Konrektorin der Realschule in H, Frau K, stellt fest,
dass der Schule Toilettenpapier fehlt. Sie bestellt „25 Gros Rollen
Toilettenpapier" bei V. Als dieser 3.600 Rollen Toilettenpapier anliefert,
bemerkt K, dass sie den Begriff „Gros" anders als V verstanden hat. K
wollte große Rollen (mit mehr Blättern), während V den Begriff „Gros" als
alte Mengenangabe (nämlich 144 Stück) verstanden hatte. V verlangt von
K Abnahme der gelieferte Ware und Bezahlung. K weigert sich. Zu
Recht?

V kann Abnahme der Ware und Bezahlung verlangen, wenn zwischen
dem Schulträger (Stadt), vertreten durch K[104], und V ein Kaufvertrag über

---

[103] Aus einer Entscheidung des Landgerichts Hanau, NJW 1979, S. 721.
[104] Die Schule ist eine unselbständige Anstalt und daher nicht rechtsfähig. Sie
       kann also nicht Träger von Rechten und Pflichten sein. Das ist vielmehr der
       Schulträger, die Stadt oder das Land bei öffentlichen Schulen. Bei privaten
       Schulen ist es ein privater Träger.

3.600 Rollen Toilettenpapier zustande gekommen ist. Das Angebot geht von K aus. Sie bestellt „25 Gros Rollen" Toilettenpapier. Damit erklärte sie aus der Sicht des V, sie wolle 3.600 Rollen Toilettenpapier kaufen (Auslegung vom Empfängerhorizont!). V hatte auch keinen Anlass, sein Verständnis von der Erklärung in Zweifel zu ziehen. Damit hat K 3.600 Rollen Toilettenpapier eingekauft und muss diese auch bezahlen. Allerdings hat sie sich über die Bedeutung des Begriffes „Gros" geirrt. Es liegt ein Inhaltsirrtum vor, der unter den weiteren Voraussetzungen zur Anfechtung berechtigt. Erfüllt K die weiteren Voraussetzungen einer wirksamen Anfechtung, ist der Vertrag nach § 142 I nichtig. Die Pflichten des § 433 sind dann rückwirkend weggefallen.

Bei einem Inhaltsirrtum ist oft die Mehrdeutigkeit oder die Unschärfe eines Begriffs im Spiel. Deswegen ist hier besondere Sorgfalt auf die vorher vorzunehmende Auslegung zu legen.

Beispiel 7: B bringt seinen PKW (grün lackiert) zur Werkstätte des S und erklärt: „Bitte schwarz lackieren". S sagt: „o.k." Als B den PKW abholt, ist der Lack schwarz. B protestiert, er habe gemeint: ohne Mehrwertsteuer. S ist entrüstet, solche Geschäfte mache er nicht. Muss B zahlen?

Zwischen S und B ist ein Werkvertrag über das Lackieren des PKW zustande gekommen. Der Vertragsgegenstand ist das Lackieren mit schwarzer Farbe. Ein Dissens liegt nicht vor, denn die Auslegung ergibt, dass S nicht von dem Angebot, ein gesetzwidriges Geschäft auszuführen, ausgehen durfte. Der gegenteilige Wille des B ist nicht zum Ausdruck gekommen. B könnte anfechten. Es liegt ein Inhaltsirrtum vor.

Der Rechtsfolgeirrtum: Der Rechtsfolgeirrtum ist auch ein Fall des Inhaltsirrtums. Er liegt vor, wenn der Erklärende mit seiner Erklärung eine andere Rechtsfolge will, als die eingetretene. Dass ein solcher Irrtum nicht schrankenlos zur Anfechtung berechtigt, leuchtet unmittelbar ein. Deswegen kann nicht jeder Rechtsfolgeirrtum ein Anfechtungsrecht begründen: Wer z.B. ein Auto verkauft, das Mängel aufweist, kann nicht nach Abwicklung des Kaufes anfechten mit der Begründung, er habe nichts von Gewährleistungsrechten gewusst (Unkenntnis schützt vor Haftung nicht). Es handelt sich um einen unbeachtlichen Rechtsfolgeirrtum.

Beispiel 8: A will im Urlaub eine Radtour unternehmen. Er geht deshalb zum Fahrradverleih des V. In Kenntnis des § 598, wonach die Leihe die *unentgeltliche* Gebrauchsüberlassung ist, glaubt A mit der Ausleihe das Fahrrad kostenlos nutzen zu können. Schließt A mit V einen Vertrag im Glauben, das Fahrrad kostenlos nutzen zu können, so irrt er. Die Auslegung ergibt, dass das Fahrrad *vermietet* wurde. Jeder muss aus den Umständen wissen, dass die gewerbsmäßige Nutzungsüberlassung nicht unentgeltlich erfolgt.

A hat aber mit seiner Erklärung eine Rechtsfolge herbeigeführt, die er nicht herbeiführen wollte. Das spricht für einen beachtlichen Inhaltsirrtum. Wenn sich die Einlassung des A nicht als „faule Ausrede" erweist (weil er sich über die nachteilige Rechtsfolge ärgert), kann er anfechten.

Das Gleiche würde gelten, wenn jemand in ein Taxi mit dem Schild „frei" einsteigt. Wenn der Gast glaubt, nun eine Freifahrt genießen zu können, irrt er. Die Auslegung ergibt auch hier, dass der Taxifahrer sein Geld bekommt. Aber man wird dem Gast ein Anfechtungsrecht einräumen, vorausgesetzt man nimmt dem Gast den Irrtum ab.

> Beachtlich ist der Rechtsfolgeirrtum, wenn er sich auf die **wesentlichen Bestandteile einer Willenserklärung** bezieht.

Zum Abschluss der Darstellung des Erklärungs- und Inhaltsirrtums ist schon einmal auf die Folgen einer eventuellen Anfechtung hinzuweisen: Der Anfechtende kommt nicht kostenlos aus der Angelegenheit heraus. Er muss nämlich bei dem *Fahrradverleih-Beispiel* gemäß § 812 I S. 1 1. Alt. die Nutzung wertmäßig ersetzen. Das wird auf die Leihgebühr hinauslaufen. Gleiches gilt für das *Taxi-Beispiel.*

b. Der Eigenschaftsirrtum, § 119 II

Bei einem Inhalts- oder Erklärungsirrtum fallen *Wille und Erklärung* auseinander. Beim Eigenschaftsirrtum ist die *Willensbildung* durch den Irrtum fehlerhaft beeinflusst. Von daher liegt ein Irrtum im Beweggrund vor, also ein ausnahmsweise beachtlicher Motivirrtum. Allerdings ist durch das Merkmal der *Verkehrswesentlichkeit* eine uferlose Anfechtungsmöglichkeit ausgeschlossen.

Das Gesetz unterscheidet den Irrtum über die verkehrswesentliche Eigenschaft einer Person und einer Sache.

- **Eigenschaften einer Sache** sind zunächst die Merkmale ihrer natürlichen Beschaffenheit, wie Größe, Gewicht, Material, Zusammensetzung oder Aggregatzustand. Darüber hinaus sind alle tatsächlichen und rechtlichen Beziehungen der Sache zu ihrer Umwelt als Eigenschaften im Sinne des § 119 II anerkannt.

Merke: Eigenschaften im Sinne des § 119 II sind alle wertbildenden Faktoren einer Sache. Sie müssen allerdings eine gewisse Beständigkeit aufweisen und sie müssen den Grund ihrer Beziehung in der Sache selbst haben.

Beispiel 9: Lage eines Grundstücks, Bebaubarkeit eines Grundstücks, die Urheberschaft eines Kunstwerkes, Alter des Gebrauchtwagens.

Nur die wertbildenden Faktoren, nicht der Wert oder der Preis selber gelten als Eigenschaften.

Beispiel 10: K will einen PC kaufen. Bei dem V-Markt wird der gewünschte Rechner für 699 € angeboten. Diesen Preis hält K für so ungewöhnlich niedrig, dass er „zugreift". Beim nächsten Gang in die Stadt sieht K den gleichen PC für 649 €. Dieser Preis bestand schon im Zeitpunkt des Kaufes durch K. K überlegt, ob er den Kauf bei V rückgängig machen kann.

Wenn K überlegt, den Kauf rückgängig zu machen, will er anfechten, denn ein Rücktrittsrecht hat er nicht. Als Anfechtungsgrund könnte § 119 II (Irrtum über eine verkehrswesentliche Eigenschaft) in Betracht kommen. Würde in diesem Fall die Anfechtung durchgehen, würde der rechtsgeschäftliche Verkehr praktisch lahm gelegt werden, weil sich immer noch eine preisgünstigere Gestaltung eines Vertrages denken lässt. K kann den Kauf bei V also nicht durch Anfechtung wegen eines Eigenschaftsirrtums (§ 119 II) rückgängig machen.

Keine Eigenschaft einer Sache ist auch das Eigentum. Es beeinflusst den Wert einer Sache nicht.

Sache: Der Begriff der Sache ist in § 119 II ungenau umschrieben. Es ist allgemeine Meinung, dass unter Sache im Sinne des § 119 II über die Definition des § 90 hinaus der **Gegenstand** verstanden wird. Also fallen auch Rechte darunter.

- **Eigenschaften einer Person** beispielsweise sind Geschlecht, Alter, Kreditwürdigkeit, Vorstrafen, Ausbildung.

Die Eigenschaft muss außerdem **verkehrswesentlich** sein.

Verkehrswesentlich ist die Eigenschaft dann, wenn sie nach der Anschauung der am rechtsgeschäftlichen Verkehr beteiligten Kreise gerade für das konkret vorgenommene Rechtsgeschäft als wesentlich anzusehen ist.

192

Beispiel 11:

- Wer als Bauarbeiter eingestellt ist, muss nicht kreditwürdig, aber von der Konstitution her in der Lage sein, auf dem Bau arbeiten zu können.
- Wer bei der Bank ein Darlehen aufnimmt, muss kreditwürdig sein, darf aber von schmächtiger Statur sein.
- Wer als Kassiererin im Supermarkt beschäftigt ist, darf keine Vorstrafe aufweisen (aber körperlich klein sein).
- Wer sich als Architekt verpflichtet, ein Haus zu bauen, muss der Ausbildung nach dazu in der Lage sein.
- Die als feuerfest gekaufte Tür muss aus entsprechendem Material sein.
- Wer ein Grundstück erwirbt, um es zu bebauen, wird die Bebaubarkeit als wesentlich ansehen; wer hingegen eine Wiese zum Mähen erwirbt, kann auf das Merkmal der Bebaubarkeit verzichten.
- Wer einen Goldring kauft, erwartet keinen vergoldeten Ring.

Wichtig für den **Arbeitsvertrag**: Die Schwangerschaft ist keine verkehrswesentliche Eigenschaft, da sie nur vorübergehend ist[105].

Für das Verhältnis des § 119 II zum Gewährleistungsrecht (insbesondere Kaufrecht) gilt der Grundsatz: Die Gewährleistungsrechte wegen des Fehlens der Eigenschaft einer Sache schließen die Anfechtung aus[106]. Daher sollte vor Anwendung des § 119 II stets geprüft werden, ob das Gewährleistungsrecht (insbesondere §§ 434 ff. für den *Käufer*[107]) als Spezialvorschrift den § 119 II verdrängt. Dazu muss ermittelt werden, ob ein Sachmangel im Sinne des § 434 vorliegt.

---

[105] Palandt/Heinrichs, § 119 BGB, Rdnr. 26.
[106] Niederle, Schuldrecht BT 1, S. 59 ff., dort auch mit Beispielen; Rüthers/Stadler, Allgemeiner Teil des BGB, 14. Aufl., § 25, Rdnr. 70.
[107] Dem *Verkäufer* soll eine Anfechtung hingegen u.U. möglich sein. Nur dann, wenn zu befürchten ist, dass der *Verkäufer* sich seiner Gewährleistungspflicht durch Anfechtung entziehen will, ist auch für ihn das Anfechtungsrecht ausgeschlossen., vgl. Köhler/Fritsche, JuS 1990, 16; Brox/Walker, Besonderes Schuldrecht, § 4 Rn. 137.

Zur Begründung wird von der h.M.[108] darauf verwiesen, dass die speziellen Regelungen des Gewährleistungsrechts, insbesondere Fristen, nicht durch Anfechtung umgangen werden sollen. So könnte z.B. der Käufer auch wegen eines Sachmangels, der ihm infolge grober Fahrlässigkeit unbekannt geblieben ist, anfechten, obwohl § 442 I S. 2 gerade in diesem Fall Gewährleistungsrechte des Käufers ausschließt.

c. Die unrichtige Übermittlung, § 120

Der Anfechtungsgrund des § 120 setzt voraus, dass ein Übermittlungsbote eingeschaltet worden ist, der für einen anderen dessen Willenserklärung übermittelt, dies jedoch *versehentlich* unrichtig, d.h. nicht so macht, wie ihm aufgetragen worden ist. Bei § 120 irrt also nicht der Erklärende, sondern der Bote.

Beispiel 12: A sagt zu seinem zwölfjährigen Sohn S: „Sage bitte dem Bäcker, dass wir für unser Familientreffen heute Nachmittag einen Kirschkuchen, zwei Erdbeertorten und drei Schokoladentorten bestellen". S wirft alles durcheinander und bestellt eine Schokoladentorte, drei Erdbeertorten und drei Kirschkuchen. Kann A anfechten?

Der A kann die durch seinen Boten S übermittelte Erklärung nach § 120 anfechten, muss dann aber nach § 122 Schadensersatz leisten!

Voraussetzung für die Anwendbarkeit des § 120 ist, dass der Bote die Willenserklärung *versehentlich falsch* übermittelt. Gibt der Bote dagegen *bewusst* eine andere als die ihm aufgetragene Erklärung ab, gilt nicht § 120, sondern §§ 177 ff. analog.

---

[108] Brox/Walker, Besonderes Schuldrecht, § 4 Rdnr. 135 ff.;
Lorenz/Riehm, Lehrbuch zum neuen Schuldrecht, S. 310 f.
Anderer Ansicht ist Musielak, Grundkurs BGB, Rdnr. 600, der vertritt, dass die § 437 ff. BGB seit der Schuldrechtsreform nicht mehr als abschließende Regelung verstanden werden könnten.

d. Die Einschränkung der Anfechtung

aa. Die subjektive und objektive Erheblichkeit des Irrtums oder die Ursächlichkeit des Irrtums

Dieses Merkmal der Einschränkung von Anfechtungsmöglichkeiten folgt aus dem Wortlaut in § 119 I: „wenn anzunehmen ist...". Daraus ergibt sich, dass ein Anfechtungsrecht nicht besteht, wenn der Irrtum für den Erklärenden *unerheblich* war.

> Unerheblich für den Erklärenden ist der Irrtum, wenn anzunehmen ist, dass der Erklärende auch bei Kenntnis der Sachlage die Willenserklärung abgegeben hätte *(subjektive Erheblichkeit des Irrtums)*.

Beispiel 13: A will mit dem Taxi zum Bahnhof und hat es sehr eilig. Er ist bereit, „jeden Preis" zu zahlen, wenn er nur rechzeitig den Zug erwischt. Als er das Taxi mit dem Schild „Taxi frei" sieht, glaubt er (irrtümlich), kostenlos rasch zum Bahnhof gebracht zu werden. Als er bezahlen soll, ficht er wegen Rechtsirrtums an[109]. Zu Recht?

Ein Anfechtungsrecht besteht nicht. Glaubt man dem A, dass er das Schild „Taxi frei" als Freifahrt verstanden hat, dann scheitert eine Anfechtung letztlich an der *subjektiven Erheblichkeit*. A wäre auch dann in das Taxi gestiegen, wenn er von vornherein gewusst hätte, dass die Fahrt ihren Preis hat (anders natürlich, wenn A meint, nun die Gelegenheit zu einer kostenlosen Spazierfahrt geboten zu bekommen).

Beispiel 14: K kauft bei V ein Bild. Nach dem Kauf stellt er fest, dass es der dreizehnte Druck ist. Nun ficht er an, weil er meint, das bringe ihm Unglück. Kann K anfechten?

Für einen derartigen Aberglauben haben wir heute kein Verständnis. Der Irrtum ist objektiv unerheblich, weil K „bei verständiger Würdigung des Falles" die Erklärung abgegeben hätte.

---

[109] siehe vorstehend zum Rechtsfolgeirrtum.

> Verständig würdigt, wer frei von Eigensinn, subjektiven Launen und törichten Anschauungen entscheidet[110], sog. **objektive Erheblichkeit.**

Beispiel 15: S hat bei der G-Bank einen Kredit über 200.000 € aufgenommen. G verlangt, dass S einen Bürgen stellt. B erklärt sich dazu bereit und schließt mit G einen Bürgschaftsvertrag (§ 765). S kann den Kredit nicht zurückzahlen, G nimmt B aus der Bürgschaft in Anspruch. B fragt, ob er wegen Irrtums über die Eigenschaften des Hauptschuldners, nämlich dessen Zahlungsfähigkeit, anfechten kann.

Ein Anfechtungsgrund bezüglich des Bürgschaftsvertrags zwischen G und B könnte ein Irrtum über die verkehrswesentliche Eigenschaft des S sein, § 119 II. Die Zahlungsfähigkeit ist eine verkehrswesentliche Eigenschaft einer Person, wenn es um Kreditgewährung oder Bürgschaft geht. Ein Anfechtungsgrund liegt also vor. Der Irrtum über die Zahlungsfähigkeit einer Person muss nicht den Vertragspartner betreffen, er kann sich auch auf Dritte beziehen. Hier aber ist zu beachten, dass das Bürgschaftsversprechen ein Geschäft ist, das gerade wegen einer eventuellen Zahlungsunfähigkeit des Schuldners abgeschlossen wird. Gerade dieses Risiko hat B vertraglich übernommen, muss es also tragen. Die objektive Erheblichkeit des Irrtums fehlt also. Deswegen kann B nicht anfechten.

bb. Die Bestätigung, § 144

Beispiel 16: In *Beispiel 6* (S. 187) erklärt die Konrektorin dem V, dass die 3.600 Rollen gut verwendet werden könnten.

Lässt der Anfechtungsberechtigte das Rechtsgeschäft gelten, auch wenn er vom Anfechtungsgrund weiß, entfällt das Anfechtungsrecht. K hat den anfechtbaren Vertrag bestätigt, § 144.

---

[110] NJW 1988, 2597, 2599; Leipold, BGB I Einführung und Allgemeiner Teil, 4. Aufl., § 18, Rdnr. 27.

cc. Die Anfechtungsfrist

Beispiel 17: V hat K zum Preis von 5.000 € seinen gebrauchten PKW verkauft. Nun stellt er fest, dass er sich verschrieben hatte. Er wollte den PKW für 5.500 € verkaufen. Nachdem V zwei Wochen gewartet hat, erklärt er dem K, dass er sich verschrieben habe und den Kaufvertrag anfechte. K ist der Meinung, dass V nicht mehr anfechten könne. Hat K Recht?

Die Anfechtung in Fällen der §§ 119, 120 ist ausgeschlossen, wenn sie nicht innerhalb der in § 121 I genannten Frist erfolgt ist. Es handelt sich um eine *Ausschlussfrist*. § 121 I verlangt *unverzügliche* Anfechtung. Unverzüglich heißt: *ohne schuldhaftes Zögern*[111]. Damit will der Gesetzgeber erreichen, dass alsbald Klarheit über den Bestand des Rechtsgeschäfts herrscht.

Andererseits verlangt der Gesetzgeber nicht, dass die Anfechtung *sofort* erfolgt. Dem Anfechtenden bleibt eine Überlegungsfrist. Diese ist angesichts des konkreten Falles zu bestimmen. Hier liegt der Fall für V einfach. Deswegen durfte er K nicht erst nach 14 Tagen mit der Anfechtung überraschen. Denn eventuell getroffene Dispositionen des K müssten nun rückgängig gemacht werden. Also hat V nicht unverzüglich angefochten, die Anfechtung ist demnach ausgeschlossen gemäß § 121 I.

Hinweis: Bei komplexen Sachverhalten oder wirtschaftlich weitreichenden Folgen darf der Anfechtende sich Zeit zum Einholen von Rechtsrat etc. nehmen. Maßgebend für die Länge der Frist ist also immer der Einzelfall.

Nach **10 Jahren** ist in jedem Fall eine Anfechtung nicht mehr möglich (objektive Höchstfrist nach § 121 II).

---

[111] Unverzüglich = ohne schuldhaftes Zögern ist eine allgemeine Definition für die gesamte Rechtsordnung. So auch in §§ 377 I, II HGB; §§ 216 II, 269 ZPO.

Schema für die Fristberechung

> **1.** Wann begann die Frist? Fristbeginn ist *Kenntniserlangung* vom Anfechtungsgrund. Kenntnis hat der Anfechtungsberechtigte, wenn er vom Irrtum *weiß* oder ihn *ernsthaft als möglich erkennt*[112]. Eine Ahnung oder Vermutung reicht nicht aus.
>
> **2.** Wann wurde die Anfechtung erklärt?
>
> **3.** Lag die Erklärung noch innerhalb der *Zeitspanne* des § 121 S. 1? Hier ist § 121 S. 2 zu beachten. Zwar gilt der Grundsatz, dass erst mit Zugang einer Erklärung, wenn diese eine Frist wahren soll, die Frist gewahrt ist. § 121 S. 2 macht aber davon eine Ausnahme: Der Empfänger hat die Verzögerungen durch die Post hinzunehmen.

2. Die Anfechtungserklärung

Das Anfechtungsrecht muss ausgeübt werden. Es ist ein Gestaltungsrecht. Die Ausübung erfolgt durch eine einseitige empfangsbedürftige Willenserklärung. Sie kann auch konkludent erklärt werden.

> Eine Anfechtungserklärung liegt vor, wenn der Wille geäußert wird, dass das angefochtene Rechtsgeschäft wegen Irrtums nicht gelten soll (Auslegung). Das Wort „Anfechtung" muss nicht verwendet werden. Nicht ausreichend für eine Anfechtungserklärung ist aber die bloße Erfüllungsverweigerung.

Die Anfechtungserklärung als empfangsbedürftige Willenserklärung muss **dem richtigen Anfechtungsgegner** gegenüber erklärt werden, § 143 I.

---

[112] Larenz/Wolf, Allgemeiner Teil des Bürgerlichen Rechts, 9. Aufl., § 36, Rdnr. 87; Köhler, Allgemeiner Teil des BGB, 30. Aufl., § 7 Rdnr. 30.

3. Die Anfechtungsfolgen

a. Die rückwirkende Nichtigkeit

Das wirksam angefochtene Rechtsgeschäft ist **von Anfang an** (ex tunc) nichtig, § 142 I. Die gewollten Rechtsfolgen treten nicht ein.

Beispiel 18: V will seinen PC für 500 € zum Verkauf anbieten. Er verschreibt sich und schreibt 300 €. Wenn K zu 300 € annimmt, kann V anfechten. Erklärt V die Anfechtung gegenüber K, so ist der Kaufvertrag als von vorneherein nichtig anzusehen. V muss den PC nicht liefern und K muss den Kaufpreis nicht bezahlen.

Angefochten werden kann nur das vom Irrtum beeinflusste Rechtsgeschäft. Nur dieses ist nichtig. Ist nur der schuldrechtliche Vertrag vom Irrtum beeinflusst, kann nur dieser angefochten werden, genauer *die Willenserklärung des Irrenden.*

Das Verfügungsgeschäft ist abstrakt[113]. Ist es nicht vom Irrtum beeinflusst, kann es auch nicht angefochten werden. Werden also die Leistungen aufgrund des schuldrechtlichen Vertrages erbracht und ist nur dieser anfechtbar und angefochten, so bleibt das Verfügungsgeschäft zwar wirksam, ist aber ohne rechtlichen Grund erbracht worden. Dann können die Vertragspartner die erbrachten Leistungen nach § 812 I S. 2 BGB zurückverlangen.

Beispiel 19: Im vorstehenden Beispiel hat V den PC geliefert. Als K die 300 € bezahlen will, bemerkt V den Irrtum und ficht an. Was kann V anfechten?

V hat die Anfechtung erklärt. Aber nur der Kaufvertrag ist wegen Erklärungsirrtums anfechtbar. Nur der Kaufvertrag ist also nichtig, § 142 I. Die Übertragung des Eigentums am PC von V an K ist wirksam und nicht anfechtbar, da die nach § 929 erfolgte dingliche Einigung (genauer: die zur Einigung führende Erklärung des V) nicht vom Irrtum beeinflusst ist. K

---

[113] Siehe Seite 51 f., *Beispiel 15* und *Beispiel 16.*

ist daher Eigentümer geworden und bleibt es trotz Anfechtung. Wenn V den PC zurück haben will, muss er ihn (genauer: Eigentum und Besitz daran) nach § 812 I S. 2 oder § 812 I S. 1[114] von K herausverlangen.

Beispiel 20: Abwandlung von *Beispiel 19:* Als V den PC zum Versand bringen will, unterläuft ihm ein weiterer Irrtum: er verwechselt die Kartons und versendet an K einen wesentlich teureren, weil besser ausgestatteten PC.

Hier liegt der Irrtum in der dinglichen Einigung, weil V sich vergreift. Nicht etwa handelt es sich bei der Vornahme der Versendung nur um einen Realakt, der nicht anfechtbar wäre. Denn in der Herausnahme des Kartons aus dem Warenregal und der Versendung liegt konkludent das nach § 929 erforderliche Angebot des V zur Übereignung des PC.

V kann die dingliche Einigung (genauer: seine zur dinglichen Einigung führende Erklärung) anfechten. Die sich aus § 142 I ergebende Folge der Nichtigkeit führt zur Unwirksamkeit der dinglichen Eigentumsübertragung. K ist nicht Eigentümer geworden, Eigentümer ist weiter V. V kann von K Herausgabe des PC nach § 985 verlangen, weil K Besitzer ist, der mangels wirksamen Kaufvertrags kein Recht zum Besitz hat (§ 986 I). Außerdem kann V den PC von K wie in *Beispiel 19* gemäß § 812 I 1 herausverlangen, weil K zwar kein Eigentum, aber immerhin den *Besitz* am PC *ohne rechtlichen Grund* erlangt hat.

b. Schadensersatz aus § 122 BGB

Wenn der Erklärende anficht, kann der Geschäftsgegner u. U. erheblich benachteiligt werden. Ihm kann eine Vermögenseinbuße dadurch entstanden sein, dass er auf die Gültigkeit des Vertrages vertraut hatte. § 122 ersetzt den *Vertrauensschaden,* auch *Vertrauensinteresse* oder *negatives Interesse* genannt.

---

[114] Es ist umstritten, ob nach Anfechtung des schuldrechtlichen Vertrages der § 812 I S. 1 oder § 812 I S. 2 eingreift. Für § 812 I S. 2 spricht, dass die Anfechtung erst später erfolgt, so dass der rechtliche Grund erst „später wegfällt". Für § 812 I S. 1 spricht, dass das Rechtsgeschäft gemäß § 142 I „von Anfang an" nichtig ist.

200

Der Geschäftsgegner hat beispielsweise Geld ausgegeben, um den Vertrag, der dann unwirksam ist, abzuwickeln. Z.B. fährt er eine längere Strecke, um den Vertragsgegenstand zu holen.

Dieses Geld hat der Geschäftsgegner vergebens ausgegeben. Er hätte es nicht ausgegeben, wenn der Vertrag nicht zustande gekommen wäre, *„wenn er nie etwas von dem Vertrag gehört hätte"*[115]. Für die Ersatzpflicht des Anfechtenden kommt es darauf an, ob sich die Vermögenslage des Geschädigten durch Maßnahmen verschlechtert hat, die er im Vertrauen auf die Rechtsbeständigkeit der Erklärung, die dann aber nicht eintrat, getroffen oder unterlassen hat[116].

Hinweis: Der Schadensersatz aus § 122 I ist verschuldensunabhängig!

Der Anfechtungsgegner kann aber nicht verlangen, dass er die Vermögenseinbuße ausgeglichen bekommt, die er wegen nicht durchgeführter Vertragsabwicklung erleidet.

> Das sog. **positive Interesse** wird also nicht von § 122 ersetzt, sondern wie dargelegt nur das **negative Interesse** (= der Vertrauensschaden).

Beispiel 21: V will dem K seinen Gebrauchtwagen für 5.500 € anbieten. Dies ist auch sein objektiver Wert. V verschreibt sich im Angebot und bietet für 5.000 € an. K nimmt das Angebot an. K beauftragt A, den PKW bei V abzuholen. Dafür zahlt K an A 100 €. Als V seinen Irrtum bemerkt, ficht er den Kaufvertrag an und verlangt von K Herausgabe des PKW. K seinerseits verlangt von V die 100 €, die er dem A bezahlt hat. Zu Recht?

---

[115] Rüthers/Stadler, Allgemeiner Teil des BGB, 14. Aufl., § 25 Rdnr. 66.
[116] BGH NJW 1984, 1950, 1951

V hat einen Anspruch auf Herausgabe des PKW aus § 812 I S. 2. Daran ist für K nichts zu deuteln. Besteht auch ein Anspruch des K auf Zahlung der 100 €? Anspruchsgrundlage könnte § 122 I sein. Die 100 € hat K ausgegeben, um den Vertrag zu erfüllen, weil er auf dessen Wirksamkeit *vertraut* hat. Es handelt sich daher um den *Vertrauensschaden,* den er von V aus § 122 I ersetzt verlangen kann.

Beispiel 22: Wie in *Beispiel 21,* nur K hat 800 € zum Abholen aufgewendet. Müsste V dem K 800 € Schadensersatz zahlen, so stünde V schlechter da, als wenn er die Anfechtung unterlassen hätte. Denn ohne Anfechtung hat er wegen des Schreibfehlers 500 € „verloren", mit Anfechtung 800 €. Dann V würde nicht anfechten.

Um das zu vermeiden, ist der Vertrauensschaden nach § 122 I BGB begrenzt. Er darf „nicht über den Betrag des Interesses hinausgehen, welches der andere oder der Dritte an der Gültigkeit der Erklärung hat", vgl. § 122 I am Ende. Der Ersatz des Vertrauensschadens ist also in der Regel auf das positive Interesse begrenzt. Der Anspruchsinhaber soll nicht besser gestellt werden, als er bei ordnungsgemäßer Vertragserfüllung stehen würde.

Hätte V den Vertrag vorliegend erfüllt, hätte K einen Gewinn von 500 € erzielt, da er den PKW, der 5.500 € wert war, für 5.000 € erworben hätte. Sein Erfüllungsinteresse (positives Interesse) beträgt demnach nur 500 €. Also kann er nicht den gesamten Vertrauensschaden in Höhe von 800 €, sondern nur in Höhe von 500 € von V verlangen.

Schema: Anfechtung wegen Irrtums

---

1. Anfechtungsgrund
  a) Erklärungsirrtum, § 119 I oder
  b) Inhaltsirrtum, § 119 I oder
  c) Eigenschaftsirrtum, § 119 II oder
  d) unrichtige Übermittlung, § 120

2. Subjektive und objektive Erheblichkeit
  = Ursächlichkeit für die Willenserklärung

3. Keine Bestätigung, § 144

4. Anfechtungserklärung
  a) kann auch konkludent erfolgen (ggf. Auslegung)
  b) gegenüber richtigem Gegner, § 143

5. Anfechtungsfrist, § 121 (unverzüglich)

6. Rechtsfolge: Nichtigkeit von Anfang an, § 142 I[117]

▸ **Literatur**

📖 Rüthers/Stadler, Allgemeiner Teil des BGB, § 25, Rdnr. 1 – 72

📖 Leipold, BGB I, § 17, Rdnr. 5 – 11 und § 18 (zur Irrtumsanfechtung)

📖 Köhler, BGB Allgemeiner Teil, § 7, Rdnr. 9 – 12
  und § 7 Rdnr. 15 – 36

📖 Löwisch/Neumann, Allgemeiner Teil des BGB,
  Rdnr. 295 und Rdnr. 239 – 272

---

[117] Ausnahme: Regelmäßig bei vollzogenen Gesellschafts- und Arbeitsverträgen,
Palandt/Heinrichs, § 142, Rdnr. 2

§ 16

Anfechtung wegen arglistiger Täuschung oder widerrechtlicher Drohung

Die Anfechtungsgründe des § 123 beruhen auf einer unzulässigen Einflussnahme auf den Willen des Erklärenden. § 123 will also die freie Willensentscheidung schützen. Daher findet § 123 keine Anwendung, wenn eine Handlung herbeigeführt werden soll, die kein Rechtsgeschäft, sondern ein Realakt ist.

Beispiel 1: A zwingt den B mit vorgehaltener Pistole (= widerrechtliche Drohung) dazu, die Wohnung des A zu streichen.

§ 123 unterscheidet den Fall der arglistigen Täuschung und der widerrechtlichen Drohung.

I. Arglistige Täuschung

1. Begriff

Täuschung ist das Erregen, Verstärken oder Aufrechterhalten eines Irrtums über Tatsachen.

Die Täuschung muss sich auf *Tatsachen* beziehen. Tatsachen sind dadurch gekennzeichnet, dass sie dem *Beweis* zugänglich sind.

Beispiel 2: V verkauft an K einen antik aussehenden Schrank. Auf die Frage des K, aus welcher Zeit der Schrank stamme, erklärt V, es handele sich um einen Schrank aus der Biedermeierzeit (1815 – 1848), obwohl er weiß, dass der Schrank vor 10 Jahren hergestellt, aber auf antik „getrimmt" war.

Die bewusst wahrheitswidrige Äußerung des V bezieht sich auf eine *Tatsache,* denn die Frage, ob der Schrank aus der Biedermeierzeit stammt, ist dem Beweis zugänglich. Ob der Beweis tatsächlich gelingt, wird im Prozess entschieden.

Keine nach § 123 zur Anfechtung berechtigende Täuschung liegt bei täuschender Anpreisung und Werbung vor.

Beispiel 3: Wenn die Firma F ihr Produkt wider besseres Wissen als „das beste auf der Welt" anpreist, dann liegt darin nach allgemeinem Verständnis keine Tatsachenbehauptung. Diese Äußerung mag wettbewerbswidrig sein[118], aber wenn K das Produkt kauft und im Vergleich zu den gleichen Produkten anderer Firmen erhebliche negative Abweichungen feststellt, kann er wegen der Anpreisung nicht anfechten.

Arglist ist das vorsätzliche Täuschen. **Vorsatz** heißt, dass der Täuschende sich bewusst ist, dass der Partner ohne die Täuschung die Willenserklärung möglicherweise nicht oder nicht mit dem vereinbarten Inhalt abgegeben hätte[119].

Eine verwerfliche Gesinnung oder Schädigungsabsicht ist nicht erforderlich. Letztlich ist jede bewusste Täuschung arglistig.

2. Einzelheiten

Eine Täuschungshandlung kann vorliegen, wenn eine unwahre Behauptung über Tatsachen aufgestellt wird, auch wenn die Angabe ungefragt gemacht wird. In *Beispiel 2* hat V sich erst auf die Frage des K zur Herkunft des Schrankes geäußert.

Auf eine **zulässige Frage** muss in jedem Fall eine zutreffende Antwort erfolgen, selbst wenn diese nachteilig für den die Auskunft Erteilenden ist.

Beispiel 4: M will von V eine Wohnung mieten. Auf Frage des M, ob man die im Stockwerk darüber wohnenden Mieter höre, verneint V das, obwohl die Vormieter genau wegen diesem Lärm ausgezogen sind.

---

[118] Vgl. §§ 1, 3 des Gesetzes gegen den unlauteren Wettbewerb (UWG).
[119] BGH NJW 2000, 2497, 2499.

Auf **unzulässige Fragen** darf aber eine unwahre Antwort gegeben werden.

Beispiel 5: Frau A bewirbt sich in einer Firma als Chefsekretärin. Im Einstellungsgespräch fragt der Personalchef P, ob A demnächst beabsichtige, Kinder zu bekommen, was A verneint, obwohl die Familienplanung eine andere ist.

Die Frage nach dem Kinderwunsch ist, obwohl P für die Belange des Betriebes ein Interesse an der Familienplanung der A haben mag, unzulässig. A durfte absichtlich die Unwahrheit sagen.

Beispiel 6: A bewirbt sich bei der Baufirma B als Bauschlosser. Auf die Frage des B, ob A Mitglied einer Gewerkschaft sei, erklärt dieser wahrheitswidrig: Nein.

Die Frage nach der Zugehörigkeit zu einer Gewerkschaft ist unzulässig, sie „schnüffelt" ohne Grund in der Privatsphäre und erlaubt daher eine falsche Antwort.

Exkurs: Täuschung durch Erklärung „ins Blaue hinein"

Beispiel 7: K will von V einen gebrauchten PKW kaufen. V hatte den Wagen erst einen Tag zuvor seinerseits erworben und ihn noch nicht untersucht. Dennoch erklärt er dem K, dass der Wagen nur kleine Blechschäden aufweise. Dies hatte V dem mit dem Voreigentümer geschlossenen Vertrag entnommen. In Wahrheit hatte der Wagen einen schweren Unfall gehabt. Hat V arglistig gehandelt?

Die Erklärung des V, der Wagen weise nur kleine Blechschäden auf, ist eine bewusste Täuschung. Sie hat zum Inhalt, dass der Wagen keinen größeren Unfallschaden aufweise und V stellt das als gewiss hin. V hat also eine Tatsache als gewiss hingestellt, die nicht gewiss war. Diese Äußerung wird „Erklärung ins Blaue" genannt. V, der von einer eigenen Untersuchung des Fahrzeugs abgesehen und gleichwohl dessen Unfallfreiheit zugesichert hat, hätte die Begrenztheit seines Kenntnisstandes deutlich machen müssen, wenn er die Unfallfreiheit in einer Weise behauptete, die dem Käufer den Eindruck vermitteln konnte, dies geschehe auf der Grundlage verlässlicher Kenntnis. Einen solchen einschränkenden Hinweis hat V dem K nicht gegeben. V handelte demnach arglistig.

Exkurs: Täuschung durch Unterlassen

Beispiel 8: V verkauft dem K einen Gebrauchtwagen. V weiß, dass der Wagen in einen schweren Unfall verwickelt war. Als K später von dem Unfall erfährt, ficht er den Kaufvertrag an. Kann K wegen arglistiger Täuschung anfechten?

Auch im bloßen Nichtstun (Verschweigen von Tatsachen) kann eine Täuschungshandlung liegen, wenn eine *Offenbarungspflicht* besteht. Wann eine Offenbarungspflicht besteht, ist nicht ausdrücklich gesetzlich festgelegt und kann nur an Hand des Einzelfalles entschieden werden. Grundsätzlich ist kein Vertragspartner verpflichtet, den Vertragspartner über Umstände aufzuklären, die für diesen wichtig sind. Jeder muss selbst für die für seine Entscheidung notwendigen Informationen sorgen. Nur wenn der Vertragspartner aufgrund von Treu und Glauben und der Verkehrssitte eine Aufklärung erwarten durfte, muss der Andere von sich aus Umstände offenbaren, die für den Anderen wichtig sind. Dies ist der Fall, wenn die Tatsache für den Geschäftspartner offensichtlich entscheidungserheblich ist. Dies gilt beispielsweise beim Verkauf eines Unfallautos. Da V den K nicht über den schweren Unfall aufgeklärt hat, kann K wegen arglistiger Täuschung anfechten.

3. Ursächlichkeit

Die Täuschung muss den Irrtum hervorgerufen haben und der Getäuschte muss durch den Irrtum zur Abgabe der Willenserklärung bestimmt worden sein. Das ist er dann, wenn er die Willenserklärung überhaupt nicht oder mit einem anderen Inhalt abgegeben hätte, wenn er die Wahrheit gekannt hätte[120].

Wenn der Getäuschte aber **die wahre Sachlage kennt**, wird er nicht durch die Täuschung bestimmt.

Beispiel 9: A bewirbt sich als Berater für Software bei der Firma F. A ist ersichtlich kleinwüchsig und ist in seinen Bewegungen erheblich eingeschränkt. Deswegen ist er als 100 %ig schwerbehindert anerkannt. In dem Fragebogen, der A anlässlich seiner Bewerbung ausgehändigt wird,

---

[120] Brox, Allgemeiner Teil des BGB, 28. Aufl., Rdnr. 452.

verneint A seine Schwerbehinderung. Nach 9 Jahren ficht F den Arbeits-vertrag wegen arglistiger Täuschung an. A habe wahrheitswidrig seine Schwerbehinderung verneint. Liegt ein Anfechtungsgrund vor?

Das ist zu verneinen. A hat eine wahrheitswidrige Angabe gemacht, was er wusste. Deshalb liegt eine arglistige Täuschung vor. Aber die arglistige Täuschung hat den F nicht zum Abschluss des Arbeitsvertrages be-stimmt. Denn er wusste (Jeder konnte das sehen), dass A kleinwüchsig und in seinen Bewegungen eingeschränkt ist[121].

4. Die Besonderheit der Täuschung durch einen Dritten

In den vorstehenden Beispielen wurde die Täuschung immer durch einen am Rechtsgeschäft Beteiligten verübt. § 123 II will den Fall regeln, dass ein Dritter die Täuschung vornimmt.

Beispiel 10: S ist bei der B-Bank hoch verschuldet. Die B-Bank weigert sich, S weitere Kredite zu geben. S veranlasst nun seinen Freund (F), für S zu bürgen, indem er seine Vermögenssituation durch gefälschte Unter-lagen verschönt. F unterschreibt den Bürgschaftsvertrag, in welchem er gegenüber der B-Bank für den S bürgt. Kann F diesen Vertrag anfechten?

Könnte F den Bürgschaftsvertrag gegenüber der Bank anfechten, ginge die Täuschung des S zu Lasten der B-Bank (Ansprüche gegen S auf Schadensersatz nutzen der B-Bank wegen der Vermögenslosigkeit des S nichts). Die B-Bank kann zu Recht einwenden, dass das Verhalten des S, das die B-Bank gar nicht unterbinden konnte, nicht zu ihren Lasten gehen darf. § 123 II besagt, dass der B-Bank die Täuschung des S nur zu-gerechnet werden kann, wenn die Bank davon wusste oder hätte wissen müssen.

„Dritter" ist aber nicht wörtlich zu nehmen. Nicht jeder, der nicht am Vertrag beteiligt ist, ist Dritter.

---

[121] BAG NJW 2001, 1885. Dieser Fall ist ein schönes Beispiel, wie der Irrtum vorgeschoben wird, um sich von einem unliebsamen Vertrag lösen zu wollen.

> Wer **„im Lager"** des **Erklärungsempfängers** steht, wird *nicht* als Dritter angesehen. Vielmehr wird dessen Täuschungshandlung dem (getäuschten) Erklärungsempfänger zugerechnet.

Beispiel 11: In *Beispiel 10* könnte man diskutieren, ob der S „Dritter" im Sinne des § 123 II war. Einerseits war er daran interessiert, dass sein Vertragspartner (die B-Bank als Darlehensgeberin) einen Bürgen gestellt bekam, was dafür sprechen könnte, ihn als jemanden anzusehen, der im Lager der B-Bank stand. Andererseits hat S letztlich getäuscht, um selbst den Kredit zu bekommen und damit im eigenen Interesse. Daher war S nicht Gehilfe der Bank und damit „Dritter" i.S.d. § 123 II[122].

Beispiel 12: Abwandlung des *Beispiels 2 (S. 203):* Der Angestellte A des V hatte den K angelogen.
A ist Vertreter des V, zumindest aber Hilfsperson. Dann muss sich V das Verhalten des A zurechnen lassen.

II. Die widerrechtliche Drohung

1. Begriff der Drohung

> **Drohung** ist die Ankündigung eines künftigen Übels (= Nachteil), auf dessen Eintritt oder Nichteintritt der Drohende einwirken zu können behauptet und das Übel verwirklicht werden soll, wenn der Bedrohte nicht die von dem Drohenden gewünschte Willenserklärung abgibt[123].

Ob der Drohende die Drohung **ernst meint**, ist unerheblich, wenn aus der Sicht des Bedrohten sie als ernst erscheint. Daher kann auch ein Bluff eine Drohung sein, wenn der Bedrohte diesen nicht durchschaut. Erkennt der Bedrohte die fehlende Ernstlichkeit und nimmt er dennoch die Willenserklärung vor, oder war der Bedrohte vor der Drohung bereits fest entschlossen, die Willenserklärung

---

[122] Zu unterschiedlichen Fallkonstellationen und damit unterschiedlicher Beurteilung, ob der Schuldner Dritter sein kann, s. Palandt/Heinrichs, § 123 Rdnr. 14.
[123] Formulierung nach BGH NJW 1988, 2599.

abzugeben, war die Drohung nicht ursächlich für die Abgabe der Willenserklärung.

Beispiel 13: Die Nichte N droht ihrer Tante T mit einer „Entmündigung"[124], wenn T ihr nicht den goldenen Ring schenkt.

- **1. Alternative:** T schenkt der N den Ring, weil sie Angst vor einer „Entmündigung" hat. Die Schenkung ist von der Drohung beeinflusst. Die Drohung liegt in der Ankündigung, ein Betreuungsverfahren zu betreiben. Die Betreuung ist ein Nachteil.

- **2. Alternative:** Erkennt T, dass N mit einem solchen Vorhaben der „Entmündigung" keine Chance bei den Behörden hat, schenkt sie der N aber um des lieben Friedens willen den Ring, so liegt eine Drohung nicht vor.

Die Drohung ist zu unterscheiden von der *Warnung*. Eine Warnung liegt vor, wenn der Eintritt des Übels als nicht abhängig vom Willen des Warnenden dargestellt wird.

Beispiel 14: A sagt zu B, wenn er ihm jetzt nicht 2.000 € gebe, erleide B einen Verkehrsunfall.

Zahlt B tatsächlich, wird er sich auf eine Drohung nicht berufen können. Dass A Einfluss auf den Eintritt eines Unfalls haben kann, ist nicht ernstlich anzunehmen, es sei denn, es liegen konkrete Anhaltspunkte dafür vor, dass A z. B. den PKW des B manipuliert hat.

---

[124] Die rechtliche Entmündigung gibt es heute nicht mehr. Gemeint ist eine Betreuung mit Einwilligungsvorbehalt, § 1903.

2. Die Widerrechtlichkeit der Drohung

Die Drohung muss widerrechtlich sein. Nicht jede Drohung ist als rechtswidrig anzusehen. Der Begriff der Drohung ist so weit gefasst, dass das Merkmal der Widerrechtlichkeit ein erforderliches Korrektiv ist. Wenn A bei einem Unfall, den B durch Verletzung der Vorfahrt allein verschuldet hat, mit der Polizei droht, falls B nicht ein Schuldanerkenntnis unterschreibt, so kann das dem A nicht als rechtwidriges Tun unterstellt werden. A nimmt nur seine Interessen war.

In den folgenden drei Fällen liegt Widerrechtlichkeit vor:

* Der **angestrebte Zweck** allein ist bereits widerrechtlich, z.B. soll jemand eine Straftat begehen oder der Drohende verlangt Geld, worauf er keinen Anspruch hat.

Beispiel 15: A weiß, dass B an einem Diebstahl beteiligt war. Er verlangt von B 5.000 €. Anderenfalls will er die Polizei verständigen. Hier will A lediglich Schweigegeld, einen Anspruch gegen B auf Zahlung des Geldes hat A nicht.

* Das angedrohte **Mittel** ist für sich genommen rechtswidrig.

Beispiel 16: M zahlt nur schleppend die Miete. Als er wieder einmal mit der Miete im Rückstand ist, hängt sein Vermieter bei minus 10 Grad Celsius die Fenster aus, damit M die ausstehende Miete bar übereignet. Das Aushängen der Fenster ist ein rechtswidriges Mittel.

* Die **Zweck-Mittel-Beziehung** ist rechtswidrig. Weder das Mittel für sich, noch der Zweck allein genommen sind rechtswidrig. Zu missbilligen ist aber, dass der Drohende gerade dieses Mittel zu dem konkreten Zweck einsetzt.

Beispiel 17: A ist betrunken Auto gefahren. Als sein Nachbar N das bemerkt, droht er mit einer Strafanzeige, wenn A nicht die Schulden bei N aus dem Verkauf eines Rasenmähers bezahlt.

- Das **Mittel** (die Androhung einer Strafanzeige) ist nicht rechtswidrig, wenn A sich strafbar gemacht hat, was hier der Fall ist.

- Auch der **Zweck** (die Einforderung einer bestehenden Kaufpreisschuld) ist allein nicht widerrechtlich.

- Jedoch passen Strafanzeige und Verlangen nach Geldzahlung nicht zusammen. Die Strafanzeige hat mit der Kaufpreisschuld nichts zu tun, sie steht beziehungslos zur Kaufpreisforderung. Daher ist die **Zweck-Mittel-Beziehung** rechtswidrig.

3. Ursächlichkeit zwischen der Drohung und der Abgabe einer Willenserklärung

Wenn der Bedrohte in jedem Fall die Willenserklärung abgeben wollte, die der Drohende erreichen wollte, entfällt die Ursächlichkeit.

4. Ein Verschulden ist nicht erforderlich

Wer irrig glaubt im Recht zu sein, handelt dennoch rechtswidrig. Wenn also der Vermieter meint, nur durch das Aushängen der Fenster zur Übereignung des Geldes zu kommen und sich deswegen für berechtigt hält, so rabiat vorzugehen, muss er eine Anfechtung gegen sich gelten lassen.

III. Die Anfechtungsfrist, § 124 I

Selbst wenn nach den vorstehenden Ausführungen ein Anfechtungsgrund vorliegt, kann eine Anfechtung entfallen, wenn die
Frist des § 124 I nicht gewahrt ist.

Die Anfechtung einer nach § 123 anfechtbaren Willenserklärung
hat **binnen Jahresfrist** zu erfolgen, § 124 I. Auch diese Frist ist
eine *Ausschlussfrist:* Ist sie verstrichen, kann nicht mehr angefochten werden. § 124 III setzt eine Höchstfrist von 10 Jahren,
unabhängig davon, ob die Frist begonnen hat oder nicht.

Die Berechnung der Frist, also die Prüfung, ob die Anfechtungsfrist verstrichen ist oder nicht, hat zunächst mit der Festlegung des
Fristbeginns zu erfolgen. § 124 II unterscheidet dabei nach dem
Grund der Anfechtung: bei arglistiger Täuschung beginnt die Anfechtungsfrist mit der Entdeckung der Täuschung, bei der Drohung
mit dem Ende der Zwangslage.

IV. Die Folgen der Anfechtung

1. Nichtigkeit der angefochtenen Erklärung

Hier gilt im Wesentlichen das zur Anfechtung wegen Irrtums
Gesagte. Auch hier ist zwar das Abstraktionsprinzip zu beachten,
aber die unzulässige Einwirkung auf den Willen des Erklärenden
durch arglistige Täuschung oder widerrechtliche Drohung hat
regelmäßig nicht nur das Verpflichtungsgeschäft, sondern auch
das Verfügungsgeschäft beeinflusst. Deswegen kann im Fall des
§ 123 sowohl das Verpflichtungsgeschäft als auch das Verfügungsgeschäft angefochten werden.

Beispiel 18: V, eine betagte Dame, besitzt in bester Lage der Stadt ein Grundstück, objektiver Wert 1,5 Mio €. K, der schon lange ein Auge auf das Grundstück geworfen hatte, spiegelt der V durch Vorlage gefälschter Unterlagen arglistig vor, das Grundstück sei nur wenig wert, und kauft es der V für 750.000 € ab mit der Bemerkung, das sei ein „guter Preis". Nach notariellem Abschluss des Kaufvertrages und Eigentumsübertragung, Auflassung und Eintragung (§§ 925, 873), erfährt V, dass das Grundstück weit mehr wert ist, als K bezahlt hat. Sie will ihr Grundstück zurück.

Hier hängt schon die Wahl der Anspruchsgrundlage von dem Ergebnis ab, nämlich ob beide Rechtsgeschäfte, also Kaufvertrag und Auflassung wirksam angefochten wurden. Es empfiehlt sich, zunächst mit § 985 zu beginnen. Diese Anspruchsnorm greift durch, wenn V Eigentümerin des Grundstücks und K unberechtigter Besitzer ist.

V war Eigentümerin, könnte aber durch die Auflassung und die Eintragung des K als neuen Eigentümer das Eigentum verloren haben. Zwar lagen die für eine wirksame Auflassung erforderlichen Willenserklärungen vor, V könnte aber durch Anfechtung ihre Willenserklärung rückwirkend vernichtet haben, § 142 I.

Dann müsste eine wirksame *Anfechtungserklärung* vorliegen. Hiervon ist nach Sachlage auszugehen. V müsste einen *Anfechtungsgrund* haben. In Betracht kommt § 123, weil V von K *arglistig getäuscht* worden sein könnte. Davon ist nach Sachverhaltslage auszugehen. Die arglistige Täuschung des K hat auch die Auflassung beeinflusst. Denn die Beeinflussung der Willensfreiheit wirkt sich auch auf die dingliche Einigung aus. V ist damit Eigentümerin geblieben.

Ob sie aber das Grundstück herausverlangen kann, hängt von der Wirksamkeit des Kaufvertrages ab. Denn wäre diese immer noch wirksam, so müsste V ihrer Verpflichtung aus dem Kaufvertrag nachkommen und K das Grundstück übereignen. K hätte ein Recht zum Besitz (§ 986 I). Da aber auch der Kaufvertrag unter der arglistigen Täuschung des K zustande kam, ist auch dieser wirksam angefochten worden. V kann daher das Grundstück von K nach § 985 herausverlangen. Zudem besteht ein Anspruch aus § 812 I S. 1, da K den Besitz am Grundstück ohne rechtlichen Grund (ohne wirksamen Kaufvertrag) erlangt hat.

2. Kein Schadensersatz nach § 122

Wer nach § 123 erfolgreich angefochten hat, schuldet (anders als bei §§ 119, 120) keinen Schadensersatz!

Schema: Anfechtung nach § 123

1. Anfechtungsgrund
 a) arglistige Täuschung oder
 b) widerrechtliche Drohung

2. Subjektive Erheblichkeit
 = Ursächlichkeit für die Willenserklärung

3. Keine Bestätigung, § 144

4. Anfechtungserklärung
 a) kann auch konkludent erfolgen (ggf. Auslegung)
 b) gegenüber richtigem Gegner, § 143

5. Anfechtungsfrist, § 124

6. Rechtsfolge: Nichtigkeit von Anfang an, § 142 I

▸ Literatur

📖 Rüthers/Stadler, Allgemeiner Teil des BGB, § 25, Rdnr. 73 – 94

📖 Leipold, BGB I Einführung und Allgemeiner Teil, § 19

📖 Köhler, BGB Allgemeiner Teil, 36. Aufl., § 7, Rdnr. 37 – 65

📖 Löwisch/Neumann, Allgemeiner Teil des BGB, 7. Aufl., Rdnr. 273- 288

§ 17

Die Stellvertretung

I. Die Bedeutung der Stellvertretung

Grundsätzlich treffen die Folgen eines Rechtsgeschäfts den, der es vorgenommen hat. Wer eine Willenserklärung abgegeben hat, muss deren Wirkungen für oder/und gegen sich gelten lassen. Mit der Stellvertretung ermöglicht der Gesetzgeber, dass ein **Rechtsgeschäft** (des Vertreters/Handelnden) unmittelbare Wirkung nur für und gegen einen anderen als den Erklärenden (Geschäftsherrn/Vertretenen) entfaltet. Damit ist einerseits eine Arbeitsteilung möglich, andererseits kann auch am rechtsgeschäftlichen Verkehr teilnehmen, wer selbst nicht - sei es aus tatsächlichen, sei es aus rechtlichen Gründen - handlungsfähig ist.

Dies ist aber nur unter bestimmten Voraussetzungen möglich, sonst gäbe es im Privatrecht keine Selbstbestimmung, sondern eine Fremdbestimmung. Die Voraussetzungen hierfür regeln die §§ 164 ff.

§§ 164 ff. gelten aber nur für die Zurechnung von **Willenserklärungen**. Tatsächliche Handlungen **(Realakte)** werden mittels anderer Vorschriften einem anderen als dem Handelnden zugerechnet.

Es gibt verschiedene **Zurechnungsnormen** für tatsächliches Handeln. Eine Pflichtverletzung im Rahmen eines Schuldverhältnisses wird nach § 278[125] dem Schuldner zugerechnet; eine unerlaubte Handlung wird z.B. durch die Vorschriften über die Teilnahme (§§ 823, 830) einem Dritten zugerechnet.

---

[125] Nach dem Wortlaut des § 278 wird allein das *Verschulden* zugerechnet. Nach ganz h.M. wird jedoch - teilweise unter analoger Anwendung des § 278 – auch das die Pflichtverletzung enthaltende Verhalten des Erfüllungsgehilfen zugerechnet.

Beispiel 1: Malermeister M hat von U den Auftrag, dessen Wohnung zu streichen. M schickt seinen Gesellen G. Dieser stößt aus Unachtsamkeit den Eimer mit der Farbe um und ein wertvoller Teppich wird beschädigt. Muss M sich die Unachtsamkeit des G zurechnen lassen?

Da M mit U einen Vertrag geschlossen hat (Werkvertrag, § 631), ist G als Erfüllungsgehilfe tätig, § 278. Denn G erledigt für M die Malerarbeiten, die M schuldet. Er wurde von M zur Verrichtung (Streichen der Wohnung) tätig. Die Beschädigung des Teppichs durch das Umstoßen des Eimers durch G muss sich M nach § 278 zurechnen lassen.

Beispiel 2: Sagt der große Bruder zu seinem 5-jährigen Bruder, er solle beim Nachbarn die Scheibe mit einem Stein einwerfen, so ist der kleine Bruder für den Schaden gar nicht verantwortlich, weil ihm die Deliktsfähigkeit fehlt[126]. Der große Bruder aber hat den jüngeren Bruder als Werkzeug benutzt. Deswegen haftet er nach §§ 823, 830 für den Schaden, den der Kleine angerichtet hat.

Bei der **Stellvertretung** sind drei Personen beteiligt:

1. H: Das ist der **Handelnde/Vertreter,** der die Willenserklärung abgibt

2. V: Das ist der **Vertretene/Geschäftsherr,** den die Folgen des Handelnden treffen, und

3. D: Das ist der Erklärungsempfänger/Vertragspartner; er wird als **Dritter** bezeichnet.

Das folgende Schaubild soll das verdeutlichen:

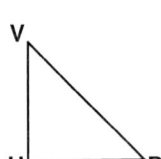

Die Linien zwischen den drei Buchstaben zeigen die verschiedenen rechtlichen Beziehungen auf, wir haben es also mit **drei** solcher Rechtsbeziehungen zu tun: Zwischen V und H, zwischen V und D und zwischen H und D. Die Beziehung zwischen V und H ist zunächst durch die *Vertretungsmacht* gekennzeichnet[127].

Zwischen H und D ist durch die Linie verdeutlicht, dass zwischen H und D ein *Rechtsgeschäft* vorgenommen wird und zwischen V und D entstehen die *Folgen dieses Rechtsgeschäfts.*

II. Die Voraussetzungen für eine wirksame Stellvertretung

1. Zulässigkeit

Die Stellvertretung muss vom Gesetz **zugelassen** sein. Grundsätzlich ist eine rechtsgeschäftliche Vertretung **zulässig.** Es gibt nur wenige Ausnahmen: Die Eheschließung muss von dem Ehepaar persönlich vorgenommen werden (§ 1311), und die Errichtung einer letztwilligen Verfügung (z.B. Testament) kann der Erblasser nicht anderen überlassen. In diesen Fällen verwendet das Gesetz die Formulierung *„persönlich"*[128].

Durchblick: Kann ein Vertreter für den Grundstücksverkäufer die Auflassung erklären?

Die Auflassung ist die dingliche Einigung über den Eigentumswechsel an einem Grundstück, § 925. Danach ist vorgeschrieben, dass die Einigung bei *gleichzeitiger Anwesenheit* des Erwerbers und Veräußerers erklärt werden muss (zwingendes Formerfordernis). Gleichzeitige Anwesenheit heißt nicht persönlich. Daher ist auch bei der Auflassung Stellvertretung zulässig. Gleichzeitige Anwesenheit bedeutet, dass die *Willenserklärungen* (Antrag und Annahme für die Auflassung) *gleichzeitig abgegeben* werden

---

[127] Darüber hinaus besteht in der Regel eine schuldrechtliche Bindung, siehe dazu S. 227/228.
[128] §§ 2064, 2274.

müssen. Deswegen kann der Bote[129] nicht die Auflassung erklären. Das Gleiche gilt beim Abschluss eines *Ehevertrages* (nicht zu verwechseln mit der Eheschließung!): § 1410 verlangt die gleichzeitige Anwesenheit beider Vertragspartner.

Eine unzulässige Stellvertretung führt zur Nichtigkeit des Rechtsgeschäfts.

Beispiel 3: E beauftragt seine Sekretärin, für ihn ein Testament zu errichten und gibt den Inhalt vor. Schreibt S jetzt eigenhändig anweisungsgemäß ein Testament, entfaltet dieses keine Wirkung. Sollte in dem Testament die Ehefrau zur Alleinerbin eingesetzt worden sein, könnte sich die Ehefrau darauf nicht berufen. Für ein Testament oder für die Eheschließung muss sich der Betreffende die notwendige Zeit nehmen!

2. Der Handelnde muss eine *eigene* Willenserklärung abgeben

Mit dieser Vorraussetzung wird die Stellvertretung von der Botenschaft abgegrenzt. Der Bote übermittelt eine *fremde Willenserklärung*, der Stellvertreter gibt eine *eigene* ab. Daher sind auch die Folgen einer Botenschaft strikt von denen der Stellvertretung zu unterscheiden.

Das zeigt sich beispielsweise beim Irrtum: Der Irrtum des Boten ist unerheblich, es kommt auf den an, für den der Bote handelt. Bei der Stellvertretung kommt es hingegen auf den Handelnden an, nicht auf den Vertretenen.

Der Bote kann zudem geschäftsunfähig sein. Der Stellvertreter muss mindestens beschränkt geschäftsfähig sein, § 165. Der Geschäftsherr kann also ein 5-jähriges Kind als Boten einsetzen, das Kind kann aber nicht Stellvertreter sein.

Merksatz: Ist das Kindlein noch so klein, kann es dennoch Bote sein!

---

[129] Siehe hierzu unter 2.

Hat der Handelnde einen *Entscheidungsspielraum,* um für sich einen *eigenen Willen* zu bilden, dann ist er Vertreter. Hat er keinerlei eigene Entscheidungsbefugnis, ist er Bote[130].

> **Merke:** Ob jemand als Bote eine fremde Willenserklärung übermittelt oder als Stellvertreter eine eigene Willenserklärung abgibt, ob also der Handelnde Entscheidungsspielraum hat oder nicht, richtet sich *nicht* danach, welche Anweisungen der, für den der Handelnde auftritt, erteilt hat. Es kommt auch nicht darauf an, was der Handelnde wollte, sondern es kommt allein darauf an, wie der Handelnde **nach außen auftritt, also wie der Dritte das Auftreten des Handelnden verstehen durfte.**

Beispiel 4: Der Chef schickt seine Sekretärin S zum Schreibwarenladen, damit sie Kopierpapier kauft. Erklärt S gegenüber dem Verkäufer V: „Mein Chef schickt mich, ich soll für ihn 1000 Blatt Kopierpapier kaufen", dann tritt S als Botin auf.

Betritt sie aber den Laden, lässt sich mehrere Arten von Papier zeigen und „feilscht" mit V um den Preis, dann gibt sie aus der Sicht des V eine eigene Willenserklärung ab, weil sie *nach außen* zeigt, dass sie Spielraum für eine Entscheidung hat. Es ist für das Einordnen der Handlung unerheblich, ob der Chef ihr strikte Anweisung hinsichtlich der Art der Ware und des Preises gegeben hat. Damit tritt S als Vertreterin auf und ist als solche zu behandeln.

> **Bote** ist also, wer nach außen zu erkennen gibt, eine fremde Willenserklärung zu übermitteln. **Stellvertreter** ist, wer nach außen zu erkennen gibt, eine eigene Willenserklärung abzugeben.

---

[130] Köhler, BGB Allgemeiner Teil, 30. Aufl., § 11 Rdnr. 16.

3. Handeln im fremden Namen (Offenkundigkeitsprinzip)

Erst bei Handeln in fremdem Namen liegt ein Fall der Stellvertretung vor. Der Erklärende muss offen legen, dass er *im Namen des Vertretenen* handelt. Der Dritte muss wissen, dass die Folgen der Willenserklärung einen anderen treffen, nämlich den Hintermann. Er muss also wissen, wer sein Geschäftspartner ist, um zu sehen, ob dieser z.b. leistungsfähig ist.

Auf welche Weise der Erklärende das Handeln für einen anderen offenlegt, ist seine Sache. Er kann das ausdrücklich tun: „Ich kaufe für Max Mustermann". Die Offenkundigkeit kann sich aber auch aus den Umständen des Falles ergeben, muss dann aber klar hervortreten.

Beispiel 5: A ist Architekt und bestellt für den Bauherrn B für dessen Haus 10 Fenster bei F. Die Bestellung nimmt er schriftlich auf einem Briefbogen mit dem Kopf des B vor. Er selbst unterzeichnet mit „A. Architekt".

Ob hier A sein Handeln in fremdem Namen gegenüber F hinreichend offen gelegt hat, entscheidet sich aus der Sicht des F. Durfte dieser aus den Umständen, die ihm bei der Bestellung bekannt waren oder bekannt sein mussten, schließen, dass A für B bestellt? Das wird man bejahen müssen. Denn A benutzt den Briefkopf des B, er tritt als Architekt auf und er bestellt „für das Haus des B".

> Wer nicht offen legt, im Namen eines anderen zu handeln, muss sich so behandeln lassen, als habe er das Rechtsgeschäft selbst vorgenommen.

Wer für den Vertretenen einen Vertrag schließen will, aber nicht deutlich macht, dass er für den Vertretenen handelt, ist also selbst Partei des Vertrages und ihn treffen die Folgen. Das Gesetz ist sogar so strikt, dass es eine Anfechtung wegen Irrtums nicht zulässt, § 164 II.

Beispiel 6: H will für V ein Kunstgemälde von D kaufen. In den Vorverhandlungen macht H aber nicht klar, dass das Gemälde für V ist und unterschreibt schließlich auch mit seinem Namen ohne weiteren Zusatz den Kaufvertrag. Als D von H das Geld für das Kunstwerk haben will, weigert sich H mit dem Hinweis, das Gemälde für V erworben zu haben. Hilfsweise ficht er seine Erklärung zum Vertragsschluss (Antrag oder Annahme) wegen seines Irrtums, ein Eigengeschäft getätigt zu haben, an. Kann D von H Kaufpreiszahlung verlangen?

D hat gegen H einen Anspruch auf Zahlung des Kaufpreises, wenn H Käufer des Kunstwerks war, § 433 II. H hat den Vertrag selber abgeschlossen. V wäre nur dann Vertragspartner und der Einwand des H durchgreifend, wenn die Voraussetzungen einer wirksamen Stellvertretung vorlagen.

Das ist hier zu verneinen. Denn H hat nicht deutlich gemacht, für V handeln zu wollen. Es handelt sich daher um ein *Eigengeschäft*. Die hilfsweise erklärte Anfechtung führt auch nicht zum Erfolg. Zwar befand sich H im Irrtum. Er glaubte zu erklären, für V zu kaufen, in Wahrheit hat er selbst gekauft. Grundsätzlich läge somit ein Anfechtungsgrund nach § 119 I, Inhaltsirrtum, vor. Aber wegen § 164 II kann H nicht anfechten. Er muss den Kaufpreis für das Gemälde zahlen.

Weil das Offenkundigkeitsprinzip den Dritten schützen will, kann in folgenden Ausnahmefällen auf die Offenlegung des Vertretergeschäfts *verzichtet* werden:

a. Erste Ausnahme: Unternehmensbezogene Geschäfte

Beispiel 7: K kauft in dem Schreibwarenladen „Buntstift" einen Kugelschreiber. Bedient wird er von der Angestellten A. A wird nicht ausdrücklich erklären, den Kugelschreiber für V, den Inhaber des Ladens, zu verkaufen. K weiß daher nicht, wer sein Verkäufer ist. Da aber für jedermann - auch für K - klar ist, dass nicht A selbst als Vertragspartnerin auftritt, sondern für den Inhaber, ist hier wegen der Unternehmensbezogenheit des Geschäfts eindeutig, wer Verkäufer ist[131].

---

[131] Wenn der Kugelschreiber mangelhaft wäre und K Ansprüche gegen V erheben möchte, muss er sich um die Person des V kümmern und diese feststellen. Dies könnte er durch Anfrage beim Gewerbeamt oder beim Handelsregister.

In diesem Beispiel ist dem K klar, dass A nicht für sich handelt. Unklar ist nur, wer der Vertretene ist. Das ist bei unternehmensbezogenen Geschäften immer der im Zeitpunkt der Vornahme des Rechtsgeschäfts *wahre Inhaber.*

Fazit: Obwohl A nicht im Namen des V aufgetreten ist, liegt eine wirksame Stellvertretung vor, da ein Geschäft für den Betriebsinhaber gegeben ist. Der Vertrag ist also zwischen K und V zustande gekommen.

b. Zweite Ausnahme: Das Geschäft für den, den es angeht

Beispiel 8: Der 17-jährige S (vgl. § 165) kauft für seinen Vater zwei Brötchen. Dem Bäcker ist es gleichgültig, ob sein Vertragspartner der Sohn ist, dem man die Minderjährigkeit nicht ansieht, oder der Vater.

Kennzeichnend, und damit eine wesentliche Voraussetzung für ein Geschäft für den, den es angeht ist, dass der Vertragspartner kein Interesse an der Kenntnis des Vertretergeschäfts hat. Daher kommt ein solches Geschäft nur bei **Bargeschäften des täglichen Lebens** in Betracht.

Bargeschäfte werden sofort abgewickelt, über die Kreditwürdigkeit des Vertragspartners machen sich die Vertragsparteien keine Gedanken. Aus dem Begriff „**Geschäfte des täglichen Lebens**" ergibt sich ferner, dass es sich nicht um besondere Verträge handeln darf. Deswegen kann fraglich sein, ob ein Geschäft für den, den es angeht, vorliegt, wenn höherwertige Güter gekauft werden[132].

---

[132] S. hierzu einerseits Leipold, BGB I Einführung und Allgemeiner Teil, 4. Aufl., § 22, Rdnr. 24 - 26, andererseits Köhler, Allgemeiner Teil, § 11 Rdnr.: 21 unter Hinweis auf die Entscheidung des Reichsgerichts RGZ 100, 190.

4. Vertretungsmacht

> **Vertretungsmacht** ist die rechtlich anerkannte Berechtigung für den Vertreter, rechtsgeschäftliche Folgen unmittelbar für und gegen den Vertretenen zu begründen.

Sie kann auf **Gesetz** oder **Rechtsgeschäft** beruhen. Die rechtsgeschäftlich eingeräumte Vertretungsmacht wird Vollmacht genannt (§ 166 II).

a. Die Vollmacht, §§ 167 – 176

Die Vollmacht ist eine **einseitige empfangsbedürftige Willenserklärung**. Sie hat zum Inhalt, dass ein anderer ermächtigt wird, für den Vertretenen rechtsgeschäftliche Folgen herbeizuführen.

Die Vollmacht kann gegenüber dem Vertreter oder gegenüber dem Geschäftsgegner erklärt werden, § 167 I. Die dem Vertreter erteilte Vollmacht wird **Innenvollmacht** genannt, die andere **Außenvollmacht**.

Eine wichtige Folge davon, dass die Vollmacht verschiedenen Personen gegenüber erteilt werden kann, ist in § 170 geregelt. Sie besagt, dass die Außenvollmacht bei Widerspruch mit der Innenvollmacht vorrangig ist. Dies gilt auch, wenn die Vollmacht im Innenverhältnis erloschen ist[133].

Die Vollmacht kann formlos, also auch *konkludent* erteilt werden.

Beispiel 9: A und B sind befreundet. A möchte einen Laptop erwerben, versteht davon aber nicht viel, im Gegensatz zu B, der ein ausgesprochener Spezialist ist. A und B betreten gemeinsam das Geschäft.

---

[133] Siehe dazu S. 226 ff.

B verhandelt mit dem Verkäufer und geht schließlich mit dem ausgesuchten Gerät an die Kasse, lässt sich von A das Geld geben, bezahlt
und nimmt den Laptop mit.

Hier hat A dem B stillschweigend durch unwidersprochenes Verfolgen der
Verhandlungen und durch Hingabe des Geldes die Vollmacht zum Kauf
(Schuldvertrag) und zum Eigentumserwerb für B (dingliche Einigung) des
Laptops erteilt.

Die Einhaltung einer **Form** für eine wirksam erteilte Vollmacht ist
nicht erforderlich, § 167 II, selbst wenn das Rechtsgeschäft, für
das die Vollmacht erteilt wurde, formbedürftig ist. Ausnahme: Die
Vollmacht ist *unwiderruflich!*

Beispiel 10: Der Grundstückskaufvertrag muss notariell beurkundet
werden (§ 311 b I 1). Bevollmächtigt V den H für ihn (V) ein Grundstück
käuflich zu erwerben oder zu verkaufen, muss die Vollmacht grundsätzlich
nicht notariell beurkundet werden.

Erteilt V dem H aber eine *unwiderrufliche Vollmacht,* ist diese formbedürftig, sie muss also notariell beurkundet werden. Der Grund liegt
darin, dass die unwiderruflich erteilte Vollmacht so nahe am Haupt-
geschäft liegt, dass hierfür das Formerfordernis erweitert werden muss[134].

Der erklärte Wille des Vollmachtgebers bestimmt grundsätzlich
den **Umfang der Vollmacht.** Der Vollmachtgeber kann den Bevollmächtigten für ein einzelnes Geschäft bevollmächtigen
(Spezialvollmacht) oder für bestimmte Arten von Rechtsgeschäften **(Gattungsvollmacht)** oder umfassend für alle Geschäfte
(Generalvollmacht).

Beispiel 11: V plant eine Weltreise. Er bittet H, seinen PKW zu verkaufen.
Die Vertretungsmacht des H beschränkt sich auf den Verkauf des PKW.
Eine weitergehende Vollmacht hat H nicht. H kann jetzt also nicht für V
dessen Aktienpaket etc. verkaufen. Es liegt eine *Spezialvollmacht* vor.

---

[134] Jauernig/Jauernig, 10. Aufl., § 167, Rdnr. 10.

Beispiel 12: V ist betagt. Es fällt ihm schwer, alle Alltagsgeschäfte zu erledigen. Er erteilt H die Vollmacht, alle Bankgeschäfte zu erledigen *(Gattungsvollmacht)*. H ist aber nicht berechtigt, das Haus oder andere Sachen des V zu verkaufen.

Wenn V dem H im *Beispiel 12* umfassende Vollmacht für alle Geschäfte, die nach dem Ermessen des H erforderlich sind, erteilt, dann handelt es sich um eine *Generalvollmacht.*

Durchblick: Die Kontrollbetreuung, § 1896 III

Die in *Beispiel 12* genannte Generalvollmacht ist riskant. V könnte sie zwar widerrufen (§ 168 S. 2). Der Widerruf einer Vollmacht ist aber auch eine Willenserklärung, die Geschäftsfähigkeit voraussetzt. Wenn V die Vollmacht widerrufen will, weil H die Vollmacht missbraucht und er deswegen das Vertrauen zu H verloren hat, kann er das nur tun, solange er geschäftsfähig ist. Verliert er infolge Altersdemenz die Geschäftsfähigkeit, ist ein Widerruf zunächst ausgeschlossen. Um in diesen Fällen die Gefahr eines Missbrauchs der Generalvollmacht zu vermeiden, hat der Gesetzgeber die sogenannte *Kontrollbetreuung des § 1896 III* geschaffen.

In besonderen Fällen regelt der Gesetzgeber den Umfang der Vollmacht: So bei der **Prozessvollmacht (§§ 80 – 84 ZPO)** oder **Prokura (§§ 49 ff. HGB)**.

Der Vertretene kann auch zwei oder mehr Personen Vollmacht erteilen, z. B. mit der Auflage, dass beide nur **gemeinsam handeln** dürfen. In diesem Fall liegt **Gesamtvertretung** vor. Das bedeutet, dass keiner ohne oder gegen das Einverständnis des anderen handeln darf. Ein gemeinsames Erklären wäre zu unpraktisch und ist daher nicht erforderlich. Es genügt, dass das rechtsgeschäftliche Handeln eines Vertreters auf dem gemeinsamen Willen beider Vertreter beruht.

Beispiel 13: V erteilt seinem Sohn und seiner Tochter gemeinsam Bankvollmacht. S kann allein Geld abheben, aber T muss ihr Einverständnis dazu erklären.

Der Vollmachtgeber kann sich nicht „entrechten". D.h. auch in dem Bereich, in dem der Vertreter für den Vertretenen aufgrund der Vollmacht rechtsgeschäftlich handeln kann, kann der Vollmachtgeber selbst die Rechtsgeschäfte vornehmen. Es gibt also **keine verdrängende Vollmacht**. Bei Widerspruch geht der Wille des Vertretenen vor.

Erlöschen der Vollmacht, § 168

aa. Widerruf, § 168 S. 2

Der Vollmachtgeber wird ein Interesse haben, die Vollmacht zeitlich zu begrenzen. Tut er das nicht, so kann er sie grundsätzlich jederzeit widerrufen, § 168 S. 2. Der Vertretene ist also grundsätzlich nicht an die einmal erteilte Vollmacht gebunden.

Beispiel 14: Ist in *Beispiel 13* der V mit der Art, wie S und T von der ihnen erteilten Vollmacht Gebrauch machen nicht einverstanden, kann er sie jederzeit grundlos entziehen (widerrufen).

Der Bevollmächtigte seinerseits kann aber auch ein Interesse daran haben, dass er sich auf den Bestand der Vollmacht verlassen kann. In diesem Fall kann sich der Bevollmächtigte eine unwiderrufliche Vollmacht erteilen lassen[135].

Beispiel 15: Der Hotelier V erkennt, dass sein Hotel nicht gut läuft und die Schulden ihm „über den Kopf wachsen". Nun bietet sich der Inhaber der Hotelkette H an, das Hotel zu sanieren. H wird sich in diesem Fall eine unwiderrufliche Vollmacht erteilen lassen, um die Sanierungs-

---

[135] Die Regelung des Widerrufs erfolgt in dem Vertrag, der das Innenverhältnis zwischen Vertretenem und Vertreter regelt. Eine unwiderruflich erteilte Vollmacht kann aber bei Vorliegen eines wichtigen Grundes trotzdem widerrufen werden.

geschäfte durchführen zu können, ohne befürchten zu müssen, dass V die Vollmacht widerruft.

Natürlich kann eine Vollmacht nicht widerrufen werden, wenn das Geschäft, zu dem bevollmächtigt worden ist, ausgeführt worden ist.

bb. Erlöschen des Grundverhältnisses, § 168 S. 1

Das Erlöschen der Vollmacht bestimmt sich nach dem ihrer Erteilung zugrunde liegenden Rechtsverhältnis.

Beispiel 16: A stellt S als seine neue Sekretärin ein. In dem Arbeitsvertrag wird festgehalten, dass S berechtigt ist, Büromaterial bis zu 1.000 € monatlich zu kaufen. Dies stellt eine Vollmacht nach § 167 dar.

Der Arbeitsvertrag regelt die Rechte und Pflichten von A und S. Die Berechtigung zum Einkauf des Büromaterials ist weder eine Pflicht, noch eine *gegenüber A* eingeräumte Rechtsmacht. S hat also gegen A keinen Anspruch aus der Vollmacht. Endet jetzt das Arbeitsverhältnis, ist zunächst über das Schicksal der Vollmacht nichts gesagt. Hier greift § 168 S. 1 ein: Erlischt das Arbeitsverhältnis, erlischt auch die Vollmacht.

Vollmacht und Innenverhältnis sind strikt zu trennen. Letzteres ist durch den Vertrag, den Arbeitsvertrag, der zwischen A und S geschlossen wurde, bestimmt. Der Arbeitsvertrag bestimmt, welche Rechte und Pflichten zwischen A und S bestehen sollen. Er bestimmt nicht die Rechtsmacht, die S durch die Vollmacht erhält.

Beispiel 17: Nehmen Sie im *Beispiel 16* an, dass S noch minderjährig ist und gegen den Willen der Eltern die Stelle bei A angenommen hat. Der Arbeitsvertrag ist unwirksam, §§ 107, 108. Dennoch kann S aufgrund der Vollmacht Vertreter sein, § 165.

> Die Vollmacht ist *abstrakt,* d.h. losgelöst vom Innenverhältnis zwischen Vertretenem und Vertreter. Die Wirksamkeit des Vertrages zwischen Vertretenem und Vertreter berührt die Wirksamkeit der Vollmacht nicht. Ausnahme ist § 168 S. 1.

§ 168 S. 1 ist eine Ausnahme vom Grundsatz, dass Vollmacht und Grundverhältnis (auch Innenverhältnis genannt, im vorstehenden Beispiel der Arbeitsvertrag) getrennt zu beurteilen sind.

Tod des Bevollmächtigten; Eintritt der Geschäftsunfähigkeit

Wegen des persönlichen Vertrauensbeweises, der typischerweise in einer Vollmachtserteilung steckt, erlischt die Vollmacht mit dem Tod oder der Geschäftsunfähigkeit des *Bevollmächtigten.*

Die Vollmacht endet aber nicht ohne weiteres mit dem Tod des *Vollmachtgebers.* Es handelt sich, wenn der Vollmachtgeber verstorben ist und die Vollmacht fortgelten soll, um eine sog. postmortale Vollmacht (lat.: post = nach und mortus = gestorben). Die Rechtsposition des Vollmachtgebers geht dann nach § 1922 I auf den oder die Erben über.

Beispiel 18: V hat seiner Lebensgefährtin H Bankvollmacht für sein Konto bei der D-Bank erteilt. In der Vollmachtsurkunde steht ausdrücklich, dass sie über den Tod des V hinaus Gültigkeit hat.

Stirbt V und wird er von seinem Sohn S beerbt, treffen diesen die Folgen von Rechtsgeschäften, die H mit der Bank aufgrund der Vollmacht vornimmt, z.B. wenn H kurz nach dem Tod des V das Girokonto „leer räumt". Das Geld, das S zustand, ist weg. S könnte allenfalls aus dem Vertrag, den V und H geschlossen haben und in dessen Position S durch den Erbfall eingerückt ist (§ 1922) einen Schadensersatzanspruch aus § 280 haben.

Exkurs: Die Vollmacht kraft Rechtsscheins

Die Vollmacht kraft Rechtsschein kann nur vorliegen, wenn eine Vollmacht nicht erklärt wurde oder ungültig geworden ist. Gesetzliche Beispiele für eine Vollmacht kraft Rechtsschein findet man in den §§ 170 – 173.

Beispiel 19 (zu § 170): H ist Vertrauter des V. V hat daher bei der Bank D eine Vollmacht für H hinterlegt. Als H und V sich überwerfen, erklärt ihm der V, dass er die Bankvollmacht widerrufe. H geht, bevor V die hinterlegte Vollmacht zurückverlangt, zur D-Bank und hebt noch einmal schnell 10.000 € vom Konto des V ab.

Der Widerruf der Vollmacht durch V gegenüber H ist wirksam. § 168 S. 2 verweist auf § 167 I S. 1, der Widerruf der Vollmacht kann also gegenüber dem Bevollmächtigten erklärt werden, auch wenn eine Außenvollmacht erteilt wurde. Die D-Bank konnte aber nicht wissen, dass V die Vollmacht gegenüber H widerrufen hatte. Die D-Bank durfte auf den Bestand der Vollmacht so lange vertrauen, bis ihr gegenüber der Widerruf erfolgte.

Im Fall des § 171 kann auf den Bestand einer Vollmacht vertrauen, wer sich auf die Richtigkeit einer öffentlichen Bekanntmachung verlässt und § 172 schützt das Vertrauen in eine ausgestellte Vollmachtsurkunde.

§§ 170 - 172 weisen als Gemeinsamkeit auf, dass ein Dritter sich auf einen Umstand verlassen durfte, der ein starkes Indiz für den Fortbestand einer Vollmacht ist. Der Dritte kann sich auf den Fortbestand nur dann nicht (mehr) verlassen, wenn der Wegfall der Vollmacht auf die gleiche Weise kundgemacht wird. Weil in diesen drei gesetzlichen Fällen der Dritte vom Fortbestand der Vollmacht ausgehen darf, auch wenn in Wahrheit die Vollmacht längst ihre Gültigkeit verloren hat, spricht man von einer **Vollmacht kraft Rechtsschein**. Diese verleiht mit gleicher Wirkung die Vertretungsmacht wie die wirksam erklärte. Allerdings kommt von Gesetzes wegen ein Vertrauen des Dritten auf den Fortbestand der Vollmacht nicht in Betracht, wenn der Dritte weiß oder

230

hätte wissen müssen, dass die Vollmacht nicht mehr besteht, § 173.

Über diese gesetzlich geregelten Fälle einer Vollmacht kraft Rechtsschein haben Rechtsprechung und Lehre weitere Tatbestände einer Vollmacht kraft Rechtsschein entwickelt: die **Duldungs- und Anscheinsvollmacht**[136].

Eine Rechtsscheinsvollmacht kommt nur in Betracht, wenn eine rechtsgeschäftliche Vollmacht nicht oder nicht mehr besteht. Die Tatbestände der Vollmacht kraft Rechtsschein sind daher erst zu prüfen, wenn das Vorliegen einer gültigen Vollmacht verneint wird.

Die Voraussetzungen der Vollmacht kraft Rechtsschein lassen sich unterteilen in solche, die beim Vertreter, beim Vertretenen und beim Dritten vorliegen müssen. Sie werden daher hinsichtlich der drei beteiligten Personen getrennt aufgeführt. Alle Voraussetzungen müssen zusammen (kumulativ) vorliegen.

A. Die Duldungsvollmacht[137]

1. Der Handelnde

Der Handelnde hat ein Rechtsgeschäft ohne Vertretungsmacht vorgenommen.

2. Der Vertretene/Geschäftsherr

Der Geschäftsherr/Vertretene hat bei Vornahme des Rechtsgeschäfts Kenntnis gehabt, dass jemand als Vertreter ohne Vertretungsmacht für ihn aufgetreten ist und er hat es *geschehen lassen*. In der Regel geschieht dies über einen längeren Zeitraum. Diese Kenntnis rechtfertigt es, dem Geschäftsherrn das Auftreten des Handelnden als Vertreter *zuzurechnen*.

---

[136] Löwisch/Neumann, Allgemeiner Teil des BGB, 7. Aufl., Rdnr. 227 – 230.
[137] In der Literatur (*Flume*, BR AT, § 49 Rdn. 3) wird das Institut der Duldungsvollmacht teilweise abgelehnt. Diese Ansicht geht davon aus, dass eine Vollmachtserteilung durch konkludentes Verhalten vorliege.

3. Vertrauenstatbestand aus Sicht des Dritten

Der Dritte durfte auf das Bestehen einer Vollmacht **vertrauen** (**Vertrauenstatbestand**), weil er das bewusste Dulden dahin verstand und verstehen durfte, dass der Handelnde vom Geschäftsherrn bevollmächtigt war[138]. Es lagen keine Umstände vor, die dem Dritten Anlass zu Zweifeln an einer Vollmacht gaben. Ein solches Vertrauen kann daher rühren, dass der Handelnde schon früher unbeanstandet (ohne Vollmacht) aufgetreten ist. Es kann aber auch von anderen konkreten Umständen herrühren. So z.B. bei Vertragsschluss in den Geschäftsräumen des Geschäftsherrn und mit seinem Geschäftspapier.

4. Gutgläubigkeit des Dritten

Entsprechend § 173 wird ein Vertrauen des Dritten nicht anerkannt, wenn er weiß oder wissen muss, dass der Handelnde keine Vollmacht hatte. Denn die Vollmacht kraft Rechtsschein setzt ein berechtigtes Vertrauen des Dritten in die Vertretungsmacht (**Gutgläubigkeit**) voraus[139].

Beispiel 20: V hat seine kleine Einliegerwohnung an D vermietet. Die Frau des V (H) verhandelt mit D über eine einverständliche Mietminderung wegen Mängel, vgl. § 536. Dies wusste V. H und D einigen sich über eine Minderung um 10% für 3 Monate. Vorher hatte H in Kenntnis des V und D bereits über Mietnebenkosten, Reinigungspflichten für den Eingang der Einliegerwohnung und die Benutzung eines Parkplatzes auf dem Grundstück des V verhandelt und Vereinbarungen getroffen, nach denen sich V und D auch längere Zeit gerichtet haben.

Als D nur noch den herabgesetzten Mietzins zahlt, verlangt V die ursprünglich vereinbarte Miete (angenommene Differenz: 150 €). Kann V diese 150 € von D verlangen?

---

[138] BGH NJW 2003, 2091, 2092.
[139] BGH NJW 2003, 2091, 2092.

V könnte gegen D einen Anspruch auf Zahlung der 150 € aus § 535 II haben.

Nach der ursprünglichen Vereinbarung im Mietvertrag wäre der Anspruch des V begründet. Aber H und D haben eine Mietminderung vereinbart. Dabei handelt es sich um einen Erlassvertrag nach § 397. Dieser Erlass müsste gegenüber V wirksam sein. Die zum Vertragsschluss erforderliche Willenserklärung hat aber H abgegeben. Nur wenn die Voraussetzungen einer wirksamen Stellvertretung (§§ 164 ff.) vorliegen, ist V Vertragspartner des D und nur dann treffen V die Folgen des Erlasses.

Fraglich ist allein, ob H beim Abschluss der Vereinbarung Vertretungsmacht hatte. Eine Vollmacht wurde ihr nicht erteilt. Denn das Schweigen des V ist keine Willenserklärung und ein beredtes Schweigen kann nicht eindeutig festgestellt werden. In Betracht kommt eine Vertretungsmacht kraft *Duldungsvollmacht.* Ein vollmachtloses Handeln der H liegt vor. V hat das wissentlich geschehen lassen. V wusste, dass H für ihn die Verhandlungen über eine eventuelle Mietminderung führte. Die Tatsache, dass D schon früher mit H Vereinbarungen zur Regelung von Einzelheiten des Mietverhältnisses getroffen hatte und V dagegen nichts unternahm, begründete für D das berechtigte Vertrauen auf eine Vollmacht der H. Der Miet-Erlass war also gegenüber V wirksam. V hat also keinen Anspruch gegen D auf Zahlung der 150 € aus § 535 II.

B. Die Anscheinsvollmacht[140]

1. Der Handelnde

Der Handelnde nimmt im Namen des Geschäftsherrn ein Rechtsgeschäft vor, ohne Vollmacht zu haben.

---

[140] In der Literatur (*Flume*, BR AT, § 49 Rdn. 4) wird das Institut der Anscheinsvollmacht teilweise abgelehnt. Diese Ansicht geht davon aus, dass die fahrlässige Verletzung einer Sorgfaltspflicht nicht zum Zustandekommen eines Vertrages führen kann. Ein Verschulden könne einer Willenserklärung nicht gleichgesetzt werden. Daher solle der Geschäftsherr nicht auf das Erfüllungsinteresse, sondern lediglich auf den Vertrauensschaden aus § 311 II, culpa in contrahendo (c.i.c.), haften. Kritisch zur Anscheinsvollmacht auch *Peters*, AcP 179, 237 f. Eine „fahrlässige Willenserklärung" kennen wir allerdings im Fall des fehlenden Erklärungsbewusstseins.

2. Der Vertretene/Geschäftsherr

Der Vertretene weiß nicht, dass der Vertreter für ihn auftritt. Aber er hat aus Fahrlässigkeit den Rechtsschein einer Vollmacht gesetzt, denn bei Beachtung der erforderlichen Sorgfalt hätte er erkennen können, dass der Vertreter als sein Stellvertreter auftritt. Während bei der Duldungsvollmacht das *bewusste Gewähren-lassen* die Zurechnung des Verhaltens des Vertreters gegen den Geschäftsherrn rechtfertigt, ist es bei der Anscheinsvollmacht die *fahrlässige Unkenntnis*.

Hinzukommen muss, dass der Geschäftsherr untätig bleibt. Untätig ist er, solange er nicht durch aktives Tun den Rechtsscheinstatbestand zerstört. Eine interne Anweisung an den Vertreter genügt dafür nicht[141].

3. Vertrauenstatbestand aus Sicht des Dritten

Wie bei der Duldungsvollmacht müssen Umstände vorliegen, aus denen der Dritte auf das Vorliegen einer Vollmacht schließen darf, z. B. Überlassung von Geschäftsbögen, die der Handelnde im Rechtsverkehr verwendet (**Vertrauenstatbestand**). Nach der Rechtsprechung muss das Verhalten des Vertretenen, aus dem der Dritte auf eine erteilte Vollmacht schließen darf, in der Regel von *gewisser Dauer und Häufigkeit* sein[142].

4. Gutgläubigkeit des Dritten

Entsprechend § 173 wird ein Vertrauen des Dritten nicht anerkannt, wenn er weiß oder wissen muss, dass der Handelnde keine Vollmacht hatte. Denn die Vollmacht kraft Rechtsschein setzt ein berechtigtes Vertrauen des Dritten in die Vertretungsmacht (**Gutgläubigkeit**) voraus[143].

---

[141] BGH NJW 1991, 1225.
[142] BGH NJW 1998, 1854
[143] BGH NJW 2003, 2091, 2092.

Beispiel 21: Im *Beispiel 20* (S. 231) ist V häufig auf Reisen. In seiner Abwesenheit hat H Regelungen für V hinsichtlich der Nebenkosten, Reinigungspflichten und Parkplatznutzung getroffen. V nimmt diese Regelungen zur Kenntnis und untersagt der H, keine Vereinbarungen in seinem Namen ohne seine Zustimmung zu treffen.

Eines Tages erfährt er von der Vereinbarung der H über eine Mietminderung, weil das Mietkonto weniger Guthaben aufweist. Er fragt nach und erfährt vom Verhalten der H. Er verlangt nun von V Zahlung der ursprünglichen Miete. Zu Recht?

Fraglich ist allein, ob H beim Abschluss der Vereinbarung Vertretungsmacht hatte. Hier kommt eine konkludent erteilte Vollmacht von vorneherein nicht Betracht. Aus dem Schweigen des V, das nicht auf dem bewussten Dulden des Verhaltens der H beruht, lässt sich keine Willenserklärung herleiten.

Die Voraussetzungen für eine Anscheinsvollmacht liegen aber vor: H trat häufiger für V gegenüber D im Namen des V auf, obwohl sie keine Vertretungsmacht hatte. V wusste zwar nicht, dass H für ihn als vollmachtlose Vertreterin aufgetreten war, hätte aber wegen der vorher getroffenen Regelungen zwischen H und D wissen müssen, dass H erneut „rückfällig" wird. Allein das interne Verbot genügt nicht, den Rechtsschein zu zerstören. Der Mieter D durfte aus dem häufigen Auftreten der H auf das Vorliegen einer Vollmacht schließen, weil V ihm gegenüber widerspruchslos das Verhalten der H hingenommen hat. Anhaltspunkte für ein Vorliegen der Voraussetzungen des § 173 lassen sich dem Sachverhalt nicht entnehmen, H war also *gutgläubig.* Der Miet-Erlass war demnach gegenüber V wirksam. V hat also keinen Anspruch gegen D auf Zahlung der ursprünglichen Miete.

5. Die gesetzliche Vertretungsmacht

Wer rechtsfähig ist, muss auch in der Lage sein, Rechte für sich begründen zu können. Sonst könnte man einem 3-jährigen Kind keine Geschenke machen. Da das BGB einerseits von der Selbstbestimmung ausgeht, andererseits aber nicht jeder die Fähigkeit besitzt, einen Willen richtig zu bilden, sei es aufgrund seines

Alters, sei es wegen krankhafter Störung seiner Geistestätigkeit, muss eine andere Person für ihn handeln können. Deswegen hat diese Person einen **gesetzlichen Vertreter.**

a. Wer ist gesetzlicher Vertreter?

In erster Linie[144] kommen die Eltern in Betracht: § 1629 I S. 1. Die Vertretungsmacht der Eltern ist ein Beispiel für eine gesetzlich eingeräumte Gesamtvertretung. Ist ein Elternteil allein erziehend, hat dieser die elterliche Sorge und ist damit allein vertretungsberechtigt. Einem Kind, das keine Eltern hat (z.b. sind beide Eltern bei einem Verkehrsunfall ums Leben gekommen) wird ein Vormund vom Vormundschaftsgericht bestellt, §§ 1773, 1774, 1793. Kann jemand z.b. wegen seines Alters seine Angelegenheiten nicht mehr selbst besorgen, wird ihm ein Betreuer zur Seite gestellt § 1896 I[145].

Durchblick: Die Betreuung

Bei der Betreuung sind zwei Fälle zu unterscheiden: Nach § 1896 I kann ein Betreuer schon dann bestellt werden, wenn der Betreute körperlich nicht in der Lage ist, seine Angelegenheiten zu besorgen. Geistig ist er aber noch „voll da". In diesen Fällen ist der Betreuer *neben* dem Betreuten gesetzlich vertretungsberechtigt. Ist der Betreute nicht mehr in der Lage, seinen Willen frei zu bilden (z.B. Altersdemenz, im Volksmund: „Verkalkung"), dann ist der Betreuer *statt* des Betreuten vertretungsberechtigt (*verdrängende Vertretungsmacht).*

---

[144] Die genauere Darstellung gehört in das Familienrecht, deswegen finden sich Einzelheiten in den Lehrbüchern zum Familienrecht.

[145] Siehe näher hierzu, auch zum sog. Einwilligungsvorbehalt Köhler, BGB Allgemeiner Teil, § 10 Rdnr. 5 ff.

236

b. Umfang der Vertretungsmacht

Der Umfang der gesetzlichen Vertretungsmacht ist vom Gesetz im Einzelnen festgelegt. Bei der *Bestellung eines Betreuers* muss das Vormundschaftsgericht hingegen in dem Akt der Bestellung (gerichtlicher Beschluss) genau festlegen, was der Betreuer darf, wie weit also seine Vertretungsmacht geht. Diese ist nur in seltenen Fällen umfassend. Beispielsweise ordnet das Vormundschaftsgericht an, dass der Betreuer den Betreuten in Vermögensangelegenheiten vertreten kann oder den Aufenthalt bestimmen darf (z.B. Unterbringung in einem Altenheim).

Beispiel 22: Der 88-jährige A kann allein in seiner Wohnung nicht mehr leben. Für ihn wird der Betreuer B bestellt mit dem Wirkungskreis[146] Vermögenssorge. Da A in ein Altersheim wechselt, verkauft er seine Möbel (u. a. seinen Schreibtisch) an D. Als B davon erfährt, protestiert er und weigert sich, den Tisch an D herauszugeben.

D kann die Übereignung des Tisches verlangen, wenn er mit A einen wirksamen Kaufvertrag geschlossen hat, § 433 I. Ist A beim Abschluss des Kaufvertrages geschäftsfähig gewesen, so konnte A den Vertrag wirksam schließen und die Pflicht zur Übereignung des Tisches wirksam begründen. Der Protest des B hat dann keine Auswirkung. D kann dann Übereignung des Tisches verlangen.
War aber A beim Kaufvertragsschluss geschäftsunfähig, so hat der Betreuer allein die Vertretungsmacht. Der Vertrag wäre wegen § 105 I nichtig und D hätte keinen Anspruch auf Übereignung des Tisches.

Ein besonderer Fall gesetzlicher Vertretungsmacht liegt bei **juristischen Personen** vor: Der Verein hat einen Vorstand, § 26 II; ebenso die Aktiengesellschaft, § 78 I AktG; die GmbH hat einen Geschäftsführer, § 35 GmbHG.

---

[146] Der Begriff „Wirkungskreis" umschreibt den Umfang der Vertretungsmacht. Ist der Betreuer für den Wirkungskreis „Vermögenssorge" bestellt, darf er alle Rechtsgeschäfte vornehmen, die zur Vermögenssorge gehören.

**Exkurs: Die Vertretungsmacht des Ehegatten
(früher: Schlüsselgewalt)**

Beispiel 23: Die Eheleute F(rau) und M(ann) sind Grundschullehrer und haben noch keinen PC. Eines Tages sieht M bei der Fa. D einen sehr günstigen PC und kauft ihn, ohne zu sagen für wen. Er vereinbart mit D, dass der PC geliefert werden solle, was dann geschieht. Da zwischenzeitlich F und M über den Kauf zerstritten sind, weigern sich beide, ihn zu bezahlen. Von wem kann D das Geld (1.000 €) verlangen?

Da gefragt ist, von wem D den Kaufpreis verlangen kann, sind Ansprüche sowohl gegen M als auch gegen F zu prüfen.

Zunächst ist ein **Anspruch gegen M** zu prüfen. Als Anspruchsgrundlage kommt § 433 II in Betracht. Ein Vertrag ist zwischen M und D zustande gekommen. Ein Vertretungsgeschäft in dem Sinne, dass ein Dritter allein Vertragspartner werden sollte, liegt nicht vor, selbst wenn M das so wollte. Denn M hat nicht offen gelegt, für einen Dritten (hier seine Frau) zu handeln. Das Offenkundigkeitsprinzip wurde von M also nicht eingehalten. M ist demnach zur Bezahlung verpflichtet.

Ein **Anspruch gegen F** kommt nur in Betracht, wenn die Voraussetzungen einer wirksamen Stellvertretung beim Abschluss des Kaufvertrages vorlagen. M hat nicht deutlich gemacht, für F gehandelt zu haben. Aber nach § 1357 I S. 2 kann auf das Offenkundigkeitsprinzip verzichtet werden, wenn die Voraussetzungen des § 1357 I S. 1 vorlagen. Dann müsste der Kauf des PC zur *angemessenen Deckung des Lebensbedarfs* der Familie vorgenommen worden sein. Ob das der Fall ist, hängt von den Umständen des Einzelfalles (konkret: der Familiensituation) ab, kann hier jedoch bejaht werden. § 1357 I S. 2 begründet gleichzeitig auch eine Vertretungsmacht für F. F ist also auch Vertragspartnerin des D und muss den Kaufpreis zahlen.

Anmerkung: Natürlich bekommt D den Kaufpreis nur einmal, § 421.

III. Die Folgen zulässiger Stellvertretung

Die Bedeutung der Stellvertretung liegt darin, dass beim Vorliegen der Voraussetzungen des § 164 BGB die Folgen des Rechtsgeschäfts den Vertretenen und nicht den Handelnden treffen. Das soll hier genauer erläutert werden:

Beispiel 24: V geht auf Weltreise. Er bittet seine Angestellte H, für ihn einen PKW nach näheren Anweisungen zu erwerben. Dies vollzieht sich in den zwei Schritten: Erst wird ein Kaufvertrag abgeschlossen. Partner sollen V und D (Autoverkäufer) sein. V kann selbst nicht die Rechtsgeschäfte abschließen, H muss also handeln. Wenn H den Anweisungen folgt und die Voraussetzungen des § 164 beachtet, wird V Partner des Kaufvertrages. Sodann muss D das Eigentum am PKW dem V übertragen.

Wie verhält es sich aber mit dem *Eigentumserwerb?* Dieser erfolgt durch dingliche Einigung und Übergabe des PKW (Besitzverschaffung) an den neuen Eigentümer. Den dinglichen Vertrag kann H unter Beachtung der Voraussetzungen der §§ 164 ff. für V abschließen. Wenn aber D den Besitz auf H überträgt, greifen die §§ 164 ff. nicht ein, da die Besitzübertragung kein Rechtsgeschäft ist.

Man braucht also eine Vorschrift, die den Besitz, den H für sich begründen kann, dem V zurechnet. Hier könnte § 855 in Betracht kommen. Ob er einschlägig ist, hängt von der Stellung des H zu V ab. Möglich wäre auch ein Vorgehen nach § 930.

IV. Die Folgen fehlender Vertretungsmacht

Hier ist zuerst zu beachten, dass das Gesetz die Folgen fehlender gesetzlicher oder rechtsgeschäftlicher Vertretungsmacht unterschiedlich danach regelt, ob ein *Vertrag* oder ein *einseitiges Rechtsgeschäft* ohne Vertretungsmacht vorgenommen wurde.

1. Fehlende Vertretungsmacht beim Vertrag

Der Vertrag wirkt bei fehlender Vertretungsmacht zunächst weder für noch gegen den Vertretenen. Es handelt sich auch nicht um ein Eigengeschäft des Vertreters. Vielmehr räumt der Gesetzgeber dem Vertretenen die Möglichkeit ein, den Vertrag „an sich zu ziehen". Deswegen bestimmt § 177 I, dass die Wirksamkeit des Vertrages für und gegen den Vertretenen von seiner Genehmigung (= nachträglichen Zustimmung, § 184) abhängt.

Beispiel 25: V hat H Vollmacht für seine Vermögensangelegenheiten erteilt, jedoch Kreditgeschäfte ausdrücklich ausgenommen. H nimmt für V trotzdem bei D einen Kredit über 30.000 € auf.

Der Darlehensvertrag, den H für D abgeschlossen hat, wirkt nicht für oder gegen V. Weder hat V einen Anspruch gegen D auf Auszahlung des Darlehensbetrages, § 488 I S. 1, noch muss V eventuell vereinbarte Bereitstellungszinsen bezahlen. V kann sich jetzt überlegen, ob er den Vertrag „an sich zieht", d. h. genehmigt. Dann wäre, da die Genehmigung zurückwirkt (§ 184 I) der Darlehensvertrag von Anfang an zwischen D und V geschlossen. Oder V verweigert die Genehmigung. Dann hat V mit dem Vertrag nichts mehr zu tun. Für H könnte das eine Haftung aus § 179 zur Folge haben.

> Der Vertrag, der ohne Vertretungsmacht abgeschlossen wurde, ist zunächst **schwebend unwirksam, § 177 I.**

Erteilt der Vertreter die Genehmigung, ist der Vertrag von Anfang an wirksam geschlossen. Verweigert er endgültig die nachträgliche Zustimmung, so ist der Vertrag endgültig unwirksam. In beiden Fällen ist der Schwebezustand beendet.

2. Fehlende Vertretungsmacht beim einseit. Rechtsgeschäft

Das einseitige Rechtsgeschäft, das ohne Vertretungsmacht vorgenommen wurde, ist von Anfang an unwirksam (§ 180). Doch ist § 180 S. 2 zu beachten: Es treten die Folgen der §§ 177 – 179 ein, wenn die behauptete Vertretungsmacht nicht beanstandet wird oder der Geschäftspartner sogar mit dem Handeln ohne Vertretungsmacht einverstanden ist.

Beispiel 26: Wie *Beispiel 25,* V hat den Vertrag genehmigt. In dem Vertrag war ein Kündigungsrecht für den Darlehensnehmer ausbedungen. H kündigt stellvertretend für V. Ist die Kündigung wirksam?

Die Genehmigung des Vertrages durch V bedeutet nicht, dass die Vertretungsmacht des H auf *alle* mit dem genehmigten Vertrag zusammenhängenden Geschäfte, somit auch auf die Kündigung erweitert wurde. Die Kündigung erfolgte damit ohne Vertretungsmacht. Sie ist endgültig unwirksam, § 180 S. 1. D hätte sich allerdings fragen müssen, ob H Vertretungsmacht hatte. Er hätte sich die Vollmacht vorlegen lassen können, und wenn H keine hatte, dann hätte D die Kündigung des H zurückweisen können, § 180 S. 2.

3. Die Haftung des Vertreters ohne Vertretungsmacht

Ist der ohne Vertretungsmacht geschlossene Vertrag endgültig unwirksam, weil die Genehmigung vom Vertretenen verweigert wurde, haftet der ohne Vertretungsmacht handelnde Vertreter nach § 179. Denn der Geschäftspartner kann wegen der Unwirksamkeit des Vertrages erhebliche Nachteile haben, z.B. wenn er Vorbereitungen für die Durchführung des Vertrages getroffen und Geld investiert hat. Der Dritte hat jetzt ein Wahlrecht. Er kann von dem Vertreter ohne Vertretungsmacht entweder Schadensersatz oder Erfüllung der vertraglich ohne Vertretungsmacht eingegangenen Verpflichtung verlangen. In diesem Fall wird so getan, als sei der Vertrag wirksam, § 179 I. Diese Wahlmöglichkeit besteht nicht, wenn der Vertreter nicht wusste, dass eine Vertretungsmacht fehlt, § 179 II.

Beispiel 27: In dem *Beispiel 25* hat V die Genehmigung verweigert. D hatte aber das Geld seinerseits gegen Zinszahlung bei X „geliehen". D muss nun die Zinsen an X zahlen, ohne von V seinerseits Zinsen zu bekommen. Das ist für D ein Schaden, den er aus § 179 I von H ersetzt bekommen kann. Dass D die fehlende Vertretungsmacht kannte oder kennen musste, ist nicht ersichtlich, § 179 III S.1.

V. Das unzulässige Insichgeschäft, § 181

1. Der Tatbestand des § 181

Unter einem Insichgeschäft werden zwei unterschiedliche Fallgruppen verstanden: Das *Selbstkontrahieren* und die *Mehrvertretung.*

a. Das Selbstkontrahieren

Beim Selbstkontrahieren ist der Handelnde auf der einen Vertragsseite Vertreter auf der anderen Seite selbst Vertragspartei.

Beispiel 28: H ist im Autohaus des V als Verkäufer für Gebrauchtwagen tätig. Er hat Vollmacht, gebrauchte PKW für das Autohaus zu verkaufen. Ein PKW hat es ihm besonders angetan. Deswegen kauft er ihn für sich, ohne V zu fragen. Hier ist H beim Abschluss des Kaufvertrages einmal als Vertreter des V, nämlich als Verkäufer, aufgetreten und andererseits ist er selbst Käufer.

b. Die Mehrvertretung

In diesem Fall tritt der Handelnde auf beiden Vertragsseiten als Vertreter auf.

Beispiel 29: Im vorstehenden Beispiel hat D, der Freund des H, den H gebeten, für ihn (D) einen günstigen PKW herauszusuchen und zu erwerben. Hier tritt H sowohl für V als auch für D als Vertreter auf.

Das Gesetz verbietet grundsätzlich solche Insichgeschäfte, denn hier könnte eine *Interessenkollision* auftreten, die zu Lasten des Vertretenen geht. Z. B. könnte H beim Selbstkontrahieren auf die Idee kommen, den PKW ein wenig günstiger, und damit zum

Nachteil des V zu erwerben. Um dem vorzubeugen, besteht das Verbot des Selbstkontrahierens.

2. Die Rechtsfolgen eines unzulässigen Insichgeschäfts

Nach § 181 kann der Vertreter ein Insichgeschäft nicht vornehmen. Der Grund liegt in einer möglichen Interessenkollision zwischen Vertreter und Vertretenem. Dieser Zweck legt nahe, dass das unzulässige Insichgeschäft endgültig nichtig ist. Das ist aber nicht der Fall. Es gilt vielmehr § 177 entsprechend[147], der Vertrag ist also *schwebend unwirksam.* In den *Beispielen 28 und 29* kann V die Verträge genehmigen oder nicht. Bei einseitigen Rechtsgeschäften gilt das vorstehend zu § 177 BGB Gesagte[148].

3. Gesetzlich vorgesehene Ausnahmen vom Verbot

a. Die Gestattung

Der Vertretene kann das Insichgeschäft gestatten. Das wäre im *Beispiel 28 und 29* der Fall, wenn dem H in seinem Arbeitsvertrag das Insichgeschäft gestattet wäre. Eine Gestattung erfolgt häufig bei der Bestellung eines Geschäftsführers einer GmbH.

b. Die Erfüllung einer Verbindlichkeit

Beispiel 30: Die Eltern der 7-jährigen M wollen dieser zu Weihnachten eine Puppe schenken. Verstößt die Schenkung gegen § 181?

Das Weihnachtsgeschenk gehört zu den sogenannten Pflichtschenkungen. Diese Pflicht erwächst aus der elterlichen Pflicht, für das Wohl des Kindes zu sorgen. Deswegen erfolgt die Schenkung in Erfüllung einer gesetzlichen Verbindlichkeit.

---

[147] Leipold, BGB I Einführung und Allgemeiner Teil, § 27, Rdnr. 4.
[148] Dazu oben S. 238.

4. Ungeschriebene Ausnahme: lediglich rechtlich vorteilhaft

Da § 181 Interessenkonflikte verhindern soll, wird er ausnahmsweise dann nicht angewandt, wenn diese – wegen des rechtlichen Vorteils - nicht zu befürchten sind, sog. **teleologische Reduktion.**

Beispiel 31: Die Eltern E wollen ihrem 16-jährigen Sohn S einen wertvollen Orientteppich schenken. Daher schließen sie mit sich selbst als Vertreter des S einen formgerechten Schenkungsvertrag. Ist der Vertrag wirksam?

Die Eltern konnten nach §§ 1629 II 1, 1795 II, 181 grundsätzlich mit sich selbst als Vertreter ihres Sohnes keinen Schenkungsvertrag schließen. Jedoch gilt als ungeschriebene Ausnahme, dass § 181 nicht anwendbar ist, wenn das Rechtsgeschäft für den Vertretenen lediglich rechtlich vorteilhaft ist. Durch den Schenkungsvertrag gemäß §§ 516, 518 erwarb der S das Recht, von seinen Eltern Übereignung des Teppichs zu verlangen. Also war der Schenkungsvertrag rechtlich vorteilhaft. Demnach greift § 181 nicht ein. Folglich konnten die Eltern mit sich selbst kontrahieren. Somit ist der Schenkungsvertrag wirksam.

Klausurtipp: Zur sog. *Gesamtbetrachtung* von schuldrechtlichem und dinglichem Geschäft bei Schenkung an Minderjährige vgl. *Standardfälle Zivilrecht für Anfänger,* Fall 6 und Röthel/Krackhardt, Jura 2006, 161.

Schema: Stellvertretung nach § 164 ff.

---

1. Zulässigkeit der Stellvertretung
→ nicht bei Ehe, Testament etc.

2. Handeln in fremdem Namen (Offenkundigkeitsprinzip)

3. Abgabe einer eigenen Willenserklärung
→ Abgrenzung zum Boten

4. Mit Vertretungsmacht
→ Aus Gesetz, Rechtsgeschäft (§ 166 II) oder Rechtsschein

5. Rechtsfolge: unmittelbare Wirkung für und gegen den Vertretenen, § 164 I S. 1

Problemfälle

---

1. Die Vertretung ist **unzulässig** ➜ Das Rechtsgeschäft ist nichtig

2. Es fehlt die **Abgabe** einer
a. Willenserklärung ➜ Es gelten andere Zurechnungsnormen
b. **eigenen Willenserklärung** ➜ Der Handelnde ist Bote

3. Verletzung des **Offenkundigkeitsprinzips** ➜ grds. Eigengeschäft des Vertreters; ausnahmsweise aber wirksame Vertretung, wenn
a. Unternehmensbezogenes Geschäft
b. Geschäft für den, den es angeht (alltägliches Bargeschäft)

4. Der Vertreter handelt **ohne Vertretungsmacht**
a) ein einseitiges Rechtsgeschäft ist endgültig unwirksam, § 180
b) ein Vertrag ist *schwebend unwirksam,* § 177 I
➜ endgültig wirksam, falls der Vertretene genehmigt
➜ endgültig unwirksam, falls Verweigerung oder § 177 II
➜ Haftung des *Vertreters ohne Vertretungsmacht,* § 179
➜ Hat der *Vertreter* den Mangel der Vertretungsmacht *nicht gekannt,* so gilt § 179 II (Vertrauensschaden)
➜ Hat der *andere Teil* den Mangel der Vertretungsmacht gekannt oder musste ihn kennen, so gilt § 179 III S. 1 (keine Haftung des Vertreters)
➜ Für *Minderjährige* gilt § 179 III S. 2 (lesen!)

▸ Literatur

📖 Rüthers/Stadler, Allgemeiner Teil des BGB, 17. Aufl., § 29 - 32

📖 Leipold, BGB I Einführung und Allgemeiner Teil, 6. Aufl., § 22 - 27

📖 Köhler, BGB Allgemeiner Teil, 36. Aufl., § 11

📖 Löwisch/Neumann, Allgemeiner Teil des BGB, 2004, Rdnr. 195 - 238

📖 K. Schmidt, JuS 1987, 425 ff.

📖 Lüderitz, JuS 1976, 765 ff.

📖 Hoffmann, JuS 1970, 179, 234, 286, 451

Anhang

§ 18

Hinweise zur Fallbearbeitung

Die Fallbearbeitung beginnt, nachdem der Bearbeiter den Sachverhalt das erste Mal gelesen hat, mit der Kenntnisnahme der **Fallfrage**. Diese wird man mindestens zweimal lesen und sich notieren. Denn sie gibt den Rahmen vor, was im Folgenden zu erörtern ist. Nicht irgendwelche Wissensdarbietungen sind gefragt, sondern eine strikte Falllösung!

Beispiele für Fallfragen: V verlangt von K Zahlung des Kaufpreises. *Oder:* K verlangt von V Lieferung des PKW. *Die Frage könnte auch lauten:* Kann G von S Schadensersatz verlangen? *Oder:* Kann E von D Herausgabe des PKW verlangen? Abstrahiert sieht die Fallfrage immer gleich aus: Kann AS von AG AGG verlangen?

AS ist der Anspruchssteller, **AG** der Anspruchsgegner und **AGG** ist der Anspruchsgegenstand.

Für den Bearbeiter, der die Frage beantworten soll, stellt sich daher die Frage: **Wer** (Wer ist Anspruchssteller?) **will von wem** (wer ist Anspruchsgegner?) **was** (was ist der Anspruchsgegenstand?) **woraus** (welche Anspruchsgrundlagen greifen ein)?

Die Bestimmung des *Anspruchstellers* ist unproblematisch, wenn nur zwei Personen beteiligt sind. Sind es drei oder mehr, müssen die einzelnen rechtlichen Beziehungen festgestellt werden. Das Gleiche gilt für die Seite des *Anspruchsgegners*.

Der *Anspruchsgegenstand* ist eine Leistung, die der Anspruchsteller verlangt. Dieser Gegenstand kann konkret umschrieben sein: 3.000 € oder ein PKW. Dann muss dieser Gegenstand in eine Rechtsfolge transformiert werden, weil die Anspruchsnorm nicht sagt, dass der Anspruchsteller 3.000 € bekommt, sondern abstrakt „den Kaufpreis" oder „Schadensersatz". Die Frage nach dem *Woraus* ist die Frage nach der Anspruchsgrundlage. In § 3 wurde dargelegt, dass jemand von einem anderen von Rechts wegen nur dann eine Leistung verlangen kann, wenn er sich auf eine **Anspruchsgrundlage** stützen kann.

Beispiel: Der Verkäufer V kann von K den Kaufpreis verlangen, wenn er sich auf eine *Anspruchsgrundlage* (hier: § 433 II) stützen kann.

Anspruchsgrundlagen sind logisch strukturiert, weshalb die Fallbearbeitung nach Anspruchsgrundlagen auch logische Methode genannt wird. Wenn die Voraussetzungen vorliegen, ergibt sich die Rechtsfolge. Die Rechtsfolge der Leistungspflicht tritt erst ein, wenn **alle** Voraussetzungen der Anspruchsgrundlage gegeben sind. Denn die wenigsten Anspruchsgrundlagen haben nur eine Voraussetzung. Dies verdeutlicht folgende Gleichung:

Voraussetzung 1 + Vorauss. 2 + Vorauss. X = Rechtsfolge

Beim Kaufvertrag gilt: Der Verkäufer V kann den Kaufpreis vom Käufer K nur verlangen, wenn K und V einen Kaufvertrag geschlossen haben.

Das liest sich dann so: V kann von K den Kaufpreis verlangen (Rechtsfolge), wenn zwischen K und V ein *Kaufvertrag* zustande gekommen ist (Voraussetzung). Ein Vertrag (Rechtsfolge) setzt *zwei übereinstimmende Willenserklärungen* voraus, nämlich *Angebot* und *Annahme* (Voraussetzung).

Vertrag = Einigung = Angebot + Annahme

Zuerst hat man sich die Frage nach diesen rechtlichen Voraussetzungen zu stellen. Sind diese bestimmt, so muss man den Sachverhalt unter diesen Rechtssatz *subsumieren*.

Beispiel: V gibt in der Zeitung eine Annonce auf. Zu prüfen ist hier, ob V mit der Annonce in der Zeitung ein *Angebot* erklärt hat.

Im Rahmen der Prüfung der Voraussetzungen geht der Bearbeiter auch auf rechtshindernde oder rechtsvernichtende Einwände ein. Ist das Bestehen des Anspruchs festgestellt, sind die dauernden oder aufschiebenden Einreden des Anspruchsgegners zu prüfen.

Schema: Prüfung eines Anspruchs

---

1. Anspruch entstanden?

➜ bei vertraglichen Ansprüchen dürfen keine rechts**hindernden** Einwendungen vorliegen, z.b. mangelnde Geschäftsfähigkeit (§§ 104 ff.); bewusste Willensmängel (§§ 116 - 118); Formmangel, § 125, Sittenwidrigkeit (§ 138 I); Wucher (§ 138 II)

2. Anspruch untergegangen?

➜ es dürfen keine rechts**vernichtenden** Einwendungen vorliegen, z.b. Anfechtung (§§ 142 I, 119 ff.), Unmöglichkeit (§§ 275, 326), Rücktritt (§ 346), Erfüllung (§§ 362), Aufrechnung (§ 389) oder Kündigung (z.B. § 314)

3. Anspruch durchsetzbar?

➜ es dürfen keine **Einreden** vorliegen, also keine peremptorischen (dauernden) Einreden wie z.b. Verjährung (§§ 214 ff.) und keine dilatorischen (aufschiebenden) Einreden wie z.b. aus nichterfülltem Vertrag (§ 320), Zurückbehaltungsrecht (§ 273), Stundung, Vorausklage (§ 771).

▸ **Literatur**

📖 Die wichtigsten Schemata: Zivilrecht, Strafrecht, Öffentliches Recht

📖 Standardfälle Zivilrecht für Anfänger und Standardfälle BGB AT

248

Zivilrecht

📖 Standardfälle für Anfänger (7,90 €)
📖 Grundlagen und Fälle BGB für 1. und 2. Sem. (9,90 €)
📖 🎧 Standardfälle BGB AT (7,90 €)
📖 🎧 Standardfälle Schuldrecht (7,90 €)
📖 🎧 Standardfälle Ges. Schuldverh., §§ 677, 812,823
📖 🎧 Standardfälle Sachenrecht (9,90 €)
📖 🎧 Standardfälle Familien- und Erbrecht (9,90 €)
📖 Klausuren Übung für Fortgeschrittene (7,90 €)
📖 🎧 Basiswissen BGB (AT) (Frage-Antwort)
📖 🎧 Basiswissen SchuldR (AT) 📖 🎧 SchuldR (BT) (7 €)
📖 🎧 Basiswissen Sachenrecht, 📖 🎧 FamR, 📖 🎧 ErbR
📖 Einführung in das Bürgerliche Recht (7,90 €)
📖 Studienbuch BGB (AT) (12 €)
📖 Studienbuch Schuldrecht (AT) (12 €)
📖 Schuldrecht (BT) 1 - §§ 437, 536, 634, 670 ff. (7,90 €)
📖 Schuldrecht (BT) 2 - §§ 812, 823, 765 ff. (7,90 €)
📖 SachenR 1 – Bewegl. S., 📖 SachenR 2 – Unb. S. (7,9 €)
📖 Familienrecht und 📖 Erbrecht (Einführungen) (7,90 €)
📖 Streitfragen Schuldrecht (7,90 €)
📖 🎧 Definitionen für die Zivilrechtsklausur (9,90 €)

Strafrecht

📖 🎧 Standardfälle für Anfänger Band 1 (9,90 €)
📖 Standardfälle für Anfänger Band 2 (7,90 €)
📖 Standardfälle für Fortgeschrittene (12 €)
📖 🎧 Basiswissen Strafrecht (AT) (Frage-Antwort)
📖 🎧 Basiswissen Strafrecht BT 1 und 🎧 BT 2 (7 €)
📖 Strafrecht (AT) (7,90 €)
📖 Strafrecht (BT) 1 – Vermögensdelikte (9,90 €)
📖 Strafrecht (BT) 2 – Nichtvermögensdelikte (9,90 €)
📖 🎧 Definitionen für die Strafrechtsklausur (7,90 €)
Irrtümer und Änderungen vorbehalten!

Öffentliches Recht

📖 Standardfälle Staatsrecht I – StaatsorgaR (9,90 €)
📖 Standardfälle Staatsrecht II – Grundrechte (9,90 €)
📖 🎧 Standardfälle f. Anfänger (StaatsorgaR u. GRe) (7,9 €)
📖 Standardfälle Verwaltungsrecht (AT) (9,90 €)
📖 Standardfälle Polizei- und Ordnungsrecht (9,90 €)
📖 Standardfälle Baurecht (9,90 €)
📖 Standardfälle Europarecht (9,90 €)
📖 Standardfälle Kommunalrecht (9,90 €)
📖 🎧 Basiswissen StaatsR I –StaatsorgaR (Fr-Antw.) (7 €)
📖 🎧 Basiswissen StaatsR II –GrundR (Frage-Antw.) (7 €)
📖 Basiswissen VerwaltungsR AT– (Frage-Antwort) (7 €)
📖 Studienbuch Staatsorganisationsrecht (9,90 €)
📖 Studienbuch Grundrechte (9,90 €)
📖 Studienbuch Verwaltungsrecht AT (12 €)
📖 Studienbuch Europarecht (12,90 €) u. 🎧 Basiswissen EuR
📖 Staatshaftungsrecht (9,90 €)
📖 VerwaltungsR AT 1 – VwVfG u. 📖 AT 2–VwGO (7,90 €)
📖 VerwaltungsR BT 1 – POR (9,90 €)
📖 VerwaltungsR BT 2 – BauR 📖 BT 3 – UmweltR (9,90 €)
📖 🎧 Definitionen Öffentliches Recht (9,90 €)

Steuerrecht

📖 Abgabenordnung (AO) (9,90 €)
📖 Einkommensteuerrecht (EStG) (9,90 €)
📖 Erbschaftsteuerrecht (9,90 €)
📖 Steuerstrafrecht/Verfahren/Steuerhaftung (7,90 €)

Sozialrecht

📖 Kinder- und Jugendhilferecht (7,90 €)
📖 Sozialrecht (7,90 €)

Nebengebiete

📖 🎧 Standardfälle Handels- & GesR (9,90 €)
📖 🎧 Standardfälle Arbeitsrecht (9,90 €)
📖 Standardfälle ZPO (9,90 €)
📖 🎧 Basiswissen HandelsR (Frage-Antwort) (7,9 €)
📖 🎧 Basiswissen Gesellschaftsrecht (7,90 €)
📖 🎧 Basiswissen ZPO (Frage-Antwort) (7,90 €)
📖 🎧 Basiswissen StPO (Frage-Antwort) (7,90 €)
📖 Handelsrecht (9,90 €)
📖 Gesellschaftsrecht (9,90 €)
📖 Arbeitsrecht (9,90 €)
📖 Kollektives Arbeitsrecht (9,90 €)
📖 ZPO I – Erkenntnisverfahren (9,90 €)
📖 ZPO II – Zwangsvollstreckung (9,90 €)
📖 Strafprozessordnung – StPO (9,90 €)
📖 Einf. Internationales Privatrecht - IPR (9,90 €)
📖 Standardfälle IPR (9,90 €)
📖 Einf. Internationales Wirtschaftsrecht (9,90 €)
📖 Insolvenzrecht (9,90 €)
📖 Gewerbl. Rechtsschutz/Urheberrecht (9,90 €)
📖 Wettbewerbsrecht (9,90 €)
📖 Ratgeber 500 Spezial-Tipps für Juristen (12 €)
📖 Mediation (7,90 €)

Karteikarten (je 9,90 €)

📑 Zivilrecht: BGB AT/Grundlagen/ 🎧 Schemata
📑 Strafrecht: AT/BT-1/BT-2/Streitfragen
📑 Öff. R.: StaatsorgaR/GrundR/VerwR/Schemata

Assessorexamen

📖 Der Aktenvortrag im Strafrecht (7,90 €)
📖 Der Aktenvortrag im Zivilrecht (7,90 €)
📖 Der Aktenvortrag im Öffentlichen Recht (7,90 €)
📖 Staatsanwaltl. Sitzungsdienst & Plädoyer (9,90 €)
📖 Die strafrechtliche Assessorklausur (7,90 €)
📖 Die Assessorklausur VerwR Bd. 1 (7,90 €)
📖 Die Assessorklausur VerwR Bd. 2 (7,90 €)
📖 Vertragsgestaltung in der Anwaltsstation (7 €)

Irrtümer und Änderungen vorbehalten!

BWL

📖 Einführung i. die Betriebswirtschaftslehre (7,90 €)
📖 Marketing (7 €)
📖 Organisationsgestaltung & -entwickl. (7,90 €)
📖 Fallstudien Organisationsgestaltung & -entwickl.
📖 Internationales Management (7 €)
📖 Wie gelingt meine wiss. Abschlussarbeit? (7 €)

Irrtümer und Änderungen vorbehalten!

Schemata

📖 Die wichtigsten Schemata-ZivR,StrafR,ÖR (12,90)
📖 Die wichtigsten Schemata–Nebengebiete (9,90 €)

🎧 bedeutet: auch als **Hörbuch** (CD oder MP3-Download) lieferbar!

Im **niederle-shop.de** bestellte Artikel treffen idR *nach 1-2 Werktagen* ein!